구글러가 전하는
IT 취업 가이드

THE GOOGLE RÉSUMÉ: How to Prepare for a Career and Land a Job at Apple, Microsoft, Google, or any Top Tech Company (9780470927625/0470927623)
by Gayle Laakmann McDowell

Copyright © 2011 by Gayle Laakmann
All rights reserved.
This Korean edition was published by INSIGHT Press in 2012 by arrangement with John Wiley & Sons International Rights, Inc. through KCC(Korea Copyright Center Inc.), Seoul.
이 책은 (주)한국저작권센터(KCC)를 통한 저작권자와의 독점계약으로 인사이트에서 출간되었습니다. 저작권법에 의해 한국 내에서 보호를 받는 저작물이므로 무단전재와 복제를 금합니다.

구글러가 전하는 IT 취업 가이드

초판 1쇄 발행 2012년 7월 15일 **2쇄 발행** 2019년 7월 29일 **지은이** 게일 맥도웰 **옮긴이** 강은진 **펴낸이** 한기성 **펴낸곳** 인사이트 **편집** 송우일 **표지출력** 소다미디어 **본문출력** 현문인쇄 **용지** 월드페이퍼 **인쇄** 현문인쇄 **후가공** 이레금박 **제본** 자현제책 **등록번호** 제2002-000049호 **등록일자** 2002년 2월 19일 **주소** 서울시 마포구 연남로5길 19-5 **전화** 02-322-5143 **팩스** 02-3143-5579 **블로그** http://blog.insightbook.co.kr **이메일** insight@insightbook.co.kr **ISBN** 978-89-6626-042-3 책값은 뒤표지에 있습니다. 잘못 만들어진 책은 바꾸어 드립니다. 이 책의 정오표는 http://blog.insightbook.co.kr에서 확인하실 수 있습니다. 이 도서의 국립중앙도서관 출판예정도서목록(CIP)은 서지정보유통지원시스템 홈페이지(http://seoji.nl.go.kr)와 국가자료공동목록시스템(http://www.nl.go.kr/kolisnet)에서 이용하실 수 있습니다.(CIP제어번호: CIP2012002961)

구글러가 전하는 IT 취업 가이드

면접 준비에서
연봉 협상까지
[A-Z]

게일 맥도웰 지음 | 강은진 옮김

차례

	옮긴이 글	1
1장	시작하기에 앞서	5
2장	훌륭한 이력서를 쓰려면 고도의 준비가 필요하다	23
3장	취업문 통과하기	49
4장	이력서	77
5장	이력서의 재구성	103
6장	커버 레터와 추천	113
7장	면접 준비와 전반적인 개요	137
8장	면접 질문	169
9장	프로그래밍 면접	199
10장	게임 회사에 취업하기	231
11장	취업 제안	251
12장	실무	279
13장	마지막 생각: 행운, 결정, 그리고 당신이 할 수 있는 것	309
부록A	이력서를 더욱 돋보이게 하는 156개 핵심 낱말	313
부록B	행동에 관한 면접 질문에 대한 대답	317
	찾아보기	325

v

옮긴이 글

이제 청년 실업 100만이라는 말이 더는 낯설지 않다. 2011년은 청년 실업 32.7%, 즉 청년 세 명 중 한 명이 일자리가 없는, 말 그대로 취업 빙하기란 말이 어울리는 한 해였다.

그런 이유 때문인지 국내 취업뿐 아니라 해외 기업에서 일자리를 구하려는 사람이 점점 늘고 있다. 경제가 점점 세계화되면서 기본적인 외국어 실력과 해당 분야에 대한 전문성을 어느 정도 갖추었다면 해외 취업 또한 충분히 도전해볼 만한 기회가 된 것이다. 그중에서 특히 구글, 애플, 페이스북, 아마존, 마이크로소프트로 대표되는 다국적 IT 기업에 대한 관심은 한국뿐 아니라 세계적으로도 뜨겁다.

2011년 월스트리트 저널에서 실시한 설문 조사에서 미국 직장인이 입사를 희망하는 기업으로 1위에 구글, 2위와 3위에 애플과 페이스북, 6위에 아마존, 8위에 마이크로소프트가 선정되었는데, 이 회사들은 실제로 국적에 상관없이 전 세계 IT 기술자들이 모여 일하는 회사로 유명하다. 또 많은 한국인이 해외 유명 IT 기업에서 당당히 인정받으며 일하고 있다.

이 책에 관심이 생겼다면 이미 해외 IT 회사에 취업하려고 어느 정도 마음먹은 독자일 가능성이 높다. 해외 IT 기업에 뜻을 둔 사람에게 많은 취업 기회가 열려 있긴 하지만 그 꿈을 이루기란 생각만큼 쉽지 않다. 직접 겪어보면 알겠지만 해외 취업이란 생각보다 간단한 작업이 아니며 실제로 구글, 아마존, 애플, 마이크로소프트, 페이스북이 어떤 회사인지, 어떻게 채용을 진행하는지에 대해 정보를 얻기가 매우 어렵기 때문이다. 구글, 애플, 마이크로소프트, 페이스북 채용 과정은 남다른 기업 문화만큼이나 매우 다양하고 다르게 진행되며, 과정 자체도 까다롭고, 다방면으로 지원자들을 검증한다. 또 영어가 모국어가 아닌 상황에서 다른 외국인 경쟁자들과 더욱 치열하게 경쟁해야 하는 어려움도 있다.

그렇다면 이러한 회사들 취업에 성공한 사람들의 비결은 무엇일까? 취업에 성공한 사람과 그렇지 못한 사람의 차이는 과연 무엇일까? 취업을 준비하는 사람이라면 가장 궁금해 하는 질문일 것이다.

『구글러가 전하는 IT 취업 가이드』는 바로 이와 같은 질문에 대한 답을 주기 위한 책이다. 단순히 영문 이력서를 쓰는 방법과 면접의 일반적인 내용을 알려주는 책은 아니다.

취업을 위한 사전 준비, 성공적인 이력서 작성법, 훌륭한 면접 준비, 입사계약을 하는 방법, 취업 후 회사에 적응하는 방법 등 IT 기업 취업부터 경력관리에 이르기까지 전반적인 내용이 수록되어 있다. 해외 IT 기업에 취업을 준비하는 구직자들은 물론, 국내에서 취업을 준비하는 사람도 당연히 기본적으로 알아두어야 할 만큼 알찬 내용으로 구성되어 있다.

이 책에서 지은이는 실제로 애플, 마이크로소프트, 구글의 모든 채용 과정을 직접 통과해 입사한 자신의 경험과 수많은 이력서를 검토하고 면접을 진행했던 실무 경험들에 대한 이야기를 통해 애플과 구글, 마이크로소프트의 기업 문화와 채용 과정을 상세히 이야기하고 있다. 또 지원자 중 취업에 성공한 사람과 성공하지 못한 사람의 사례, 많은 사람들이 궁금해 하는 질문들에 대한 대답을 통해 매우 생생하고 구체적으로 가이드를 제시한다.

그런 생생한 사례와 이야기를 통해 애플, 구글, 마이크로소프트에서 진행되는 채용 과정과 목적을 분명히 이해함으로써 해외 IT 기업뿐 아니라 국내 기업 취업을 준비하는 이들에게도 많은 도움이 될 것이다.

구글과 애플, 마이크로소프트, 페이스북에 대한 책은 많이 있다. 하지만 그 중에서도 『구글러가 전하는 IT 취업 가이드』는 구체적인 사례를 바탕으로 가장 유용하게 참고할 수 있는 취업 준비 참고서라 할 수 있을 것이다.

취업은 쉽지 않은 길이다. 하지만 많은 사람이 취업에 성공하여 자신들의 꿈을 위해 달려가고 있으며 같은 꿈을 꾸는 사람들을 위해 자신의 이야기를 아끼지 않고 있다. 취업 준비를 시작하는 독자들이 더 많은 기회를 얻는 데 『구글러가 전하는 IT 취업 가이드』가 도움이 되기를 바란다.

1장

시작하기에 앞서

믿을지는 모르겠지만 마이크로소프트 리서치[Microsoft Research]에서 발표하는 것은 내 생각이 아니었다. 당시 나는 컴퓨터 과학에 대해서는 창피할 정도로 아는 것이 없는 평범한 18세 학생이었다. 그런 내가 마이크로소프트 리서치의 수많은 천재 박사들 앞에서 망신 당하고 싶지 않았던 건 매우 당연한 일이다. 하지만 대학 시절 취업 담당 매니저는 마이크로소프트 리서치 인턴십이 매우 훌륭한 '기회'라고 추천했고, 그 덕분에 여름 동안 진행했던 프로젝트를 마이크로소프트 리서치에서 발표할 수 있는 기회를 얻었다.

나는 빛의 속도로 발표를 마쳤다. 극심한 무대 공포증을 다스려야 했기에 서둘러 끝냈다. 발표가 끝나자 곧바로 질문이 시작되었다.

"X를 활용하나요?"

'내가 X를 활용한다고 했나? 응, 그랬지.'

잠시 생각한 뒤 X를 활용하여 나온 결과라고 대답했다. 그 다음 질문이 이어졌다.

"왜 Y로 구현하지 않았나요?"

"예, 가능하지만, 그러면 Z라는 문제가 생길 수 있기 때문입니다."

스스로 답변을 찾기까지 시간이 좀 걸렸지만 질의응답까지 나름 괜찮게 진행했다. 그리고 마침내 마이크로소프트 리서치 인턴에 합격했다!

그해 여름 마이크로소프트 인턴십 프로그램 기간 동안, 내가 컴퓨터에 대해 모른다는 사실이 탄로나서 해고 당할까봐 내내 긴장했다. 나는 기본적으로 다른 인턴들과 너무나도 달랐다. 인턴십 프로그램에 함께 참여하는 인턴들은 나보다 세 배나 많이 공부를 해 왔다. 그들은 프로젝트를 진행한 경험이 있었고, 기본적으로 나보다 세 배나 더 많은 것을 알고 있었다. 그런 동료들에 비하면 나는 단지 운이 좋아 인턴으로 뽑혔을 뿐이지, 스스로 자격이 없다고 생각했다.

그로부터 4년 뒤, 구글^{Google}에 입사해 업무를 시작했다. 그러면서 그동안 나를 이끌어준 행운에 대해 다시 한 번 생각해 보았다. 운 좋게도 매우 어린 나이에 마이크로소프트 인턴십을 한 덕분에 연속해서 세 회사에서 인턴십을 할 수 있었다. 마이크로소프트 이후 애플^{Apple}에서 인턴을 할 수 있는 기회를 얻었다. 애플은 내가 다닌 대학에서 채용 활동을 하지 않은 회사였는데도 말이다. 그 후에도 시기적절하게 무척이나 좋은 사람들을 만났고, 그들은 당시 떠오르는 IT 회사였던 구글에 나를 추천했다. 아마도 나는 세상에서 가장 운좋은 사람일 것이다.

그런데 정말 운만 좋았을까? 행운의 여신이 분명 내 편을 들어주기도 했겠지만, 우연히도 내가 모든 단계를 제대로 밟아 온 건 아닐까? 나는 고등학생 때부터 여러 대규모 과제를 진행하면서 다른 친구들에 비해 다양하고 풍부한 경험을 쌓아왔다. 신입 웹 디자이너로 일하면서 업무와 관련된 전문성과 기술적인 능력에 대해서도 신뢰를 얻었다. 또 이력서를 쓰면서 여러모로 부족하지만 기술에 대한 내 노력과 경험을 소개했다. 그리고 결정적으로, 경험이 풍부한 전문가들과 지속적인 네트워크를 형성했으며 멘토들과 관계를 소홀히 하지 않았다. 그렇게 쌓아온 관계를 통해 지인의 도움으로 내가 꿈꾸던 회사로 성공적인 이직을 할 수 있었다.

바로 이런 것들이 이 책을 읽는 독자들에게 소개할, 세계에서 가장 성공한 IT 회사에 취업할 수 있는 방법이다.

인피니트 루프와 마이크로소프트 웨이에서의 생활[1]

주소마저 회사에 관한 전형적인 이미지를 연상시킨다. 마이크로소프트 주소 One Microsoft Way에서는 매우 거대한 기업의 자신감이 느껴진다. 구글 주소 1600 Amphitheatre Parkway는 구글의 사용자 인터페이스처럼 드러나는 것이 별로 없다. 애플은 물론 '다르게 생각하라' Think different![2] 스타일로 '무한 루프' 1번지 One Infinite Loop라는 용감한 시도를 하는데, 이는 좀 덜 사랑받는 기업이었다면 역효과를 일으킬 수도 있는 말장난이다.

젊음

두 회사는 모두 독특한 개성을 지니고 있으나 서로 닮은 부분도 있다. 소프트웨어를 만드는 두 회사는 다소 현실적이지 못할지언정 젊고 도전적이다. 기존 비즈니스를 좌우지했던 고루한 넥타이와 셔츠의 기업 문화를 매우 경멸하며, 청바지와 티셔츠 같은 복장을 선호한다. 사실 이렇게 격식을 차리지 않는 분위기는 IT 기업들의 사무실이 위치한 시애틀과 샌프란시스코 사회에도 널리 퍼져 있다. 청바지를 입으면 들어갈 수 없는 레스토랑이 드물고 보라색으로 염색한 모호크 Mohawk족 스타일 여자보다 정장을 입은 여자가 더 튀어 보이는 곳이 바로 시애틀과 샌프란시스코다.

복지

최고의 인재를 끌어들이고 또 유지하기 위해 IT 회사들은 직원을 위한 최고의 복지 프로그램을 갖추고 있다. 마이크로소프트는 직원에게 무료로 음료를 제공하며, 매우 저렴한 체육관 회원권, 무료 의료 혜택 프로그램을 지원

---

1 옮긴이 각각 애플 본사 주소와 마이크로소프트 미국 본사 주소다.
2 옮긴이 애플의 광고 문구였다.

1장 시작하기에 앞서   **7**

한다. 구글은 마이크로소프트보다 한 단계 더 높은 복지 프로그램을 제공한다. 마이크로소프트가 직원에게 공짜 음료를 준다면, 구글은 음료뿐 아니라 아침, 점심, 저녁 식사까지도 공짜로 제공한다. 마이크로소프트가 직원을 위해 체육관 회원권을 지원한다면, 구글은 아예 사내에 체육관과 수영장을 운영한다. 고급 의료 혜택 프로그램은 어떨까? 구글에도 무료 의료 혜택 프로그램이 있고 사내 상주 의사에게 진료를 받을 수도 있다. 세상에 많은 컴퓨터광들이 '차세대 구글'을 꿈꾸지만, 그들이 구글과 경쟁하려면 최고의 복지 경쟁도 감수해야만 할 것이다.

물론 냉소적인 사람들은 회사가 최고의 복지를 제공하는 이유에 대해 단지 직원들을 사무실에 좀 더 오래 머무르게 하려는 속셈이라고 말하기도 한다. 직원들은 머리카락을 자르거나 세탁소에 가는 것과 같은 일상의 일을 대부분 회사 안에서 해결할 수 있다. 하지만 할 수 있다는 것이지 꼭 해야 하는 것은 아니다. 사내 의사에게 치과 진료를 받지 않는다고 나무랄 사람은 아무도 없다.

일과 사생활의 균형

미국에서는 엔지니어 수가 많이 부족해서 IT 회사의 개발자에 대한 대우가 꽤 좋은 편이다. 그렇지 않으면 우수한 지원자들을 놓칠 수도 있기 때문이다. 따라서 IT 회사에서는 개발자에게 업무와 사생활의 균형을 적당히 잘 맞춰가기를 권장한다. 실제로 근무 시간도 다른 업계에 비해 상대적으로 짧은 편이다.

물론 대다수 직업이 그러하듯, 급박하고 결정적인 시기에는 예외다. 소프트웨어를 출시하는 것은 그 어떤 팀에 있어서도 스트레스가 매우 큰 일이다.

승진: 개별적으로 뛰어난 인재들

다른 업계에서는 일반적으로 성과가 뛰어난(개인 역량이 뛰어난) 직원이 관리직으로 승진한다. 하지만 IT 회사에서는 좀 더 '개인적인 역량을 극대화할 수 있는' 역할을 하도록 업무를 배정하려는 경향이 있다. 즉 최고의 엔지니어가 최고의 관리자가 될 필요는 없다는 것이다.

특히 엔지니어링 분야에서는 관리자가 되지 않아도 계속 승진하면서 기술적인 권한을 키워갈 수 있다. 다시 말해 IT 회사에서 뛰어난 성과를 보인다면 아키텍트가 되거나 회사에서 가장 존경받는 명예롭고 유명한 엔지니어가 될 수 있다. 회사 임원이 되는 것만큼 화려하지는 않더라도 어떤 이들에게는 오히려 더 바람직한 길이 될 수 있다.

차이점

IT 회사들은 비즈니스 성격에 따라 각 회사마다 문화가 다르다.

논란의 여지가 있지만, 아마존^{Amazon}은 소프트웨어 회사라기보다는 소매 회사에 가깝다. 아마존은 닷컴 호황이 무너지는 시기를 매우 어렵게 보냈다. 아마존은 이익률이 주요 소프트웨어 회사보다 훨씬 낮았고, 낮은 이익률을 개선하려는 싸움을 계속해 왔다. 지속적으로 극심한 절약 경영을 해왔기에 다른 소프트웨어 회사들처럼 후한 복지를 제공할 수 없었다. 혹자는 회사가 살아 남으려면 기술적인 혁신에 높은 가치를 둘 게 아니라, 수익을 높일 수 있는 직접적이고 근거 있는 접근 방법을 찾아야 한다고 주장한다. 그렇다고 너무 일찍 단념해서는 안 된다. 아마존은 어느새 혁신적인 기술력으로 매우 다양하고 광범위한 분야(소매업, 클라우드 컴퓨팅 등)에서 업계를 이끄는 선두 주자로 자리 잡았다. 매우 빠르게 움직이며 촉박한 마감을 맞추려고 때로는 늦은 밤까지 불을 켜는 회사가 아마존이다.

애플은 외부에서뿐 아니라 내부에서도 비밀스러운 회사다. 제품의 혁신이 외형과 느낌에 집중되어 있고, 얼마나 아름답고 세심하게 광고를 집행하느냐에 따라 시장 점유율이 달라질 수 있으니 그리 놀라운 일이 아니다. 따라서 회사의 기밀 보안이 철저해야 한다.

짐작하겠지만 애플 직원들은 애플의 매우 열성적인 팬이다. 하지만 같은 애플에서 일하는 직원이라도 다른 팀 동료 직원들이 어떤 일을 하는지는 서로 거의 알지 못한다. 내가 애플에서 일할 당시에도 스티브 잡스는 두렵지만 매우 존경받는 사람이었다. 그가 지시를 내리면 그 누구도 이의를 제기하지 않았다.

마이크로소프트는 검색과 웹 사업을 하고 있지만 가장 큰 수익원은 윈도와 마이크로소프트 오피스 판매다. 윈도와 오피스의 실시간 패치 비용은 매우 비싸다. 그래서 마이크로소프트는 몇 년 주기로 출시 일정을 운영한다. 즉 마이크로소프트는 위험을 최소화해 천천히 움직이며, 처음부터 모든 것이 문제가 없는지 확실히 확인하며 사업을 한다는 뜻이다(그래도 문제가 없었던 적은 없었다).

마이크로소프트에서는 제품 출시가 비교적 자주 있는 일이 아니라서 일과 사생활의 균형을 잘 유지할 수 있다는 것이 장점이다. 마이크로소프트에서 일했던 직원들은 마이크로소프트를 매우 사랑했지만, 회사 규모가 커서 혁신적인 도전과 위험을 감수하는 일은 할 수 없었던 게 아쉬웠다고 말한다. 그럼에도 마이크로소프트에는 다양한 개별 팀 문화가 존재하므로 다른 사람들보다 좀 더 혁신적인 사람이 존재할 수도 있을 것이다.

구글은 컴퓨터 괴짜 중의 괴짜다. 스탠퍼드대 박사 두 명이 설립한 구글은 여전히 많은 불만이 있지만, 회사의 모든 직위 전반에 걸쳐 엔지니어들에게 특혜를 주는 회사다. 구글은 민첩하게 움직이고 매주 새로운 서비스를 선보인다. 실패할지라도 기술적인 혁신을 가장 높게 평가한다. 구글은 웹 기반 회사이므로 새로운 서비스를 선보인다고 해도 어느 정도 위험을 감수할 수 있다. 웹에서의 새로운 애플리케이션 '출시'는 소프트웨어 제품을 포장해 배송하는 일에 비해 훨씬 수월하기 때문이다.

구글은 수평적 직급 체계를 중시한다. 물론 수평적 직급 체계에도 부정적인 측면이 있다. 상사가 관리할 사람이 너무 많으면 부하 직원이 경력을 쌓도록 충분히 신경을 쓰기가 어렵다. 따라서 승진이 쉽지는 않을 것이다.

대기업 대 중소기업: 신생 회사가 자신에게 적합한가?

어느 경영 대학원을 가든, 차근차근 경력을 쌓기보다 창업을 하고 싶어 하는 사람을 세 배는 더 많이 만날 수 있다. 왜일까? 창업이란 말이 무척이나 매혹적이기 때문이다. 매스컴 또한 신문 지면마다 창업 성공담을 매우 크게 소개해 대중들이 관심을 갖고 열광하도록 부추긴다. 그런 기사를 볼 때마다 우리도 할 수 있고, 더 잘 할 수 있다고 생각하게 된다.

현실적으로 창업은 큰 돈이 걸린 게임이자 돈뿐 아니라 시간도 걸어야 하는 도박과 같다. 물론 자신에게 딱 맞는 기회를 잡아 적합한 사람과 함께 할 수 있다면, 창업 환경은 매우 환상적일 수 있다.

장점

진정한 '창업자'들은 위험 부담이 높더라도 사업을 하고자 하는 사업가 기질이 본능에 잠재되어 있다고 말한다. 사업가 기질이 있는 사람들은 대학을 다닐 때나 대기업에서 근무할 때도 이런 기질 때문에 몸이 근질근질했다. 그들은 자신이 훨씬 더 작은 회사에 속해 있길 바랐고, 새로운 경력을 선택해서 매우 높은 가치를 얻었다.

· **다양한 능력**: 대기업에는 매우 잘 조직된 마케팅 부서와 회계 부서가 있다. 하지만 신생 기업에서는 이런 모든 업무를 할 만한 충분한 사람들을 모으기가 어렵다. 따라서 회사 규모가 작을수록 직접 많은 업무를 담당해야 한다. 지금까지 단순히 한 가지 업무에만 집중해 왔다면 여러 업무를 한다는 것이 매우 큰 걸림돌이 될 수 있다. 그러므로 다양한 분야의 업무를 할 수 있도록 능력을 개발해야 한다. 다양한 능력을 갖춘다면 장래 구직 활동에

도 큰 도움이 될 것이다.

- **지도력을 발휘할 기회들**: 새로 시작한 사업이 성장한다고 가정해 보자. 새로운 사업이 성장한다면 자신만의 팀을 이끌 수 있는 매우 흔치 않은 기회를 만날 수 있다. 많은 사람이 회사에 입사할 것이고, 몇 달이 지나지 않아 신규 입사자를 관리하게 된다. 대기업에서는 그런 기회를 얻으려면 몇 년을 기다려야 한다.
- **통제와 영향력**: 대기업에서 근무할 때에는 내가 참여한 부서에서 신제품을 출시할 때마다 주변 사람들에게 신제품을 자랑하며 "내가 참여한 프로젝트야"라고 자랑할 수 있었다. 그리고 그렇게 말할 수 있어서 행복했다. 물론 속으로는 굳이 내가 없더라도 다른 사람들도 충분히 비슷한 일을 해낼 수 있다는 것을 알고 있었다. 하지만 창업을 한 경우에는 자신의 직접적인 업무 성과에 따라 회사의 성과가 달라진다. 또 진행되는 모든 일에 대해 피드백을 주어야 한다. 뉴스레터에 관련 도구와 플러그인에 대한 내용을 실어야 한다고 생각한다면? 당신의 역할은 자기 의사를 명확하게 이야기하는 것이며, 모든 사람이 그 이야기를 들을 것이다. 또 부서에서 의사 결정권자가 누구인지를 항상 알고 있어야 한다.
- **빠른 결과**: 사업 결과물을 실제 세상에서 확인하기까지 몇 년씩 기다릴 필요가 없다. 대부분 몇 달도 채 걸리지 않는다. 스스로가 내린 결정에 대한 평가를 받는다. 더 나아지든지 더 나빠지든지 사업 성과는 몇 달 안에 가시화될 것이므로, 실수로부터(또는 성공으로부터) 좀 더 빨리 배울 수 있다.
- **큰 보상**: 물론 아무런 목적 없이 이런 모든 위험을 감수하지는 않을 것이다. 행운이 따른다면 창업으로 매우 큰 부자가 될 수 있다. 물론 돈이 절대적인 목적이 아니겠지만 대부분 돈을 많이 벌려고 창업을 결심한다.

나는 어떤 기질의 사람일까? 사업가 기질이 다분한 사람이다. 새로 사업을 시작하는 모든 과정을 좋아한다. 한 번에 열 가지 일을 해야 하는 것도 즐겁다. 그리고 어떻게 하는지 전혀 모를 때는 방법을 배운다. 내 능력의 결과를 즉시 확인할 수 있고, 좋은 방향이든지 나쁜 방향이든지 회사의 미래를 결정하는 사람이 나라는 것을 알고 있다.

단점

창업은 매우 극심하게 많은 에너지가 소비되는 일이다. 새로운 '위치 기반 소셜 그룹을 활용한 구매 사이트' 사업과 같은 아이디어에 대해 열정적이었지만, 상황은 변하고 열정도 언젠가는 식어버리기 마련이다. 대부분 다음과 같은 스트레스 때문에 사람들은 초조해진다.

- **성공하기까지 오랜 시간이 걸릴 수 있다.** 새로운 사업의 성공 여부에 따라 명예와 돈이 따라오므로 성공할 때까지 투자하는 시간이 길어질수록 치명적이다. 거의 최소한의 비용으로 일하는 사람들은 오래 버티지 못하기 때문이다. 그리고 신생 회사에서는 성과를 내지 못하는 사람들을 대기업에 비해 좀 더 거리낌 없이 해고할 수 있다.
- **업무 경계가 불분명하다.** 테스터로서 고용되었더라도 새로 이사할 사무실을 찾는 일을 도와야 할 수도 있다. 물론 힘든 일이지만 누군가는 해야만 하는 일이다. 신생 회사는 각각의 업무에 맞는 전문가를 고용할 시간과 금전적 여유가 없기 때문에 신생 회사 직원들은 자기 역할이 아니더라도 다른 프로젝트에도 조금씩 참여해야 한다. 자신이 진정 하고 싶어 하는 일을 할 시간은 줄어들고 회사에서 해야만 하는 일을 하는 시간이 늘어남을 감수해야 한다.
- **급여가 낮다.** 매우 소수를 제외하고는 신생 회사들은 동종 업계 평균보다 급여를 적게 지불하고 그 차이를 스톡옵션으로 보상하는 경우가 많다. 회사가 파산한다면(대부분 파산하는 경우가 많다) 스톡옵션은 아무런 가치가 없다.
- **인지도가 제한적이다.** 초창기 구글과 페이스북Facebook은 인지도가 높았지

만, 현실을 직시해 보자. 신생 회사가 구글과 페이스북처럼 인지도가 높을 확률이 얼마나 되는가? 신생 회사에서 일하다가 몇 년 후 사업이 실패했다고 가정해 보자. 아무도 모르는 회사에서 일했던 경력으로 갑자기 구직을 해야 한다면 경쟁력이 그다지 높지 않을 것이다. 그래도 매력적인가?

· **멘토십이 부족하다.** 대기업은 신입 사원 교육에 충분한 시간과 돈을 투자해왔다. 하지만 신생 회사에서는 신입 사원 교육에 투자할 수 있는 돈과 시간이 모두 부족하다. 신생 회사에서는 신입 사원이 3년 안에 훌륭한 지도자로 성장할 수 있도록 투자하지는 않을 것이다. 신생 회사가 3년 이상 살아남는다는 것 자체가 행운이기 때문이다. 신생 회사에서는 계속 실무를 하면서 경험을 쌓고 배워야 되는 반면, 대기업에서는 경험 많은 전문가들의 지도 아래 문제를 해결하는 방법을 체계적으로 배울 수 있다. 함께 일하는 동료 직원이 대기업에서 일한 경험이 없다면, 그는 아마 '실제' 회사에서 업무가 어떻게 진행되는지도 배워본 적이 없을 것이다.

앞서 언급한 항목에서 **빠진 부분**이 있는가? 복지 수준이 낮다는 것은 언급할 필요조차 없다. 많은 사람들이 구글과 마이크로소프트의 화려한 직원 복지에 혹하지만, 구글과 마이크로소프트에 근무했던 직원들도 일단 회사를 떠나면 회사의 복지 수준에 크게 미련을 두지 않는다. 낮은 급여 때문에 절약하고 아껴야 하는 것은 답답하겠지만 회사에서 공짜로 음식을 주지 않는 것이 큰 문제가 되지는 않는다.

불편한 진실

창업에 뛰어들기 위해 아마존을 그만둔 라이언은 처음 4년 동안 각각 다른 회사 네 곳에서 일했다. 라이언이 다녔던 첫 번째 회사에서는 회사 CEO와 성격이 맞지 않아 회사를 그만두었다. 좋게 말해 성격 차이지만 실제 상황은 그리 좋지 못했다. 그 다음 두 번째 회사는 사업에 실패해 그만두게 되었다. 세 번째 회사는 사업이 잘못된 방향으로 나아가고 있어서 더 나빠지기 전에 회사를 그만두는 것이 좋겠다고 생각하고 회사를 나왔다. 다행히도 네 번째에는 라이언이 직접 사업을 시작했다.

라이언의 이야기는 창업을 꿈꾸는 직원들이 겪는 매우 전형적인 경우를 보여준다. IT 회사 중 새로 창업한 뒤, 4년 넘게 사업을 유지하는 경우는 40%도 채 되지 않는다. 실제로 사람들의 이직이 매우 빨라지는 것이 현실이다. 창업을 준비하고 동참하는 사람들은 이러한 지속적인 변화에 정신적으로 준비해야 한다.

여기서 긍정적인 부분은 같이 일하는 동료가 여러 회사에서 일한 경험이 있다면, 동료를 통해 인맥을 넓힐 수 있다는 점이다. 새로 창업하기 위해 사람을 찾는 이들에게 자신을 알릴 수 있는 관계를 형성하는 데에는 그리 오랜 시간이 걸리지 않는다.

직책: 앞으로 어떤 사람이 되고 싶은가?

어렸을 때 사람들이 내게 "커서 어떤 사람이 되고 싶니?"라고 물어 보았다. 어떤 아이들은 매주 대답을 바꿨지만 나는 아니었다. 나는 어릴 적부터 종일 강아지와 놀 수 있다는 이유로 수의사가 되고 싶다고 말했다. 사실 나는 강아지와 종일 놀아주는 것이 수의사가 해야 하는 일의 전부라고 철썩같이 믿고 있었다. 이웃집 차가 우리 집 강아지를 치었던 불행한 사고 이후, 수의사들이 강아지와 노는 것뿐 아니라 강아지들을 안락사 시키기도 한다는 것을 알게 되었다. 수의사들의 완곡한 표현을 빌리자면 "강아지들을 잠들게 하는 일"을 한다. 안락사를 하지 않는 나머지 시간에 강아지들과 놀 수 있더라도, 강아지를 살해하는 잔인한 일을 덮을 수는 없었다. 그 이후로 나는 앞으로 어떤 사람이 되고 싶은지 정하지 못한 열 살 소녀로 다시 돌아갔다.

열네 살이 되던 해 나는 프로그래밍 수업을 듣기로 결정했다('결정했다'라는 말은 "하지만 프로그래밍은 쓸모가 없어, 별로 안 좋은 일이야!"라고 말하는 엄마와 다투었다는 표현을 나만의 완곡한 표현으로 바꿔 말한 것이다). 프로그래밍 수업을 듣기로 결정함으로써 4년 후, 마이크로소프트에 입사하는 기회를 얻을 수 있었다. 열네 살 때 내린 결정이 결국 애플과 구글에 입사할 수 있었던 결정적 계기가 된 것이다.

특히나 엔지니어가 아닌 경우에는 자신이 하고 싶은 일을 이렇게 일찍 결정하는 사람이 매우 드물다. 그것도 괜찮다. 사람들과 이야기해 보고 업무를 찾아 보고 자신에게 중요한 것이 무엇인지 찾아 보라. 앞으로 어떤 일을 하는 것이 알맞을지 이해하기 위해 다음 질문에 스스로 답해 보자.

무엇이 필요한가?

우리 사회는 스스로를 날마다 부정한다. 한쪽에서는 반복적으로 "돈으로는 행복을 살 수 없다"라고 세뇌시킨다. 성공한 유명 인사들의 비참해진 삶을 보여주면서 돈으로는 행복을 살 수 없다는 사실을 반복적으로 말한다. 하지만 또 다른 쪽에서는 우리에게는 새 재킷이 정말 꼭 필요하다고 강요한다. 자신에게 어떤 것이 중요한지 정직하게 생각해 보자. 다음 항목이 여러분에게 얼마나 중요한가?

- **돈**: 돈으로 행복을 살 수는 없지만, 아이들의 대학 등록금을 낼 수 있고 좋은 동네에 집을 살 수 있다. 힘든 한 주를 보내고 좋은 와인 한 병을 살 수도 있을 것이다. 원하는 것이 이런 것들인가? 돈을 너무 중요하게 생각하지 않도록 주의하자. 선생님이 되는 것이 꿈이라면, 많은 돈을 벌 수 없다고 자신 있게 말할 수 있다. 하지만 다른 많은 가능성에 대해서는 확신할 수 없다. 열정과 추진력이 있는 사람들은 전혀 예상치 못한 방법으로 충분히 멋진 삶을 살아간다.
- **명예와 존경**: 주목받고 싶지는 않지만, 함께 일하는 동료들의 존경을 받고

싶은 마음이 간절한 사람은 많다. 다른 사람들이 자신에 대해 어떻게 생각하는지 얼마나 많이 신경쓰는가? 자신의 전문 분야에 대해 이야기할 때 사람들이 단순히 정중한 미소를 짓는 것만으로도 만족하는가?

· **일과 사생활의 균형**: 아홉 시에 출근해서 다섯 시에 퇴근하는(또는 IT 문화에서는 열 시 출근, 여섯 시에 퇴근하는) 안정적이고 멋진 직업을 가지고 싶어 하는 것이 잘못된 것은 아니다. 여름휴가 기간 동안, 멋진 보트 위에서 멋진 하루를 즐기고 싶어 할 수도 있다. 괜찮다. 무덤에 가서도 "어휴, 생전에 가족들보다 사무실에서 좀 더 많은 시간을 보냈어야 했어"라고 후회하는 사람은 없다는 것을 명심하라.

이런 질문에 답하면서 원하는 것을 일에서 얻을 수 없다는 사실을 발견한다면, 스스로에게 물어 보라. 일에서 얻지 못한 것 중 필요한 것이 있는가?

어떻게 즐겁게 일할까?

나는 어떻게 하면 즐겁게 일할 수 있을지를 항상 생각해 왔다. 컴퓨터가 발명되기 전에 살았다면, 아마도 건축학을 전공했을 것이다. 건축학의 구조는 결국 내가 지금 하고 있는 일, 컴퓨터 과학과 비슷해 보인다. 주도적으로 이끌어갈 수 있으며 새로운 것을 창조할 수 있다. 그리고 팀원들의 협업을 지원하면서도 프로젝트를 완료하기 위해 누군가의 옆에 붙어 있지 않아도 된다. 그렇다면 어떻게 하면 즐겁게 일할 수 있을까?

· **팀워크 대 개별 업무**: 모든 사람이 "팀워크가 최고"라고 말한다. 하지만 가슴 속 깊은 곳에서는 '팀워크'에 문제가 있다는 것을 알고 있다. 함께 일하는 동료 때문에 우울할 수도 있고, 동료가 단순히 방해만 될 수도 있다. 단지 의사 결정을 하기 위해 모든 사람의 의견 일치가 필요하다. 모든 사람의 감정과 기대치를 관리해야 한다. 정말 즐겁게 할 수 있는 일인가?

- **창조 대 유지 보수**: 소프트웨어 개발은 새로운 물건을 창조하는 일이고, 테스트는 새로운 소프트웨어를 보수하는 일이다. 뚜렷하게 보이는 결과는 없다. 밑 빠진 독에 물이 새어 나오지 않도록 틀어막는 것과 비슷하다. 물은 계속해서 쏟아지고 또 쏟아질 것이다. 무엇인가를 만드는 것을 얼마나 중요하게 생각하는가? '유지 보수' 업무조차(마치 수술 의사가 되는 것처럼) 세상에 큰 영향을 미칠 수 있음을 기억하라.
- **리더 대 참여자**: 팀을 이끄는 것은 매우 훌륭한 일이다. 하지만 직접 실무를 하는 것은 참여자들이다. 성공에 대한 기쁨과 동시에 막중한 책임감을 지니는 리더가 되고 싶은가? 아니면 조금은 여유를 가지고 다른 사람들과 함께 주어진 임무를 달성하는 것이 좋은가?

무엇을 잘하나?

일하고 싶은 분야를 모르더라도 자기 능력이 어느 정도인지는 본능적으로 알고 있을 것이다. 다음 중 자신의 강점은 무엇인가?

- **수치적인 감각**: 다른 사람에 비해 좀 더 쉽게 숫자를 이해한다. 현실에서 말로 설명한 문제를 이해해서 스프레드시트로 수치화해 보여주는 스타일인가?
- **글쓰기와 의사소통**: 산문과 시에 대해서는 걱정하지 말라. 실제 전문가 세계에서는 거의 상관이 없다. 말이나 글로 좀 더 효과적으로 의사소통할 수 있는지가 더 중요하다.
- **창의력**: 창의력은 예술적인 능력 외에도 얼마나 창의적으로 문제를 해결할 수 있는지에 대해서도 해당된다. 중국에서 소프트웨어를 출시할 때, 100% 불법 복제를 피할 수 있는 방법을 고안하여 추가 수익을 올릴 수 있겠는가?
- **대인 관계**: 사람들과 잘 지내려면 단순한 호감 그 이상이 필요하다(물론 호

감이 가는 사람이라는 것도 그중 일부이긴 하다). 사람들의 마음을 잘 읽을 수 있어야 하며, 사람들을 격려하고 때로 너무 심하게 몰아붙이고 있음을 알아차리는 것도 중요하다. 특별히 사람들과 잘 지내는 사람이라면 관리직에 적합하다.

대학 시절 전공이 무엇인지는 대부분 경력에 큰 영향을 미치지 않는다. 그러니 너무 전공에 국한되어 생각하지 말자. 능력은 계속 다듬어지는 것이고 학문적 지식 그 이상이다. 성공과 실패를 분석하자. 실제로 참여하면서 행복하거나 불행했던 프로젝트나 업무에 대해 곰곰이 생각해 보자. 차이점이 무엇인지 알 수 있는가? 이런 질문들에 답하면서 올바른 방향을 찾을 수 있을 것이다.

그리고 자신만의 길을 떠나기

구글에서 마지막 날, 마지막 소지품을 상자에 담으면서 이 훌륭한 IT 회사의 모든 것을 떠올려 보았다.

먼저 장난이 생각났다. 동료 직원들이 내 책상을 온통 분홍색 화장지로 꾸몄다. 심지어 우리가 서로 던지고 놀았던 물병 뚜껑까지도 하나 하나 분홍색 화장지로 싸여 있었다. 모니터 화면은 화장지로 두르는 대신 내 페이스북 페이지를 인쇄해 붙여 두었다. 내 웃는 얼굴을 공주 드레스를 입은 사진으로 이른바 '포샵질'을 하여 바꾸어 놓았다. 심지어 날개도 달려 있었다. 이렇게 꾸미려고 몇 시간을 공들였음이 분명하다. 하지만 다들 시치미를 뗐다. IT 회사에서는 이런 장난은 흔히 볼 수 있다.

재미가 있었다. 동료들은 시치미를 떼면서도 내 마지막 날을 축하하려고 칵테일을 몇 잔 마셨다. 나는 칵테일 셰이커, 앱솔루트 보드카와 회사 냉장고에서 가져온 몇 가지 음료를 가지고 쭉 줄을 세웠다. 그리고 주문을 받기 시작했다. 회사에서 마지막 날이니 동료들을 성의 있게 대접하고 싶었다.

그리고 영향력이다. 마지막 날 내 업무를 누군가가 충분히 쉽게 인수인계 받을 수 있도록 문서를 준비하면서 보냈다(물론 칵테일을 마시기 전에). 최근 일의 진척된 상황, 해결해야 할 과제, 외부 협력사와 관계에 대해 설명했다. 내가 분명 팀과 회사에 분명한 기여를 했다는 것을 알고 있다. 언젠가 '말해 줄 수 있지만 절대 말할 수 없는' 비밀 제품이 출시될 것이다. 언젠가 그날이 오기만을 기다리고 있다.

네트워크가 있다. 사람들은 자주 내 자리에 찾아 와서 작별 인사를 하며 앞으로 무엇을 할 계획인지 물었다. 사실 앞으로 할 일에 대해서는 코스타리카로 휴가를 가는 것을 제외하고는 스스로도 몰랐다. 여행을 가고 대학 졸업 후 하지 못했던 것들을 하며 시간을 보내고 싶었다. 그리고 신생 회사에서 기회를 찾아 볼 생각이었다. 사람들은 진심으로 계속 연락하자고 말했다. 퇴직을 고려하고 있던 동료들은 다음에 무슨 일을 할지 알려달라고 말했다. 힌트만이라도 좀 달라면서 말이다.

마이크로소프트, 애플, 구글에서 경험을 충분히 즐겼던 만큼, 다시는 대기업으로 돌아가지 않을 예정이었다. 마이크로소프트, 애플, 구글에서 엔지니어로서 사업가로서 충분히 성장할 수 있었고 업계 어디에서도 일할 수 있을 신용도를 쌓아 왔다. 하지만 내가 좀 더 작은 기업에 적합한 사람임을 깨달았다. 모든 사람에게 작별 인사를 하고 내 갈 길로 떠났다.

팀 동료들은 절대 마지막 인사를 놓치지 않았다. 팀 동료들은 함께 했던 날들을 영원히 기억하게 할 마지막 선물을 주었다. 팀 동료들은 아무 때나 삐 소리를 내서 순전히 사람을 짜증나게 하는 것이 목적인 장난감을 몰래 내 차에 숨겨 두었다. 몇 달 동안 그 소리가 무슨 의미인지도 모른 채 운전하다가 자동차가 고장나기 직전 상태인 게 아닌가 걱정했다. 마침내 내 자동차 시트 아래 쪽에 부착되어 있던 이 장난감을 발견했고 곧바로 그 정체를 알아차렸다. 팀 동료들은 나와 일한 마지막 날, 그 이후로 몇 달 동안 '삐' 소리와 전쟁을 벌이게끔 만든 이 짜증나는 장난감을 내 차에 붙여둔 것이다. 감동적이다. 우리 팀원들, 정말 감동적이다!

2장

훌륭한 이력서를 쓰려면 고도의 준비가 필요하다

몇 시간 동안 끊임없이 같은 질문에 대답해야 하는 것은 크게 상관 없다. 나와 이야기하고 싶어 하는 사람들 줄이 너무 길어서 점심도 먹을 수 없었던 상황에도 개의치 않았다. 취업 박람회에서 구글을 대표해 상담하는 동안 나를 가장 괴롭혔던 사람들은 화학 공학 전공자들이었다.

화학 공학 전공자만 콕 찍어서 이야기하는 게 불공평한 일일 수도 있다. 생명 공학, 재료 과학, 물리학 등을 전공하는 다른 학생들도 마찬가지였다. 그 학생들이 제출한 이력서를 한 번씩 훑어 보았지만, 이 사람들이 과연 구글에 적합한 인재인지 알 수 있는 내용은 하나도 없었다. 때로는 오히려 내가 물어보고 싶어졌다. "당연히 구글이죠"와 같은 대답 외에 구글에 입사하고 싶은 다른 이유를 말할 수 있는가? IT 업계를 선택한 이유는 무엇인가? 구글이 왜 당신을 선택해야 하는가?

하지만 나는 그런 질문을 하는 대신, 예의 바른 미소를 지으며 틀에 박힌 대답을 했다.

"지금 당장 적합한 자리가 있는지 잘 모르겠습니다. 일단은 이력서를 보관해 두겠습니다."

술집에서 작업을 걸어오는 사람을 뿌리치는 데도 같은 방법을 쓴다. 매번 "번호를 알려주시면 제가 전화를 드릴게요"와 같은 방법으로 큰 어려움 없이 거절 의사를 표현할 수 있다.

화학 공학을 전공한 엔지니어가 구글에 취업할 수 없다는 의미는 아니지만 구글에서 화학 실험실을 운영하기로 결정하지 않는 이상(나라면 크게 기대하지는 않을 것이다), 화학 공학 학위만으로 구글에 취업하기는 충분하지 않다. 화학 공학 전공자나 영문학 전공자로서 진정 구글에 취업하고 싶다면, 누글러[1]가 되는 데 필요한 자질을 지니고 있음을 다른 방법으로 증명해야 한다.

무엇을 할 수 있는가: 전체적인 점검

채용 담당자는 이력서를 볼 때 가장 먼저 두 가지를 확인한다. 회사의 어떤 업무에 적합한 인재인가? 훌륭히 업무를 수행할 수 있을 것인가? 채용 담당자들이 이력서를 보고 이 두 질문에 대해 답을 얻지 못한다면, 그 이력서는 바로 휴지통으로 들어갈 것이다. 그러므로 그러한 질문들에 답할 수 있는 경험과 경력을 쌓는 것을 목표로 하자.

- **성과를 이룩하라.** 채용 담당자는 지원자가 야심차게 목표를 설정하고, 목표를 달성하기까지 뚜렷한 방식을 가지고 있는지 확인하고 싶어 한다. 목표는 학문적 목표이거나 직장, 프로젝트, 자원봉사, 운동 경기일 수도 있다.
- **쓰고 말하는 법을 배우라.** 서면으로든 구두로든 의사소통은 성공하는 데 매우 중요한 기술이다. 사람들 앞에서 말하기가 익숙하지 않다면 연습이 필요하다. 글쓰기 실력이 부족하다면 작문 수업을 듣거나 블로그를 시작해서 글쓰기 연습을 좀 더 하는 것도 좋은 방법이다. 극적인 희곡을 읽거나 매우 우아한 말투로 글을 써야 할 필요까지는 없지만, 명확하고 전문적인

---

[1] 옮긴이 구글 직원은 구글러(Googler), 구글 신입 사원은 누글러(Noogler)라고 한다.

방법으로 글 쓰는 법은 알아야 한다.

- **너비보다는 깊이에 집중하라.** 나는 대학교를 다닐 때 운동을 즐기지도 않았고, 연극을 하거나 노래를 하지도 않았다. 마이크로소프트 기술을 가르치고 홍보하는 것이 대학 활동의 전부였고, 그 활동에 내 전부를 쏟아 부었다. 다방면에 조금씩 관심을 기울이는 대신, 오로지 두 가지 활동에 200% 노력을 해서 눈에 보이는 성과를 확실히 낼 수 있었다(물론 희생해야 할 것들도 있었다. 폭넓은 분야를 경험한다면, 어떤 업무 분야에 지원하더라도 활용할 수 있는 최소한의 능력을 키울 수 있을 것이다).

- **리더가 되라.** 모임의 회장이 되거나 팀을 이끄는 팀장이 될 필요는 없다(물론 된다면 멋진 일이다). 하지만 스스로 주도할 수 있는 일을 찾는 것이 필요하다. 현재 구글 직원인 케빈^{Kevin}은 대학생 시절, 지역 사업가 모임을 위한 펀드를 모금하는 일을 이끌었다. 세 명으로 구성된 그의 팀은 전년도보다 17%나 많은 기금을 성공적으로 모았다.

- **멘토를 찾으라**(아니면 직접 멘토가 되라). 공식적인 멘토 프로그램이 없더라도 다섯 살 이상 나이가 많으면서 조언을 구할 수 있는 사람을 멘토로 찾아보길 권한다. 멘토들은 회사 생활과 경력을 쌓아가는 방향에 대해 좋은 통찰을 줄 수 있고, 당신이 좋은 기회를 잡을 수 있도록 도움을 줄 것이다.

- **전문적인 능력을 개발하라.** 구체적으로 누구나 알 만한 전문 기술을 가지고 있다면 IT 회사에 지원할 때 최고의 지원자로 돋보일 수 있다. 마케팅을 하고 싶다면 마케팅에 대해 배우고, 영업을 하고 싶다면 지역 기관이 기금을 모으는 프로젝트에 참여하라. 구체적이고 전문적인 기술이 없다면 문 앞에 서서 문이 열리기만을 기다리는 다른 일반적인 지원자들과 구별되는 경쟁력이 없는 것이다.

- **기술을 공부하라.** IT 회사에 입사하고 싶지만 기술에 대해 아는 것이 거의 없다면, 테크크런치^{TechCrunch}와 씨넷^{CNET} 같은 웹 사이트와 지원하려는 IT 회사의 블로그도 방문해 보자. 소셜 네트워크, 모바일 애플리케이션, 클라

우드 컴퓨팅 등 무엇이 주요 주제로 다뤄지는지 확인하고 스스로 질문해 보자. 각 분야의 선구자가 누구인가? 그 이유는 무엇인가? 이 분야가 어떠한 방식으로 기술을 바꾸고 세상에 영향을 미치고 있는가?

학력

알다시피 구글은 적어도 평점^{GPA: grade point average} 3.7 이상의 아이비리그^{Ivy League} 출신을 선호하기로 유명하다. 내가 구글에 입사했을 때 함께 들어온 팀원 8명 중 3명은 대학 졸업장이 없는 사람들이었다. 그리고 그 다음 해에 채용된 사람들 중에는 대학 졸업자이긴 하지만 구글에 입사하기에는 평점이 부족한 사람이 있었다.

학력은 다른 지원자들과 구별될 수 있는 방법 중 하나일 뿐이다. 학력 외에 다른 중요한 요소도 충분히 존재한다. 따라서 평점이나 출신 학교가 두드러지지 않는다면 그 외의 방법을 찾아보자. 자신의 이력서가 선택되려면 다방면에서 뛰어날 필요가 있다.

명문 대학: 이름이 지니는 의미는?

'명문' 대학 졸업장이 취업을 보장하지는 못하더라도 훨씬 더 쉽게 주목 받을 수는 있다. 반대로 규모가 조금 작은 대학에 진학하거나 이름이 비교적 많이 알려지지 않은 대학에 가더라도 다른 방법은 얼마든지 있다.

벤^{Ben}은 인디애나^{Indiana}에 위치한 작은 자유 교양 대학^{liberal arts college}에 다니는 학생이다. 벤은 담당 교수로부터 마이크로소프트 인턴십을 추천 받았다. 일단 서류 면접에 통과하자 학벌이 더는 아무런 문제가 되지 않았다. 그리고 회사에서도 면접과 인턴십 성과에 초점을 맞추어 벤을 평가하였다.

"인턴십이 끝나자 마이크로소프트에서 저를 정식 직원으로 채용하려고 더 신경을 써주었습니다."

벤이 말했다. 그의 동료들은 그가 학위를 딴 학교 이름을 전혀 신경 쓰지 않았다.

하버드나 MIT처럼 전국적으로 널리 알려진 학교에 다니는 것이 아니라면, 교수나 동문 네트워크에 도움을 청하라. 같은 분야에 있는 사람들로부터 조언을 구하거나 적극적으로 멘토를 찾아서 자신만의 네트워크를 스스로 만들 수도 있다.

교과 과정 선택하기: 전공, 비전공, 기타 교양 과목

교과 과정 선택에 대해 "진심으로 좋아하는 것을 찾았다면 어떤 전공을 선택해도 상관 없어요!"라고 말하면 좋겠지만, 나는 정직한 사람이다. 현실적으로 취업을 하려면 전공 선택이 중요하다.

특정 전공을 선택하면 취업이 좀 더 간편하고 쉬울 수 있다. 취업하려는 회사와 직접적으로 연관성이 더 높은 전공을 선택한다면 취업 확률은 더욱 높아진다. 컴퓨터 과학, 마케팅, 재무, 회계 전공자는 아무래도 역사 전공자에 비해 이력서가 눈에 잘 띄고 취업하기에도 유리할 것이다. 관련 업무를 수행하는 데 적합한 학문적인 지식을 가지고 있고, 관련 업무 경험이 있을 확률도 높기 때문이다.

그런데 세상에는 온갖 경우가 있다. 어느 날 빌 게이츠 집에서 파티를 즐기고 있을 때(물론 마이크로소프트 바비큐 파티였지만 회사 바비큐 파티라는 사실을 굳이 강조하지 않는 편이 좀 더 멋있게 들리지 않는가?) 음악을 전공한 인턴을 만난 적이 있다. 그 인턴은 음악과 컴퓨터 과학을 복수 전공한 것이 아니라 그냥 클래식 음악 전공자였다. 그런데도 그는 자기 전공에 맞는 일을 하고 있었다. 엑스박스Xbox 사운드 효과음을 만들고 있었던 것이다. 그는 골프공이 잔디를 스치는 소리처럼 실제 소리를 흉내 내는 사운드를 만들기 위해 하루 종일 일상의 물건들을 만지며 시간을 보냈다. 그리고 그 일은 내가 보아 온 직업 중 최고로 멋진 직업이었다.

컴퓨터 프로그래밍을 배워라

IT 기업에 들어가려면 컴퓨터 과학을 전공하는 것이 제일 환상적이겠지만 좀 더 명확하게 짚고 넘어가자면, 컴퓨터 과학 전공은 IT 회사 업무 전반이라기보다는 프로그래밍 업무에 좀 더 적합하다고 할 수 있다. 물론 모든 직원이 하루 종일 컴퓨터 화면에 있는 코드를 보면서 "왜 이 코드가 제대로 돌아가지 않을까"라고 고민하는 것이 바람직하지 않을지도 모른다. 하지만 나는 그것도 괜찮다고 생각하는 사람이다.

소프트웨어 개발을 진로로 삼지 않겠다고 결심했더라도 프로그래밍을 어느 정도 배워두는 것이 회사 경력에는 꽤 유용할 것이다. 장래에 개발자와 의사소통할 때나 개발자에게 개발 업무의 내용을 제시할 때 도움이 될 것이기 때문이다. 게다가 많은 다른 지원자들이 보여주지 못하는 IT 회사에 대한 열정을 보여줄 수도 있다.

많은 대학에서 컴퓨터 과학 전공이 아닌 학생들에게도 프로그래밍 수업을 들을 수 있는 기회를 제공한다. 이는 컴퓨터를 전공하지 않은 사람들에게 매우 좋은 기회가 될 것이다.

부전공은 어떨까?

역사 전공처럼 IT 회사와 연관성이 적은 분야의 전공자라면 부전공을 IT 업계와 관련 있는 분야를 선택해 전공의 부족함을 보완하는 기회로 삼는 것이 좋다. 부전공으로는 재무, 마케팅, 컴퓨터 과학 등 IT 업계 업무와 관련성이 높은 분야를 선택하는 것이 좋다.

또 부전공은 자신이 여러 분야에 다재다능하다고 증명하는 멋진 방법이기도 하다. 수학이나 엔지니어링이 좋고 경제, 회계, 재무 등 학문도 부전공으로 선택하면 유리할 것이다. 불공평하다고 생각할 수도 있지만, 많은 IT 회사에서 숫자를 다루는 능력이 뛰어난 사람을 똑똑한 사람이라고 생각한다(매우 중요한 업무 능력 중 하나라고 여긴다). 그러므로 수학, 엔지니어링, 경제,

회계, 재무 등의 학문을 부전공으로 선택한다면 숫자를 다루는 능력이 뛰어나다는 것을 증명할 수 있을 것이다.

프로젝트 참여 경험을 쌓아라

아직 '현장 실무'를 경험하기 위해 필요한 자격이 부족하다면 프로젝트 위주로 진행되는 수업을 수강하는 것이 이력서에 가시적인 '성과'를 더할 수 있는 최고의 방법이다. 대부분의 학생은 프로젝트가 많은 수업을 힘들다고 피하지만 오히려 프로젝트 참여 기회가 많은 수업을 찾아다니는 것이 유리하다. 밤 늦게까지 풀칠을 하고 피자를 먹고 커피를 마시면서 참여한 프로젝트는 매우 소중한 경험이며 분명 큰 도움이 될 것이다.

"참여했던 프로젝트들을 기억해야 합니다."

덴버Denver에서 온 소프트웨어 엔지니어 피터 배일리Peter Bailey는 이렇게 말하며 몇 마디 덧붙였다.

"프로젝트를 이해해야 합니다. 프로젝트를 분석해야 합니다. 스스로 참여하여 해결했던 프로젝트 중 특별히 어려운 과제가 있었다면 샘플로 몇 가지 문제를 선택하여 저장해두고, 지속적으로 연구해 개선점이나 해결책을 찾아야 합니다. 때로는 개인 시간을 투자해 자기 장비를 사용해서라도 이러한 분석은 필요합니다. 앞으로 만날 면접관들은 여러분이 참여한 프로젝트에 대해 아주 많은 질문을 할 것입니다. 면접관들은 지원자가 똑똑해서 구글 시간으로 30초 내에 어떤 것이라도 알아차리기를 바라는 게 아닙니다. 면접관들은 지원자가 적어도 성탄절이 오기 전까지 문제를 해결하고 해답을 찾아낼 수 있는 사람인지를 알고 싶어 합니다. 면접관들은 문제를 해결해가는 방법에 대해 질문함으로써 지원자가 대학을 갓 졸업한 풋내기인지, IT 업계 20년 경력의 베테랑인지 확인할 수 있습니다."

평균 학점: 학점은 취업에 영향을 미치는가? 학점을 관리하기 위해 무엇을 할 수 있는가?

여러 회사 중에서 구글은 평점 신봉 회사로 가장 잘 알려져 있다. 구글은 채용을 할 때, 최소 평점 3.7 학점 이상의 지원자만 받는다는 뜬소문이 돌아다닌다. 다른 소문들처럼 학점 소문도 일부분 사실이긴 하지만 대체로 근거 없는 헛소문이다. 최고의 회사에서는 최고의 인재, 즉 성취 능력이 높은 사람을 찾는다. 평점도 그러한 그래프를 나타내는 한 지점일 뿐이다. 하지만 평점이 전부는 아니다. 학점, 학위(또는 학위가 없다든지), 업무 경력이 부족하더라도 이런 단점을 만회할 수 있는 다른 부분이 많다.

낮은 학점을 받은 평범하지 않은 지원자 두 명이 어떻게 최고의 회사에 입사하게 되었는지 그 이야기를 들어보자.

존

존은 4.0 만점에 평점 2.55로 마이크로소프트에 지원했다. 다트머스(Dartmouth) 대학에 다니는 동급생 사이에서도 하위 9%의 점수였다. 존은 매우 똑똑한 학생이었지만 수업에 큰 관심이 없었다. 수업이 매우 지루한 데다가 실용적이지 못하다고 생각했기 때문이다. 존은 직접 참여하는 것을 좋아했다.

대학교 3학년이 되던 해, 존은 기술광이자 실용적인 것을 좋아하는 자신의 성격이 로봇과 딱 맞는다고 생각했다. 그래서 존은 다음 해, 로봇 클럽을 이끌고 로봇 경연 대회에 참가하여 2등을 차지했다. 존은 과제와 시험을 모두 망쳤지만 로봇 경연 대회에서 매우 성취도가 높은 사람임을 증명한 것이다.

존은 면접에서 면접관에게 자신을 소개할 때 무엇인가를 분해하거나 만드는 일에 열정을 가지고 있는 전형적인 괴짜라고 소개하였다. 존의 로봇 프로젝트와 존이 참여했던 다른 프로젝트들은 면접에서 관심을 많이 받았다. 존은 로봇에 관한 한 어떠한 장치든 간에 그 복잡한 구조를 잘 알고 있었다.

학벌이나 다른 조건을 중시하는 여러 컨설팅 회사의 채용 담당자는 존을 거절했다. 그러나 마이크로소프트는 존에게 기꺼이 프로그램 관리자 자리를 제안했다.

베스

베스는 버클리대 컴퓨터 과학 프로그램의 학생으로, 가족 문제 때문에 학업이 어려워지기 전까지 모든 수업에서 A 또는 B 학점을 받으며 매우 순조롭게 학교 생활을 했다. 학점이 뒤죽박죽되었지만 그렇게 되기 전에 베스는 어려운 컴퓨터 수업 중 한 수업에서 조교 역할을 맡았다.

베스는 여학생 클럽 회장이었고, 4년 만에 학사와 석사 학위를 모두 수료했다. 정규 수업 이외 분야에서 실제 프로젝트에 참여한 경험이 있었다. 몇몇 수업에서 조교 역할도 하며 다른 성공적인 성과를 거두어 낮은 학점을 많이 보완했다. 무엇보다도 베스보다 먼저 졸업한 선배들이 마이크로소프트, 아마존, 구글에 베스를 추천했다.

추천도 받은 베스는 다른 경험들을 인정 받아 아무 문제 없이 전화 면접을 통과하고 정식 현장 면접까지 다 통과했다. 면접관은 소프트웨어 엔지니어링에 대한 일반적인 질문을 던졌고, 베스의 낮은 학점에 대해서는 이의를 제기하지 않았다. 구글과 마이크로소프트, 아마존은 모두 베스가 자사에 입사하기를 요청했다.

베스와 존이 낮은 학점을 받은 이유와 취약점을 보완하는 전략은 각각 달랐다. 베스와 존은 학점이 이력서 검증 절차에서만 문제가 된다는 것을 알았고, 다른 부분에서 뛰어난 성과를 보임으로써 형편 없는 학점을 보완하였다. 회사에서는 실제로 무엇을 할 수 있는가를 중요하게 생각하며 몇 가지 의미 없는 숫자보다 면접에 대하는 태도를 좀 더 중요하게 받아들인다.

교수들은 어떤 사람인가? 교수들을 알아두라

대학교에 다닐 때, 나는 매주 맥스 민츠$^{Max\ Mintz}$ 교수와 커피를 마셨다. 맥스 민츠 교수의 수업은 어렵기로 유명해 뉴욕 타임스$^{New\ york\ Times}$에 실릴 정도였다. 우리는 벅스 카운티 커피점에서 만났고, 민츠 교수는 냉커피를 주문했다. 민츠 교수로서는 "스타벅스 벤티", "특별히 거품 가득", "카페인은 반만"과 같은 말들은 알아들을 수 없는 외계어였다. 가끔 냉커피가 떨어질 때면(의외로 자주 일어나는 일이다) 신입 바리스타는 앞으로 수강할 새로운 수업이 매우 즐겁게 느껴질 만큼 무뚝뚝하고 건조한 민츠 교수의 유머를 미리 맛볼 수 있었다.

"가게에 얼음이 있나요?"
"예, 있습니다."
"가게에 커피가 있나요?"
"예."
"그럼 냉커피를 주문할 수 있겠군요."
"예, 바로 준비해 드리겠습니다."

민츠 교수는 내가 대학에서 몇 가지 행정적인 사안을 해결할 때도 여러 번 "나를 도와준 적"(그분의 표현에 따르면)이 있다. 아쉽게도 민츠 교수가 소리 지르는 것을 볼 수 있는 즐거운 기회는 없었다. 민츠 교수는 조용히 침묵을 지키고 있어도 어마어마한 포스를 지닌 분이었다. 그 후로 민츠 교수를 뵌 적은 없지만 추천서를 여러 장 써주었고 구글, 마이크로소프트, 아마존 입사와 와튼Wharton MBA 입학에 큰 도움이 되었다.

공교롭게도 나는 정작 민츠 교수의 두 강의에서 좋은 점수를 받지 못했다. 하지만 민츠 교수의 수업에서 조교 역할은 매우 열심히 해냈다. 교수들은 일반적으로 공부가 얼마나 중요한지 열정적으로 강조하지만 그와는 별개로 정작 학생의 학업 성취도에 감동받는 교수는 매우 드물다.

교수들에 대해 잘 알려면 수업 외에 더 많은 활동이 필요하다.

· **교수들의 연구에 참여하라.** 교수들은 보통 연구를 진행할 때 연구를 함께 도와주는 조수를 매우 환영한다. 특히 대학교 1, 2학년 학생들이 특정 연구에 조수로 같이 참여하는 것은 페이스북이나 구글에 취업하기 전에 경험을 쌓을 수 있는 매우 좋은 방법이다.
· **도움을 요청하라.** 소프트웨어 애플리케이션을 개발하거나 새로운 시장을 조사하는 프로젝트를 진행한다면, 담당 교수들의 프로젝트와 겹치는 부분이 있기도 한다. 담당 교수에게 지도를 요청하는 것은 서로에게 좋은 일이다. 학생은 전문가의 조언을 들을 수 있고, 교수는 자신들이 가장 좋아하는 주제인 독창적인 애플리케이션에 집중할 수 있기 때문이다.
· **조교가 되라.** 조교가 되면 어느 정도 보수를 받을 수 있을 뿐 아니라(일반적으로) 실제로 교수들이 당신이 업무를 '실행'하는 것을 볼 수 있다. 장래에 교수 추천이 필요한 경우가 생긴다면 매우 강력한 추천서를 써줄 것이다.
· **함께 점심을 먹거나 차를 마시거나 근무 시간에 방문하라.** 많은 대학에서 일종의 '교수들과의 점심 식사' 같은 프로그램을 운영한다. 현재 다니고 있는 대학에서 교수와 만날 수 있는 프로그램을 운영하지 않는다면, 교수들의 근무 시간에 직접 담당 교수를 찾아가거나 커피를 한 잔 마시면서 취업 진로나 강의 선택에 대한 조언을 얻을 수도 있다. 민츠 교수처럼 일반적

으로 교수들은 대개 수업 시간보다 그 외 시간에 훨씬 더 친절하다.

교수들과 좋은 관계가 형성될수록 취업할 때 매우 강력한 추천장을 받을 수 있을 뿐 아니라 향후 학업적, 전문적 경력에 대해서도 조언을 얻을 수 있다. 각 학기마다 적어도 교수 한 명과 관계를 맺는 것을 목표로 삼으라. 나중에 보상을 받을 것이다.

업무 경험

사람들은 대부분 직장 상사가 가장 든든한 아군이기를 바란다. 하지만 현실을 좀 더 직시할 필요가 있다. 직장 상사는 자기만의 일이 있기 때문이다. 물론 이렇게 말하면 부정적으로 비춰질 수도 있다. 자기중심적이지 않고, 부하 직원이 회사 내에서 승진할 수 있도록 도와주거나 좀 더 나은 자리로 옮길 수 있도록 도와줄 상사가 많을 것이다. 결국 MBA를 듣는 대다수 사람들은 상사들이 강력한 추천서를 써주어서 MBA를 다닐 수 있었고, 궁극적으로는 그 추천서 덕에 새롭게 출발할 수 있었다.

그러나 좋은 의도로 상사를 신뢰해도 분명히 한계는 있다. 그러므로 오늘부터는 자신만이 가장 든든한 아군이라는 마음가짐이 필요하다. 상사에 의존하지 않고 스스로의 힘으로 자신의 경력에 대해 지도를 그려나가야 한다.

영향력을 발휘하라

좋은 직장인은 자신에게 주어진 본연의 업무를 충실히 수행한다. 또 훌륭한 직장인은 주어진 업무 그 이상을 수행한다. 그러므로 더 좋은 직장으로 이직하기 위해 할 수 있는 최선의 방법은 현재 업무를 훌륭하게 수행하는 것이다.

- **폭넓게 생각하라.** 웹 기반 서비스 회사에서 엔지니어 역할을 하고 있다고 가정해 보자. 로그로 남길 수 있는 추가적인 디버그 정보가 있는가? 테스터와 일할 때 어떻게 하면 테스터들이 테스트 업무를 좀 더 쉽게 할 수 있겠는가? 좀 더 많은 사람에게 영향을 미칠수록, 동료 평가가 좋을수록, 회사에서는 그 직원의 가치를 높게 평가할 것이다.
- **일을 정말 잘하라.** 회사에서 남들보다 두 배 이상 오래 일하라는 말은 아니다. 그저 다른 방해되는 것들에 대해 신경을 끄라는 이야기다. 또는 일할 때 더욱 집중하라는 뜻에 좀 더 가깝다.
- **피드백을 미리 받도록 하라.** 중간 성과 평가 기간까지 기다리지 말고, 업무에 대해 미리 평가를 받도록 한다. 평가 기간이 되면 상사가 업무가 많아져서 피드백을 급하게 써줄 수도 있다. 평가 기간 전에 업무에 대해 피드백을 미리, 자주 요청함으로써 자신이 전문가답게 일을 처리할 뿐 아니라 어떤 일이라도 빠르게 수정할 수 있음을 확실하게 보여줄 수 있다.
- **다른 팀에 대해서도 알아두는 것이 좋다.** 회사가 돌아가는 프로세스에 대해 폭넓게 안다면, 좀 더 높은 직책의 업무를 맡을 때 매우 큰 도움이 될 것이다. 개발자라면 프로그램 관리자가 하는 일에 대해서도 알아둔다. 영업 부서에서 일한다면 마케팅에 대해 살펴본다. 자신의 분야 외에 다른 팀의 업무를 조금씩 접해 보는 것도 큰 도움이 된다. 실제로 다른 팀의 업무를 접해 봄으로써 다른 팀이 하고 있는 업무가 어떻게 진행되는지, 다른 업무들이 서로 어떻게 유기적으로 연관되어 성과를 내는지에 대해 알 수 있을 것이다.

다방면에 박학다식한 사람이 되라

최고의 프로그램 관리자, 마케터, 개발자에게는 공통점이 있다. 각각 서로의 역할을 잘 이해한다는 것이다. 마케터가 제품 가격과 시장 내 위치 선정에 대해 고민하는 동안, 프로그램 관리자는 사용자의 요구 사양을 설계해 개발자에게 전달한다. 이런 업무가 제품 개발 프로세스 안에서 긴밀하게 서로 연결되어 있다.

자기 업무부터 시작해 업무 외적인 부분까지 범위를 넓혀보자. (자신만의 업무 외에) 정기적으로 교류하는 사람은 누구인가? 같이 일하는 사람들과 점심 식사를 함께 하며 그 사람들의 업무에 대해 알아보자. 어떻게 의사 결정을 하는가? (당신과 함께 일하지 않을 때에는) 평상시에 어떤 일을 하는가? 자신의 주위에서 진행되는 업무를 이해하면 업무에 대한 이해도가 깊어짐으로써 업무 성과를 향상시킬 수 있다. 또 다른 분야에서도 활용할 수 있는 전용적 능력 transferable skill을 향상시킬 수 있다.[2]

능력을 수치화하라

현재 하는 일이 얼마나 만족스러운지는 그다지 중요하지 않다. 운이 좋다면 현재 하는 일을 발판으로 삼아, 새로운 일자리를 얻거나 새로운 회사로 옮길 수도 있다. 현재 하는 모든 일이 순식간에 이력서에 다섯 줄로 요약 정리되어서 "나는 5년 간 노예로 살았고 그 대가로 저 다섯 가지 항목을 얻었습니다"라고 적힌 티셔츠를 입고 있는 모습을 상상해 보라.

이력서에 적을 다섯 가지 항목은 회사를 떠나기 전이 아니라 회사에서 근무하는 동안 계획해야 한다. 정량적으로 측정할 수 있고, 눈에 보이는 명확한 성과를 내는 것을 목표로 정하라. 무언가를 만들고 창조하고 이끌라. 회사에서 중요한 프로젝트에 참가했다면 비용, 시간, 영업 실적 증가분 등 성과를 수치화할 수 있는가? 좀 더 유용하고 정확한 데이터를 얻을 수 있도록 더 많은 정보를 찾아보자.

---

2 옮긴이 자신과 관계가 없는 분야에서도 활용할 수 있는 능력이나 소질을 의미한다.

아르바이트와 인턴십

어떤 학생들은 몇 년간 대학 우편 보관실에서 상자를 나르는 일을 하거나 여름 동안 빈 그릇을 치우는 일을 한다. 반면 또 어떤 학생들은 좀 더 '흥미로운' 일을 한다. 어떤 것이 좀 더 도움이 되는 것인지 굳이 말하지 않아도 알 것이다.

대학에 입학하기 전 나는 펜실베이니아 의과 대학 웹 사이트를 디자인하고 개발하는 일을 했다. 이것이 내 첫 '기술적인' 일이었다. 보수는 한 시간에 12달러였는데 내 나이를 생각하면 나쁜 편은 아니었다. 하지만 보수보다 중요했던 건 전문적인 경험을 쌓을 수 있는 기회였다. 그로부터 정확히 1년 후, 나는 마이크로소프트에서 보수를 받는 정식 인턴이 되었다. 무슨 말이 더 필요하겠는가?

물론 모든 사람이 나처럼 운이 좋지는 않을 것이다. 운이 좋기도 했지만 상대적으로 어린 나이에 '흥미로운' 경력을 쌓았다는 사실이 중요한 작용을 했다. 그렇지 않았다면 내 미래의 상사가 이렇게 관심을 가지고 보지는 않았을 것이다.

유급이든 무급이든, 보수가 많든 적든 흥미로운 일은 많이 있다. 학기 중이나 여름 방학 동안에 할 수 있는 아르바이트를 찾는다면 다음에 소개하는 일을 권한다. 이력서를 좀 더 흥미롭게 작성하는 데 도움이 될 것이다.

- **교수의 연구 보조**: 대학 1, 2학년에 재학 중인 많은 학생이 교수의 연구에 보조로 참여할 수 있다. 컴퓨터 과학 전공자라면 코드를 작성하거나 좀 더 구체적인 실무를 할 수도 있다.
- **신생 기업 접촉**: 창업한 지 얼마 되지 않은 신생 기업 입장에서는 무급으로 일할 수 있는 인력만큼 반가운 것도 없다. 내가 아는 한 신생 회사는 인턴 30명이 근무하고 있었는데 정규직은 겨우 12명이었다. 이런 신생 기업에서는 무급으로 일하더라도 매우 환상적인 경험을 쌓을 수 있다. 정말 돈

이 필요하다면, 신생 업체에서 일하면서 조금씩 시간을 쪼개 식사를 나르는 '지루한' 일을 하면서 돈을 벌 수도 있을 것이다.
- **비영리 조직에서 자원봉사**: 신생 기업과 마찬가지로 비영리 조직 또한 일반적으로 재정적으로 어려워서 도움이 간절히 필요한 곳이다. 코딩, 기금 조성, 홍보 등 비영리 조직에서 할 수 있을 만한 일을 찾아 보자. 마케팅 능력을 키울 수 있을 뿐 아니라, 언젠가 취직할 수 있는 회사에서 이미 정규직으로 근무하고 있는 자원봉사자들을 만날 수 있을지도 모른다.

지금까지 말한 경험은 그 자체만으로도 훌륭한 경력이라는 것을 명심하라. 내가 여름 내내 포토샵을 붙잡고 살지 않았다면, 마이크로소프트에 절대 입사하지 못했을 것이다. 그리고 마이크로소프트에 입사하지 못했다면 애플에 입사하지도 못했을 것이다. 애플에 입사하지 못했다면 어떻게 됐을까? 여기까지만 말해도 내가 무엇을 말하려는지 이해했을 것이다. 대학교 4학년이 되어 그토록 꿈꾸던 인턴십을 하고 싶다면 적어도 대학교 1학년이나 그 전부터 미리 준비를 시작해야 한다.

과외 활동과 체크박스 타입의 사람들

고등학교 시절 어머니는 가끔씩 특정 친구들을 보고 '체크박스 타입 checkbox people'이라고 말씀하셨다. 어떤 타입의 사람인지 알 것이다. '체크박스 타입' 친구들은 항상 '올바른' 수업들을 듣고, '올바른' 운동을 하며, '올바른' 클럽 활동을 한다. 그리고 체크박스 타입의 친구들의 30% 이상이 아이비리그 대학에 진학한다. 내가 다녔던 고등학교에는 체크박스 타입 학생이 많았다. 그들은 매우 통제된 일반적인 상황에서 매우 좋은 성과를 낸다.

나는 체크박스 타입 사람들을 싫어하지만 그들이 올바르게 처신하는 부분도 있음을 인정한다. 체크박스 타입 학생들은(또는 내가 다녔던 고등학교를 다니는 학생들 중) 열정을 지어내서라도 성공을 위해 스스로를 자리매김하는 방법을 알고 있었다.

지금도 상황이 크게 다르지 않다. 모든 과외 활동이 동등하게 평가되지는 않는다. 어떤 과외 활동은 좀 더 지적이고, 좀 더 창의적인 모습을 보여준다. 어떤 과외 활동은 리더십을 보여준다. 어떤 과외 활동이 적합한지는 자신의 상황과 자신이 무엇을 좋아하느냐에 따라 다르다.

지금부터 오로지 이력서 작성에 도움이 될 만한 과외 활동에 대해서만 초점을 맞추어 이야기할 것이다. 이력서에 도움이 될 만한 과외 활동을 어떻게 자신이 좋아하는 활동과 연관시킬 수 있을지, 진심으로 즐길 수 있을지는 전적으로 자신에게 달려 있다.

자원봉사

나는 단순히 재미있겠다는 이유(물론 재미 또한 과외 활동 선택에 중요한 요소임은 맞다), 또는 단순히 자원봉사가 세상에 기여하는 가치가 크다는 이유만으로 자원봉사를 과외 활동으로 선택하지는 않을 것이다. 자원봉사를 하기로 결정했다면, 비영리 활동이나 자원봉사를 통해 세상에 기여할 수 있다는 점은 의심의 여지없이 중요하다. 그런 목적이라면 자원봉사를 선택할 수 있다.

썩 내키지는 않지만, 그래도 이력서에 도움이 되는 부분에 대해 일단 짚고 넘어가자. 자원봉사를 하더라도 부엌에서 음식을 만들거나 노숙자를 위해 헌옷을 고르는 일, 길거리에서 쓰레기를 줍는 활동은 하지 않는 것이 좋다. 분명히 이런 자원봉사 활동도 나름 보람 있고 의미 있는 활동이지만, 그 어떤 회사에서도 그런 자원봉사 활동에 관심을 보이며 다음과 같은 질문을 하지는 않을 것이다.

"자, 그러면 한 시간에 된장국을 몇 국자나 뜰 수 있는지 말해 보겠습니까? 우리 회사에서는 선임 국자 뜨기가 필요합니다. 그 업무에 적합할 것 같습니다!"

분명 이런 자원봉사 활동도 나름 의미 있는 일임은 분명하다. 이런 활동을 통해 사회에 봉사하는 사람이며 사회적 책임을 다하는 사람임을 증명할 수 있다. 자원봉사 활동을 해서 경력 차이를 보완하고 다양한 인맥을 형성할 수도 있다. 하지만 다른 활동에 비해 가산점을 받기는 어렵다.

지역 사회 봉사 시간 외에 좀 더 많은 가산점을 얻으려면, 자기 능력 계발에 도움이 되는 활동에 집중할 필요가 있다. 경력으로 인정받을 수 있는 일을 찾아보거나 간단히 실무를 체험할 수 있는 활동을 하는 게 바람직하다.

- **영업**: 노숙자 쉼터에서 일하더라도, 노숙자 쉼터 운영 기금 모금 전화를 돌리거나 그밖의 방법을 통해 기금을 모으는 일을 고려해 보자.
- **마케팅**: 지역 중소기업가 모임을 도와 일하면서 광고와 판촉물을 선보일 대상을 어떻게 선정하는지 배우자.
- **소프트웨어 개발과 디자인**: 비영리 조직 웹 사이트를 본 적이 있는가? 비영리 조직에서는 항상 도움을 필요로 한다. 아니면 오픈 소스 프로젝트에 참여하는 것은 어떤가?

취업하고 싶은 IT 회사 업무는 대부분 비영리 조직에서도 똑같이 진행된다. 그러므로 분명히 이력서를 보는 사람들에게 "어!"라는 반응을 이끌어낼 수 있는 업무를 찾을 수 있을 것이다.

뭔가 시작해 보자

봉사 활동 이력을 보고 채용 담당자가 전화를 한다면, 여기에 뭔가를 더 시작해서 채용 담당자들이 한쪽 무릎을 꿇고 구애하도록 만들자(여기서 구애는 면접을 의미한다). 물론 프로젝트 규모와 프로젝트 공헌도, 프로젝트에서 담당한 역할에 따라 다르겠지만 다른 지원자들 사이에서 당신이 특별해질 수 있는 최고의 방법 중 하나를 소개한다.

마이크로소프트의 프로그램 매니저인 데이비드^{David}는 컨설팅 회사를 창업했고, 포춘 500대 기업을 비롯해 다양한 고객을 보유하고 있었다. 데이비드는 고객사를 위해 주말과 밤낮을 가리지 않고 열심히 일했다. 그러한 노력이 이력서에 큰 부분을 차지했을 뿐 아니라 그 결과 스스로의 개발 실력도 크게 향상됐다. 데이비드가 소프트웨어 엔지니어로서 지원했을 때, 프로그램 매니저 경력이 큰 도움이 되지는 않지만 아마존과 구글 모두에서 면접 제안을 했다. 아마존은 업무에 대한 데이비드의 열정과 헌신을 높게 평가하여 소프트웨어 엔지니어 일자리를 제안했다.

자신이 헌신적이며 시작한 일을 끝까지 마무리할 수 있음을 보여주기 위해 뭔가를 시작하는 것은 이력서를 특별하게 만드는 매우 훌륭한 방법이다. 이는 진취성, 창의력과 업무 이상의 것에 대한 헌신을 보여준다. 그리고 리더십, 개발, 마케팅 등 특정 분야 경험이 부족하다면 새로 사업을 시작하거나 웹 사이트를 개발해서 부족한 경험을 충분히 보완할 수 있다. 시간 여유가 있다면 다음과 같은 방식도 고려해 보자.

· **창업하라.** 막연히 떠오르는 아이디어를 머릿속에만 간직하고 있는 사람이 많다. 그런 아이디어 중 하나를 구체화해 새로운 사업을 시작하면 어떨까? 개발자라면 개발 경험을 쌓으면서도 개발 업무에서 확장해 새로운 일을 배우는 훌륭한 기회가 될 것이다. 개발자가 아니라고 해도 기술적인 능력을 키우거나 기술적인 경험을 쌓을 수 있는 소중한 기회가 될 것이다. 또 프로젝트 진행에 필요하다면, 프리랜서 구인 구직 사이트인 odesk.com이나 elance.com 같은 웹 사이트에서 개발자나 숙련된 직원을 고용할 수도 있다.

· **블로그를 관리하라.** 블로그는 훌륭한 글쓰기 실력을 보여줄 수 있으며 '인터넷에서의 존재감'을 높일 수 있는 훌륭한 방법이다(채용 담당자들이 더 쉽게 당신을 찾을 수 있다). 그리고 또 자신이 기술, 미디어, 게임 같은 분야에 흥

미가 있음을 알리는 좋은 방법이기도 하다. 블로그는 최소한 1주나 2주에 한 번은 업데이트해야 하므로 정기적으로 글을 올리는 부지런함이 뒷받침되어야 한다. 꾸준히 업데이트하기가 생각보다 쉽지 않을 것이다.

- **새로운 모임을 만들라.** 단순히 클럽을 만들기 위해 사람들을 모으지는 않을 것이다. 자신의 분야에서 경력에 실질적인 차이가 있다면 그 차이를 보완할 수 있도록 모임을 시작하는 것도 한 방법이다. 모임을 구성해 리더십 경험을 쌓을 수 있고, 네트워크를 확장할 수 있고, 새로운 분야에 관심이 있음을 증명할 수 있기 때문이다.

하지만 주의해야 한다. 프로젝트를 제대로 마무리 짓지 않는다면, 프로젝트의 부실함을 보여주게 되고 잠재적으로 모든 가능성이 사라질 수도 있다. 프로젝트에 열정을 가지고 헌신적으로 임해야 한다는 것을 명심하라.

질문과 대답

대학생의 취업

> 게일 씨께
>
> 저는 대학교 4학년 학생입니다. 그리고 제 페이스북 프로필에는 대학교 1학년 파티부터 지금까지 찍은 사진이 많습니다. 미성년자일 때 술을 마신 사진, 케그 스탠드(keg stands)[3], 여장 사진, 토가 파티[4]에서 찍은 사진 등 불량한 사진이 많습니다.
>
> 제 부모님은 이런 사진들을 매우 창피하게 생각해서 "무책임한" 사진들을 웹에서 어서 내리라고 말씀하십니다. 후회하기보다 안전한 것이 낫다고 말씀하십니다.

또 부모님 친구들의 자녀가 사진 한 장 때문에 취업이 안 된다는 얘기를 하십니다 ("아무개는 사진 한 장 때문에 취업이 안 되는데, 너는 이렇게나 사진이 많잖니!"). 사진 때문에 제가 마이크로소프트에 취업할 수 없을 것이고 그럼 제 인생이 끝난다고 생각하십니다! 하지만 저는 전부 말도 안 되는 소리라고 생각합니다. 시대가 바뀌었잖아요. 그렇죠?

P. L. 씨께

대답을 하자면 그렇기도 하고 그렇지 않기도 합니다. 하지만 대부분 그렇다고 볼 수 있습니다.

 페이스북 프로필은 P. L. 씨가 어떤 사람인지 알려주는 아주 좋은 방법입니다. 그리고 채용 담당자들은 P. L. 씨에 대해 충분히 알고 싶어 합니다. 술 취한 모습의 사진을 보면 P. L. 씨가 술을 마신다는 사실을 알 수 있습니다. 술을 마신다는 게 과연 큰 문제가 될까요? 금주를 위한 모임에 지원하지 않는 이상, 회사에서는 직원이 술을 마시는지 아닌지는 상관할 문제가 아닙니다.

 대부분의 회사가 크게 상관하지 않는지 어떻게 알 수 있을까요? 회사에서 술 마시는 사람을 직원으로 고용하지 않는다면, 그 어떤 회사도 대학교를 졸업한 사람을 고용하지는 않을 것입니다.

---

3 **옮긴이** 맥주통 위에서 물구나무를 서서 비어봉(beerbong, 깔때기에 호스를 달은 기구로, 깔때기에 맥주를 붓고 호스에 입을 대고 맥주를 마시는 기구)으로 맥주를 마시는 것

4 **옮긴이** 침대 시트로 만든 토가(toga, 고대 그리스 의상)를 입고 참가하는 파티. 파티에 참가하는 사람 모두가 토가를 입는다.

사실 (세상 모든 부모님은 제가 이렇게 말하면 싫어하시겠지만) 술 취한 모습의 사진이 도움이 될 수도 있습니다. IT 회사에는 괴짜가 많고, 괴짜들은 인생을 즐길 줄 아는 사람을 원합니다. '술을 마실 줄 안다는 것 = 사회성'이라고 생각하지 않나요?

이쯤에서 제 의견에 단서를 달아야 할 것 같습니다. 어떤 면에서는 페이스북 프로필이 해가 될 수도 있습니다. 예를 들면 다음과 같습니다.

1. **공격적인 성향을 보여주는 것이 있을 때**: 인종차별적이거나 남성 우월주의 성향을 보이는 내용은 회사가 P. L. 씨를 거절할 수 있는 아주 훌륭한 이유가 됩니다.
2. **불법적이거나 위험하거나 아니면 매우 멍청한 일을 하는 경우**: 불법적인 행동이라는 것은 미성년자 음주처럼 사회적으로 어느 정도 용인되는 수준의 행동이 아니라 심각한 불법 행위를 의미합니다. 마약을 흡입하거나 폭력을 행사한다면 회사에서 채용을 진지하게 고려해야 하는 이유가 됩니다.
3. **면접관이 부모님과 생각이 같을 경우**: 부모님은 술 취한 사진들이 전문가답지 못하다고 생각합니다. 이는 다른 사람도 부모님과 같은 생각을 할 수도 있다는 의미입니다. 따라서 면접관도 술 취한 모습의 사진을 보고 전문가답지 않다고 생각할 수 있습니다. 이해하기는 어렵겠지만 이보다 더 이상한 일도 일어날 수 있습니다. 하지만 다시 한 번 말하자면, 그런 면접관은 아마도 사람을 조사하기 위해 페이스북을 뒤져보지 않을 확률이 높습니다. 그리고 페이스북을 뒤져본다면, P. L. 씨가 평범하다는 것을 곧 알게 될 것입니다.

정말 걱정된다면 페이스북의 사진을 다른 사진으로 교체하고, 사진첩을 친구들만 볼 수 있도록 비공개로 설정할 수 있습니다. 그리고 지금처럼 부모님이 걱정하신다면, 부모님을 페이스북에서 차단하면 어느 정도는 문제가 해결될 것입니다. 그렇지 않나요?

게일 드림

생활비를 벌기 위한 개발

게일 씨께

저는 컴퓨터 과학을 전공하는 대학교 1학년 학생입니다. 취업을 하려면 어느 정도 실무 경험이 절실하다는 것을 잘 알고 있습니다. 다행히 신생 회사에서 인턴십을 할 수 있는 기회를 얻었습니다. 하지만 제가 직접 생활비를 벌어야 한다는 것이 가장 큰 문제입니다. 회사는 유급 인턴은 뽑을 수 없다고 합니다. 그리고 급여를 지급하는 다른 곳에서는 절 고용하지 않을 것 같습니다.

생활비가 많이 필요하지는 않습니다. 저녁을 먹거나 친구들과 어울릴 수 있을 정도로 기본적인 비용만 있으면 됩니다. 행운은 여기까지일까요? 다른 계획은 제 이력서에는 전혀 도움이 되지 않는 종업원 아르바이트를 하는 것입니다.

U. B. 드림

U. B. 씨께

아마도 "좀 더 열심히 찾아 보라"라고 말해 주는 것은 크게 도움이 되지 않겠죠? 그렇다면 좋습니다. U. B. 씨가 원하는 분야에서 유급 인턴 자리를 찾을 수가 없다면, 다른 분야에서 찾아보는 것은 어떨까요?

아웃소싱이 그저 프로젝트를 인도로 보내버리는 것만을 의미하지는 않습니다. 미국 내에서 일거리를 아웃소싱하기도 하고, U. B. 씨가 프리랜서로서 도움이 될 만한 일이 있을 것입니다.

odesk.com나 elance.com, rentacoder.com 같은 웹 사이트에 회원 가입을 하고 몇몇 프로젝트에 지원해 보기를 추천합니다. 위 사이트에서 몇몇 계약을 따고, 주어진 업무를 훌륭하게 해낸다면, 여름 방학 동안 좀 더 지속적으로 업무 계약을 할 수 있는 신용을 쌓을 수도 있습니다.

생활비를 벌면서 이력서에 도움이 될 만한 경력을 쌓을 수도 있습니다. 그럼 원하던 바를 얻을 수 있을 것입니다. 그렇죠? 좀 규모가 작은 프로젝트들은 이력서의 '프로젝트' 항목에 적을 수 있고, 좀 더 장기간 진행된 프로젝트는 '경력' 항목에 적어 넣을 수 있습니다.

자신의 목적이 이력서에 도움이 될 만한 경험을 쌓는 것이라는 것을 명심하세요. 프리랜서로 참여한 프로젝트 책임자에게 자신의 목적을 분명하게 설명하는 것이 중요합니다. 이력서에 프로젝트를 적어 넣으려면 프로젝트 책임자의 허락이 필요할 수도 있고, 추후 지원한 회사에서 확인을 위해 프로젝트 책임자에게 연락할 수도 있습니다.

게일 드림

매니저가 아닌 경우

게일 씨께

저는 현재 남캘리포니아에 위치한 규모가 큰 소프트웨어 회사에서 일하고 있습니다. 하지만 회사에서 일이 잘 풀리지 않아서 매니저로 승진하기가 어려울 것 같습니다. 1년 안에 회사를 그만두고, 북캘리포니아로 이사할 예정이라서 크게 신경쓰지 않고 있습니다. 북캘리포니아로 옮기면 경력에 도움이 되는 기회가 많을 것 같습니다. 제가 회사를 옮긴다면 매니저 경험이 없어도 매니저로 이직할 수 있을까요?

W. H. 드림

W. H. 씨께

상황에 따라 다릅니다. 말씀하신 경험이란 어떤 경험을 말씀하시는 건가요?
 물론 매니저 경험이 있다면 매니저로 새로 취업하기가 훨씬 쉽습니다. 하지만 매니저 경험이 없다면 W. H. 씨의 가치와 W. H. 씨가 새로운 업무에서 충분히 성과를 낼 수 있음을 회사에 증명해야 합니다.
 매니저로 승진하지 못하더라도 매니저로 취업하기에 필요한 경험을 충분히 쌓을 수 있는 기회가 있을 것입니다. 현재 상사에게 좀 더 리더십을 발휘할 수 있는 기회를 달라고 요청하세요. 이런 열악한 상황을 잘 활용할 수도 있을 것입니다. 현재 회사와 팀이 처한 상황을 잘 인지하고 있으며 어떤 업무를 진행하는 작은 팀을 이끌면서 회사에 기여하고 싶다는 의도를 설명하는 것이 중요합니다. 승진할 수는 없겠지만, 경험을 쌓을 수는 있을 것입니다. 그리고 궁극적으로 그것이 가장 중요합니다.

　새로운 업무에 지원할 때가 오면 직책에 대해 거짓말할 수는 없지만, W. H. 씨가 '실제로' 어떤 일을 했는지 살짝 둘러 이야기할 수 있을 것입니다. 자기소개서에 자신이 맡았던 관리 업무를 강조하는 것도 방법입니다. 그럴 경우 자기소개서에 강조하는 업무는 리더로서 얻은 성과를 철저하게 집중하여 강조해야 합니다.

게일 드림

3장

취업문 통과하기

마이크로소프트, 아마존, 구글 같은 기업에는 굉장히 훌륭한 지원자가 몰릴 것이라고 생각하는가? 다시 한 번 생각해 보자. 아마존에서 일하는 한 기술 프로그램 매니저가 말했다.

"아마존 채용 담당자는 요즘 채용에 너무 많은 시간을 보내느라 실제로 '관리'를 할 시간이 부족하다."

다른 상위 기업들도 똑같은 문제를 고민하고 있다.

"미국에는 좋은 엔지니어가 충분하지 않다. 정말이다. 우리는 먹을 것이 거의 없는 곳에서 치열하게 싸우는 독수리와 같다." (애플 직원)

"우리는 항상 훌륭한 재능을 지닌 인재만 고용한다. 언제나." (구글 직원)

"훌륭한 지원자가 부족하지는 않다. 단지 우리가 그들이 누구인지 모를 뿐이다." (페이스북 직원)

이 모든 이야기는 사실이다. 구직자가 기업 취업문을 통과하려고 문턱에 대롱대롱 매달려 있을 때, 정작 기업 채용 담당자들은 구직자를 찾으려고 여기 저기 다른 곳을 살펴보고 있다.

물론 온라인으로 이력서를 꾸준히 제출하는 일만 반복할 수도 있다. 이력서가 눈에 띄는 행운이 약간 따라준다면, 기업 채용 담당자가 당신을 잡으려고 바로 전화를 할 것이다. 하지만 취업문을 통과하려면 좀 더 창의적인 노력을 기울여야 하는 경우가 대부분이다.

온라인 이력서 제출은 블랙홀과 같다

온라인 이력서 제출에 대해 그럴싸하게 포장해 이야기하지는 않을 것이다. 온라인 이력서 제출을 블랙홀이라 부르는 데는 이유가 있다. 온라인 입사 지원은 면접 기회를 얻는 최고의 방법은 아니다. 하지만 가끔 효과가 있다. 나는 온라인 지원으로 애플에 들어갔다. 물론 그 전에 마이크로소프트에서 인턴십을 했던 경험이 있었다.

아마존의 재무 분석가인 카리[Kari]는 아마존 웹 사이트에서 지원했고, "귀하의 이력서는 계속 보관될 예정이며…" 하는 정형화된 이메일 답변을 받았다. 그리고 아마존에서 추후 채용을 진행하면서 카리에게 입사를 제안했다. 필립[Philip]은 미국의 온라인 취업 사이트 몬스터 닷컴[monster.com]을 통해 블룸버그[Bloomberg] LP[1]에 지원했고 취업에 성공했다.

구글에서는 온라인 입사 지원서를 자세히 살펴본다. 장담한다. 내가 온라인 입사 지원서를 살펴보는 업무를 담당했기 때문이다. 구글에서 온라인 입사 지원서를 살펴보는 업무는 기본적으로 채용 담당자 버전의 '수건 돌리기' 놀이를 하는 것과 마찬가지 업무였다. '탈락, 탈락, 탈락, 합격!' 이런 식이다. 채용 과정에서 무작위 요소가 존재하므로 자신의 특별함을 좀 더 피력할 수 있는 방법을 찾아야 한다.

---

1 옮긴이 마이클 블룸버그(2011년 현재 뉴욕시장)가 1981년 창립해 24시간 경제 전문 뉴스를 서비스하는 미디어 그룹

블랙홀에서 최고가 되라

서류 통과 확률을 높이려면 지시 사항을 하나도 빠짐없이 준수해야 한다는 것을 명심하자. 서울에서 김 서방 찾기, 이렇게만 얘기해도 어떤 뜻인지 알 것이다. 넘쳐나는 수많은 이력서 속에서 채용 담당자와 인사 담당자는 오히려 당신의 이력서를 지나치기 위한 변명거리를 찾고 있을지도 모른다. 회사에서 증명서를 첨부하라고 하면 반드시 증명서를 첨부해 제출하라. 가장 가고 싶은 팀 세 개를 적으라고 하면 가고 싶은 팀 세 개를 꼭 적으라. 사소한 실수도 치명적일 수 있다.

둘째, 채용 공고가 공지된 지 얼마 되지 않았다면 재빨리 지원하라. 이것저것 고민하다가 사흘이 지나간다면 경쟁률만 올라갈 뿐이다. 회사 입장에서는 좀 더 일찍 지원한 지원자 중에서 채용할 만한 사람을 찾았다고 생각이 든다면, 그 시점부터 더는 추가 지원자를 찾지 않을 수도 있다.

셋째, 채용 담당자 입장에서 생각해 보라. 지원자 트래킹 시스템[Applicant Tracking System]에서 지원자들을 살펴본다면, 어떤 낱말로 주로 검색할까? 채용 담당자가 검색할 만한 낱말을 이력서에 꼭 넣자. 예를 들어 지원 조건에 MBA 학력을 권장한다면, 이력서에 'MBA[Master of Business administration] 2010'이라고 쓰는 것이 좋다. 'MBA', 'Master of Business' 두 가지 키워드를 모두 검색했을 때 자신의 이력서가 검색될 확률을 높여줄 것이다.

넷째, 온라인 입사 지원 사이트에 채용 공고가 떴다고 하더라도 온라인 입사 지원만 가능한 것은 아니다. 구글 채용 담당자였던 배리 쿽[Barry Kwok]은 "채용 공고에 채용 담당자나 인사 담당자 이름이 명시되어 있다면 개인적으로 이메일을 보낼 수 있는 연락처를 알아낼 수 있을 것"이라고 조언한다.

개인적인 추천 받기

카리와 필립, 나는 블랙홀에서 빠져 나오는 방법을 찾으려고 매우 열심히 노력했다. 하지만 그 이후 다른 직장으로 어떻게 이직할 수 있었을까? 바로 추천이었다. 내가 아는 모든 사람(대학 채용을 통해 취업에 성공한 매우 예외적인 경우는 제외)에게 해당되는 말이다.

거짓을 조금도 보태지 않고 말한다면, 개인적인 추천은 취업할 수 있는 최고의 방법이다. 누군가의 추천을 받으면 회사에서도 좀 더 신중하게 고려할 뿐 아니라 추천 받는 당사자도 본인의 능력과 관심 분야에 적합한 업무를 쉽게 찾을 수 있다. 이것이 윈-윈 전략이다.

친구들에게 말하기

구글을 그만두자 갑자기 여기저기서 난데 없이 사람들이 연락을 해 왔다. 신생 회사, 중소기업, 헤드헌팅 회사, 내가 한 번도 해본 적도 없는 업무(심지어 하고 싶다고 생각조차 해본 적 없는)에 대해 제의가 들어오기 시작했다. 결국 벤처 투자를 받은 신생 회사의 엔지니어링 부사장 vice president 제안을 받아들였다. 공식 면접이나 이력서 제출 등의 과정이 진행되지도 않았다.

사실 내 상황이 그리 특별한 것은 아니다. 고부가가치의 능력이나 강력한 신뢰가 뒷받침된다면, 스스로 찾을 필요 없이 사람들이 당신을 찾을 것이다.

페이스북이나 트위터 Twitter 같은 소셜 네트워크 사이트를 이용한다면, 자신이 꿈꾸는 회사에 자신을 연결해 줄 수 있는 사람이 있는지 간단히 묻는 메시지를 포스팅하는 것만으로도 충분하다. 그렇지 않다면 좀 더 공격적으로 움직일 필요가 있다. 관련 회사에서 일하는 친구에게 도움을 청하는 것도 방법이다. 예를 들어 구글에서 일하는 사람이 마이크로소프트에서 일하는 친구에게 부탁해서 손해 보는 일은 없을 것이다.

주목 받으라

입사하고 싶은 회사를 찾았지만 들어가는 길을 찾을 수가 없다면? 입사하고 싶은 회사에 다니는 직원을 찾아서 자신을 알리라. 그 사람이 블로그가 있다면? 블로그에 댓글을 달라. 아니면 자기 블로그에 포스팅하고 그 사람의 블로그에 엮인 글을 쓰는 것이 좀 더 효과적이다. 그 사람이 트위터를 쓴다면? 멘션이나 리트윗하라. 그 직원이 도움을 구한다면? 할 수 있는 범위 내에서 계속 도와주라. 그 사람의 커뮤니티에 참여하라.

구글을 떠난 후에도 나는 블로그나 트위터로 나와 연결된 사람들 중 구글에 관심이 있는 지원자들을 구글에 계속 추천하고 있다. 누군가가 지적이고 친절하고 재미있기조차 한 사람이라는 것을 알았다면, 그 사람의 부탁을 들어주지 않을 이유가 없지 않은가?

물론 너무 지나쳐서는 안 된다. 스토커를 좋아할 사람은 없다.

사전 면접 informational interview [2]

사전 면접이라는 것은 공식 채용 절차가 시작되기 전에 회사에 대해 비공식적으로 정보를 확인하는 것이다. 대개 입사를 희망하는 회사에 근무하는 사람을 찾아가 업무나 회사에 대해 조언을 듣는 데서 시작된다. '사전 준비 면접'이라고 칭하긴 하지만, 조언을 구하는 직원과 이야기할 때에 면접이라는 말은 꺼내지 않는 편이 좋다.

사전 준비 면접이 가치 있는 이유 한 가지는 부담이 적다는 것이다. 당신이 만나서 이야기하는 직원은 채용 진행 여부와 상관없이 조언해 줄 수 있다. 그가 지원자에 대해 어느 정도 '조사'할 수도 있겠지만, 지원자도 앞으로 들어가려고 하는 회사를 평가할 수 있다.

IT 회사에서 이런 사전 면접은 회사에 입사하려는 지원자나 팀을 옮기려는 내부 직원 모두에게 매우 일반적인 일이다.

---

[2] 옮긴이 한국에서는 별도 면접 과정으로 다루지 않기 때문에 그냥 영문 자체로 쓰이는 경우도 많다. 사전 준비를 위한 면접이라는 의미에서 이 책에서는 사전 면접이라고 번역했다.

사전 조사를 위해서는 질문을 충실히 준비하는 것이 좋다. 이야기 나누는 직원이 당신의 능력이 어떤지 광범위하게 평가하지는 않겠지만 개성, 의사소통 능력, 관심 분야를 평가할 것이다. 사전 면접이 끝나고 난 뒤에는 시간을 내준 데 대해 감사 편지를 쓰는 것도 잊지 말자.

사전 면접을 진행하고 나면 회사에 한번 지원해 보지 않겠냐는 요청을 받을 수도 있고, 회사에 소개하겠다는 제안을 받을 수도 있다. 그런 제안을 하지 않는다 해도 면접이 끝난 후에 회사에 지원할 수 있는 좋은 방법을 물어보거나, 채용 담당자에게 연락할 수 있는 방법에 대해 조언을 구할 수 있다. 도움을 못 준다고 한다면 아마 그런 식으로 도와주는 것이 불편한 이유가 있을 것이다. 그렇다면 그 이후에는 원하는 업무에 지원하기 위해 다른 대안을 찾을 필요가 있다. 그뿐이다.

채용 담당자에게 연락하기

대학을 다닐 때는 채용 담당 직원이 나를 찾지 않는다면 내가 직접 찾아갈 필요가 있다고 생각했다. 운 좋게도 채용 담당자들은 자기 이메일 주소를 숨기지 않았다. recruiter*@adove.com 같은 검색어로 인터넷에서 검색하면 주요 회사 채용 담당자의 이메일 주소를 대부분 확인할 수 있었다. 어느 회사의 채용 담당자와 이야기하고 싶은가? 마이크로소프트? 구글? 아마존? 원하기만 하면 연락처를 알 수 있다.

이메일 주소를 안다고 해서 바로 이력서를 보내서는 안 된다. 아직 첫 걸음일 뿐이다. "채용 담당자들이 스팸으로 생각할 수도 있습니다"라고 퀵이 다시 한 번 상기시켜 주었다.

"양보다는 질입니다. 회사에 대해 사전 조사를 충분히 한 뒤 작성한 이메일이 평범한 이메일보다 훨씬 더 영향력이 있습니다."

직접적으로 채용을 담당하는 사람의 연락처를 알아내도록 노력할 수 있다. 원하는 업무의 채용을 담당하는 사람을 찾지 못했다면, 이메일을 보낼 때 어떤 분야에 관심이 있는지 명확하게 밝히고 적절한 사람에게 연결해줄 것을 부탁하자. 물론 채용을 위해 이야기를 나누어야 할 정확한 직책이나 책임자의 이름을 안다면 금상첨화일 것이다. 이메일을 받은 채용 담당자도 부담을 느끼지 않을 것이고, 일이 잘 풀린다면 채용 담당자가 도움을 줄 수도 있기 때문이다.

졸업생 인맥과 그 이상의 인맥

개인적으로 추천해줄 만한 사람을 찾는다면 학교 동창이나 다른 '공식적인 그룹'에서 아는 사람을 찾아보는 것이 좋다. 아직 학생이거나 최근 졸업생이라면 학교 채용 지원실에서 동창생 명부를 찾아 연락해 볼 수 있을 것이다.

지원하는 분야와 연관이 있는 그룹이나 meetup.com 같은 사이트에서 더 많은 그룹을 찾을 수 있다. 그룹의 정식 모임에 참석하라. 어떤 사람을 만날 수 있을지는 모임에 나가기 전에는 절대 알 수 없다.

취업 박람회

취업 박람회에서 마이크로소프트 담당자와 상담하기 전에, 어느 정도 사전 지식이 있는 학생이라면 상담이 어떻게 진행되는지 몇 분 정도 지켜보는 것이 좋을 것이다. 직원마다 나름의 상담 방식이 있다. 어떤 직원은 합격/불합격 여부를 확인할 수 있는 작은 표시를 하기도 한다(웃고 있는 얼굴 표시처럼 분명한 표시). 다른 사람들은 합격/불합격을 기준으로 이력서를 구분해 정리하기도 한다. 어느 쪽이든 관찰력이 좋은 사람이라면 어떤 방법인지 알아차릴 수 있을 것이다. 물론 상담에 직접적인 영향을 미치지는 않겠지만, 합격 여부를 미리 확인할 수 있는 것도 나쁘지는 않다.

어떤 지원자들은 준비해온 말을 아주 빠르게 일장 연설로 늘어놓기도 한다. "나는 이런 사람이고 내가 해온 것은 이런 것들이며 내가 잘하는 것은 이런 것이며 내가 앞으로 하고 싶은 일은 이런 것들입니다"라는 식으로 말이다.

다른 지원자들은 상담 받으러 찾아와서 이력서를 건네고 채용 담당자가 질문하기만을 기다린다. 무엇을 하고 싶으냐고 질문하면 어깨를 으쓱하며 "음, 제 전공에 맞는 일이 뭐가 있을까요?"라고 되묻는다.

"지원자가 본인이 하고 싶은 일이 무엇인지, 무엇을 하고 싶어 하는지도 말하지 못하면 그 지원자는 회사에 맞지 않다는 것입니다."

마이크로소프트의 선임 채용 담당자인 라켈 가르시아[Raquel Garcia]가 말했다. "비유하자면 세계 어느 곳이라도 갈 수 있는 표를 주는데, 가고 싶은 곳이 어느 대륙인지도 말하지 못하는 것과 같습니다."

정식 면접을 볼 수 있는 기회를 얻을 수 있는 확률을 최대한으로 높이려면 다음과 같은 충고를 명심해야 한다.

- **철저하게 사전 조사를 하라.** 관심 있는 회사를 미리 조사하고 자신에게 딱 맞는 업무를 파악하는 것이 중요하다. 회사에서 직원을 고용할 때 지원자들의 어떤 자질을 최우선으로 볼까? 채용 담당자와 상담할 때 회사에서 중요하게 생각하는 능력을 어떻게 증명할 것인가?
- **질문을 준비하라.** 취업 박람회에서 해야 하는 일 한 가지는 회사와 업무에 대해 열정을 보여주는 것이다. 그러려면 상담할 때 회사에 대해 물어볼 주관식 질문을 몇 가지 준비해두는 것이 좋다. 이렇게 하면 대화를 계속 진행하기가 수월하며 구직자나 채용 담당자 모두에게 서로 잘 맞는지 확인할 수 있는 기회를 제공할 것이다.
- **대답을 준비하라.** 취업 박람회에서 채용 담당자가 상담을 하면서 당신의 배경에 대해 기본적인 질문을 할 수 있다. 그럴 경우 자신의 가장 큰 성과와 도전에 대해 구체적으로 말할 수 있도록 대답을 준비하자.

- **엘리베이터 발표**elevator pitch[3]를 준비하라. 취업 박람회에서 채용 담당자와 처음 만났을 때의 30초가 자신의 인상을 강하게 심어줄 수 있는 기회다. 자기 가치를 홍보할 수 있는 간결하면서도 뛰어난 의사소통 능력을 갖춰야 한다.
- **맞춤 이력서를 준비하라.** 취업 박람회에 이력서를 한 장만 가져가야 하는 법은 없다. 다양한 업무로 지원한다면 각각의 역할에 맞게 이력서를 준비하라.
- **적절한 옷차림에 신경쓰도록 하라.** 한번은 취업 박람회에서 성(性)적인 내용이 적힌 티셔츠를 입은 지원자와 상담한 적이 있었다. 이렇게 첫 만남에서도 적절하게 행동하지 못한다면 실제 업무에서는 어떨 것인가? 취업 박람회라고 하더라도 면접에서 입을 법한 복장을 준비하는 게 좋다.
- **후속 조치를 하라.** 가능하다면 상담했던 직원의 이메일 주소나 명함을 받아두는 것이 좋다. 취업 박람회가 끝나면 바로 이메일로 회사에 얼마나 큰 관심이 있는지 말하고, 회사에서 어떤 성과를 낼 수 있는지 설명하는 내용의 편지와 함께 이력서 사본을 첨부해 보내자.

취업 박람회에서 지원자 수백 명과 이야기한 후에는 수많은 이력서가 대부분 한데 섞인다. 하지만 그중에서도 지원자 한 명이 매우 깊은 인상을 남겼다. 조금은 조숙한 대학교 2학년생인 알렉스Alex는 자신이 참여했던 프로젝트 포트폴리오를 함께 가져왔다. 이력서에 시트 두 장을 추가했고 시트에는 그가 참여했던 프로젝트 중 규모가 가장 컸던 프로젝트 스크린샷 네 개를 첨부했으며 우리가 다음과 같은 질문을 못하도록 더 긴 설명을 덧붙였다. 어떻게 그 프로젝트를 수행했나요? 프로젝트에 즐겁게 참여했나요? 무엇을 배웠나요? 어떤 부분이 가장 어려웠나요?

---

3 옮긴이 엘리베이터를 함께 타는 30초~2분 내에 사업 아이템과 실행 계획 등을 요약해 발표하는 방식

라켈 가르시아는 알렉스처럼 젊은 학생이 이렇게 적극적으로 나서는 것을 매우 좋아한다.

"대학교 1학년 학생들이 상담하러 올 때마다 저는 항상 그들에게 감사합니다. 내게 이야기할 수 있는 배짱이 보였고 그런 모습에 감사하고 있습니다. 그리고 그들이 앞으로 진로를 어떻게 시작할지에 대해 미리 피드백을 받아가기 때문에 1, 2년 안에는 마이크로소프트에 어울리는 인재로서 준비되어 있을 것입니다."

전문적인 채용

최근 졸업한 사람을 대상으로 전문적인 채용 프로세스가 진행되지는 않지만 전문 채용 에이전시(헤드헌터로 더 잘 알려져 있다)가 당신이 딱 맞는 회사에서 적절한 업무를 맡을 수 있도록 전문적인 도움을 줄 수 있다. 헤드헌터들은 다음과 같이 다섯 가지 방법으로 가치를 더해줄 수 있다.

1. **인맥**

    훌륭한 헤드헌터라면 여러 회사와 관계가 있다. 이러한 인맥을 이용해 헤드헌터들은 이력서가 채택되도록 도움을 주고, 외부에 알려지지 않은 채용 기회에 대해 정보도 제공한다. 헤드헌터를 고용하기 전에 고용하고자 하는 헤드헌터가 어떤 회사와 일하는지 먼저 알아보는 것이 좋다. 최근 그의 고객이 어느 회사에서 취업 제안을 받았는가?

2. **구직자에게 맞는 회사 찾기**

    능력이 뛰어난 헤드헌터는 구직자의 배경과 관심사를 잘 파악하고 있으며, 고객 회사들이 기대하는 바와 기업 문화에 대한 이해도가 높다. 헤드헌터는 스스로 구직 활동을 하는 것보다 훨씬 더 구직자에게 맞는 회사와 연결시켜줄 수 있다.

3. 피드백

좋은 헤드헌터는 원하는 업무에 따라 당신의 약점이 무엇인지 평가해줄 수 있다. 미리 약점을 파악한다면 자신에게 맞는 회사에 취업할 기회가 왔을 때 놓치지 않도록 확실히 준비할 수 있다. 또 준비 과정에서 헤드헌터는 피해야 할 질문과 하지 말아야 할 것을 미리 알려줌으로써 준비를 도와줄 수 있을 것이다.

4. 문제 처리

일단 취업 제안을 받는다면 헤드헌터는 그 제안이 공평한지 확인하는 것부터 협상까지 모든 것을 도와줄 수 있다. 헤드헌터는 구직자 연봉의 일정 퍼센트를 보수로 받기 때문에(구직자가 아니라 회사로부터) 당신이 최고의 보수를 받을 수 있도록 최선을 다해 도울 것이다.

5. 재응시 기회

회사에서 채용하지 않기로 결정할 수도 있다. 하지만 그 결정이 당신이 회사에 적합하지 않는 것이 아니라 단지 지원한 업무에 적합하지 않은 것일 수도 있다. "전문 헤드헌터는 그런 경우 다시 한 번 기회를 만들어줄 수 있습니다"라고 빅 카인드 게임$^{Big Kind Games}$의 BJ 비글레이^{Bigley}가 말했다.

일이 잘못됐을 때 조심해야 할 것들

헤드헌터가 무척이나 유용할 수도 있지만 시간을 낭비하거나 일을 그르칠 수도 있다.

디브야^{Divya}는 헤드헌터가 일을 그르칠 수도 있다는 사실을 헤드헌터가 현재 상사에게 그녀의 이력서를 보낸 사건으로 인해 알게 되었다.

"저는 그때 좀 더 작은 회사로 옮기는 것을 고려하고 있었습니다. 시간을 절약하면서 더 많은 기회를 찾아볼 수 있겠다는 기대에 헤드헌터와 계약했습니다. 1주일 후 상사가 자기 사무실로 부르더니 이메일을 인쇄한 종이를

한 장 내밀었습니다. 내가 고용한 헤드헌터가 작성한 짧은 이메일 내용에는
'반드시 확인해 보아야 할 좋은 인재가 있습니다'라고 적혀 있었습니다. 그
리고 내 이력서가 첨부되어 있었습니다. 상사는 내가 이직할 곳을 찾는다는
것을 몰랐고 저도 이런 식으로 알려지는 것을 바라지는 않았습니다."

디브야는 상사와 원만하게 해결할 수 있었지만, 일단 디브야가 회사를 그
만둔다는 사실이 알려진 후에는 관계가 예전 같지 않았다.

본처치VonChurch[4]의 케이티 헤딕스Katy Haddix는 지원자들에게 다음과 같이
충고한다.

"헤드헌터가 지원하는 회사 이름을 알려주지 않는다면 일단 조심해야 합
니다. 이력서를 임의로 보낼 수 있다는 신호입니다."

자신의 이력서를 어떠한 경로로 보내는지 완벽하게 통제할 수 있도록 지
속적인 관리가 필요하다.

추가적인 방법들

오클라호마의 작은 학교를 다닌다면 취업 박람회처럼 도움을 받을 만한 방
법을 찾기가 어려울 수도 있다. 그렇다고 하더라도 희망을 잃지 않기를 바
란다. 당신의 이력서를 알아보는 사람이 있을 것이다. 하지만 더 현명해지
거나 더 노력해야 할 필요가 있을지도 모른다.

간접적인 방법

"어떻게 하면 구글에 입사할 수 있냐고요? 먼저 마이크로소프트에서 일하
세요!"

마이크로소프트 프로그램 매니저인 제이슨Jason이 이렇게 농담을 한 적이

---

4 옮긴이 비디오 게임 분야에 특화된 헤드헌팅 회사

있다. 농담으로 던진 말이긴 하지만 어느 정도 진실이 숨어 있다. 회사에 입사하거나 원하는 곳에 취업하는 최고의 방법은 아마도 우회해 가는 것일 수도 있다.

원하는 회사에 입사하기 전에 일단 다른 회사에서 경력을 쌓는 것 외에도, 일하고 싶은 회사에 다른 업무로 일단 입사하는 것을 고려할 수 있다. 기술 인력 전문 헤드헌터인 배리 퀵은 IT 회사에서 원하는 특정 자격이 부족한 사람은 신생 회사의 오피스 매니저로 경력을 쌓는 것이 좋은 방법일 수도 있다고 말했다.

"신생 회사에서는 오피스 매니저가 모든 일을 다 합니다. 회사가 성장하면 인사 업무와 같은 분야에서 좀 더 특화된 일을 할 수 있을 것입니다. 인사 관리와 관련된 한두 개 야간 강좌를 수강하고 인사 업무를 진행해 본다면 어느새 HR 업무 정규직에 지원할 수 있는 경력을 완벽히 쌓을 수 있을 것입니다."

계약직

마이크로소프트 같은 회사들은 매년 다수의 계약직을 채용한다. 계약직으로 채용된 사람들은 개발 테스트부터 프로그램 관리까지 모든 분야에 걸쳐 다양한 업무를 진행한다. 원하는 회사에 정식 직원으로서 필요한 자질을 증명하기가 어렵다면, 좀 더 큰 회사에 계약직으로도 입사할 수 있다. 계약직은 정규직보다 계약 조건이 가벼워 회사에서는 위험 부담이 적다.

그렇다면 어느 정도 감이 오는가? 계약직은 정규직에 비해 열등한 대우를 받을 수도 있다. 내부 주식 배분도 없고 체육관 회원권도 제공되지 않는다. 직원 사기를 올리기 위한 행사에도 초대받지 못한다. 그리고 마이크로소프트를 비롯한 몇몇 회사에서는 1년에 9개월만 일할 수 있다. 정규직과 같은 복지를 제공받지 못한다는 사실보다 이른바 팀 동료라고 부르는 사람들의 바람직하지 못한 태도가 더욱 상처가 될 수 있다. 알다시피 '진정한' 마이크로소프트 직원이 아니니까 말이다(정말 역겨운 일이다).

회사 입장에서 말하자면 계약직과 정규직의 차별 대우가 회사의 잘못만은 아니다. 믿거나 말거나 법적으로 계약직과 정규직은 대우가 달라야 한다는 것이 회사의 의무로 정해져 있다. 마이크로소프트에서는 계약직 직원도 정규직과 거의 똑같이 대우하다 몇 년 전 재판에서 패소했다. 그 이후 같은 경험을 반복하고 싶어 하는 회사는 없을 것이다. 그것이 세상사다.

즉 계약직은 융통성 있게 멋진 인생을 살아갈 수 있고(9개월만 일하고 3개월은 휴가인 셈이다!) 어딘가에 얽매이지 않고 자유롭게 실무 경력을 쌓을 수 있다. 자신이 맡은 분야에서 자기 업무를 훌륭하게 소화해내고 정규직으로 전환되는 계약직 직원도 많다. 계약직에서 정규직으로 전환되려면 업무를 제대로 수행하고, 동료들과 관계를 잘 형성하고, 충원이 필요한 업무를 발견하고, 그리고 다른 지원자들과 마찬가지로 면접을 통과해야만 한다.

창의력을 발휘하라

색깔 있는 종이에 이력서를 출력하는 것 말고는 특별히 독특한 면이 없는 지원자가 대부분이지만, 그중에는 톡톡 튀는 지원자가 있다. 구글에 지원했던 한 지원자는 매우 커다란 탱탱 볼에 이력서를 붙여서 제출했다. 트위터에 지원한 또 다른 지원자는 케이크 위에 이력서를 인쇄해 제출했다. 물론 이렇게 해서 반드시 취업이 되리라는 보장은 없지만 누군가는 분명히 그 이력서를 살펴볼 것이다. 이런 비주류 지원자들은 창의력이 있을 뿐 아니라 그 정도 열정이 있음을 분명히 증명한 것이지만 어떤 경우에는 회사나 회사의 문화를 '이해'(하거나 이해하지 못)한다는 것을 보여주기도 한다.

문서 공유 시스템 스크리브드^{Scribd}의 채용 담당자로서 퀵은 실제로 회사에 지원한 사람들 중 두 명이 스크리브드로 이력서를 제출하는 것을 봤고 퀵은 두 명 모두 면접을 봤다. 그중 한 명은 스크리브드의 첫 번째 엔지니어로 고용되었다.

구글 채용 담당자가 당신의 이력서를 알아봐주기를 바라는가? 그렇다면 구글 독스$^{Google\ Docs}$로 이력서를 작성해 채용 담당자와 공유하는 것은 어떨까(공유 초대시에 근사한 자기소개서를 곁들여서 말이다)? 효과가 없을지도 모르고, 또 매우 효과적일 수도 있다. 손해 볼 것은 없지 않은가?

하지만 조심해야 한다. 이런 기발한 방법으로 이력서를 제출했는데 회사나 채용 담당자로부터 인정 받지 못할 수도 있다. 회사의 근무 환경 자체가 지루하다면 이런 색다른 도전을 달갑게 받아들이지 않을 것이다.

공식 그룹

규모 있는 회사들은 새로운 지원자를 찾으려고 페이스북, 링크드인^{LinkedIn} 같은 사이트에 일종의 그룹을 만든다. 회사 공식 페이지에 관심을 가지고 온라인에서 다른 지원자들과 서로 돕는 활동을 통해 기업 페이지와 관계를 형성하라. 회사에 대한 관심, 의사소통 능력, 자신의 개성을 보여주는 훌륭한 방법이다.

인맥

인맥이 넓은 사람을 보통 여자한테 작업 거는 바람둥이처럼 인간관계를 가볍게 여기는 사람이라고 생각하기도 한다. 즉 인맥이 넓은 사람이라면 행실이 바르지 못하고 이기적이며 다른 사람들과 관계도 가벼우리라 생각한다. 그 말이 맞을지도 모른다. 인맥이 넓은 사람들이 대부분 그렇기도 하다. 하지만 그런 인맥은 올바른 인맥이라고 볼 수 없다.

진정 인맥이 넓은 사람은 양보다 질이 우선이라는 것을 안다. 그리고 그들은 사람과의 관계가 단지 '인맥'이라는 사실을 잊어버리는 것에서부터 관계를 깊게 쌓아가기 시작한다.

양보다 질: 유용한 인맥을 형성하는 방법

인맥은 필요하다고 바로바로 만들 수 있는 것이 아니다. 새로운 업무로 이직이 필요하다고 생각하는 시기에 "그래, 이제 인맥이 필요해"라고 말할 수는 없다. 인맥을 구축해야 할 때쯤이면 원하는 것을 얻기에는 너무 늦어버리기 마련이다.

유용한 인맥을 형성하려면 꾸준히 시간을 투자해야 하며 오랜 시간이 걸린다. 처음에는 개방된 태도로 다른 사람에게 관심을 가지면서 관계를 형성하기 시작한다. 그리고 다른 사람의 삶에 가치를 더하고자 노력함으로써 깊은 관계가 된다. 인맥을 쌓는다는 것은 인맥이 필요하지 않을 때부터 노력해야 하는 일이다.

베풀라

전직 마이크로소프트 매니저인 카메론^{Cameron}은 무엇보다 성공적인 기업가가 되고 싶어 한다. 카메론은 강력한 인맥을 구축하는 것이 중요함을 알고 인맥을 매우 중요하게 생각한다. 하지만 카메론은 늘 시간과 돈을 남용했다. 누군가가 카메론과 마이크로소프트에서 같이 근무했던 팀원의 연락처가 필요하다며, 카메론에게 도움을 요청했던 적이 있었다. 카메론은 1주일이 지나서야 도와줄 수 있을지 확실히 모르겠다고 답했다. 그 후 또 다른 사람이 함께 커피를 마시면서 기술적인 결정을 내리는 데 카메론에게 도움을 청했는데, 카메론은 매우 바쁘지만 기꺼이 도와주겠다고 대답만 해놓고 결국 도움을 주지는 않았다. 물론 그렇다고 해서 사람들이 카메론에게 분노나 적대감을 느끼지는 않을 것이다. 카메론이 그랬던 것처럼 카메론을 위해 자신의 일을 포기하고자 하는 사람들 또한 불행히도 아무도 없었다.

사람들은 카메론이 같이 일하려고 할 때는 그에게 뭔가 필요하거나 원하는 것이 있을 때라는 사실을 금세 알아차렸다. 카메론이 이기적이라는 뜻이 아니다. 단지 카메론처럼 생각이 매우 근시안적일 뿐 아니라 오로지 한 가지 목적에만 집중하는 사람들은 절대로 유용한 인맥을 형성할 수 없다는 뜻이다.

언제 보상을 받을 수 있을지 생각하지 않고 다른 사람에게 선의를 베푸는 사람은 언젠가 그에게 고마워하는 마음을 지닌 사람들과 좋은 인맥을 형성할 수 있다.

개방적이 되라

카메론이 인맥을 쌓기 어려운 두 번째 이유를 살펴보자. 카메론의 또 다른 문제는 인맥을 바라보는 시야가 편협하다는 것이다. 필요한 인간관계를 형성하려면 카메론은 그런 근시안적인 태도에서 벗어나야 한다. 카메론은 다른 사업가들과 만나는 데만 집중했다. 상대방이 회계사이거나 변호사, 건축가라면 카메론은 아무런 관심을 보이지 않았다.

여기서 카메론의 문제는 두 가지로 분류된다. 첫째, 언젠가 변호사나 회계사가 필요할지도 모른다. 다양한 사람을 알아두면 좋다. 둘째, 변호사와 회계사들은 자기 전문 분야 외에도 많은 사람을 알고 있는 경우가 많다.

카메론은 결국 자신과 비슷한 생각을 하는 사람들과 얕고 매우 범위가 좁은 인맥만을 형성하게 되었다. 그런 관계는 카메론이 성공하는 데에 큰 도움이 되지는 않을 것이다.

연결자가 되라

메디^{Medhi}는 카메론과 정반대 성향을 지니고 있다. 메디는 다른 사람을 도와주는 것을 좋아하는 데다 마당발이기도 하다. 메디는 다른 사람의 아이디어에 대해 기꺼이 이야기를 나누고 도와주는 것을 마다하지 않는다. 그뿐 아니라 메디는 자신의 인맥을 공유하는 것도 매우 좋아한다.

어떤 회사에서 일하는 누군가에게 연락해야 한다면? 어떤 일을 하는 누군가와 이야기를 나누고 싶다면? 메디는 정확히 누구와 이야기해야 하는지 알고 있다. 아니면 최소한 그런 사람을 어떻게 찾아내는지를 알고 있다.

사람들은 메디에게 마음의 빚을 졌다고 생각할 뿐 아니라 메디를 도와주고 싶어 한다. 어떻게 메디를 도울 수 있을까? 메디를 또 다른 사람에게 소개해 주면 된다. 메디가 모든 사람을 알기 때문에 모든 사람이 메디를 알고 싶어 한다.

친구가 많은 사람이 다른 친구들에게도 매력적이다. 이것이 바로 게임의 규칙이다.

인맥을 맺을 수 있는 곳

인맥은 친구 관계나 전문적인 관계에서 시작되며 온라인에서는 본인의 개성에서 시작된다. 인맥을 넓히려면 매우 적극적으로 참여해야 한다. 사람들을 알아가고, 그들이 하는 일과 관심사에 대해 이야기하고, 그들의 삶에 가치를 더할 수 있는 방법을 찾아야 한다.

사람들을 만날 수 있는 곳은 동창회, 스포츠 팀, 술을 마시는 바에 이르기까지 매우 많다. 하지만 실제로 사람들과 생산적인 관계를 쌓을 수 있는 곳은 그다지 많지 않다.

창업 관련 커뮤니티를 집중 공략하라

많은 도시에서 창업 관련 커뮤니티는 매우 활동적이고 매력적이기 마련이다. 다행히도 창업 관련 커뮤니티는 신기술 발전의 중심에 서 있는 경우가 많다. 그리고 창업 관련 커뮤니티 구성원은 대부분 사업가이거나 사업가가 되기를 원하는 사람들이라서 서로 관계를 형성하기를 원할 것이다.

커뮤니티 활동에 적극 참여하라. 즐거운 시간을 보내고 모임과 점심 식사에도 참석하자. 지역 신생 회사의 기술적인 부분에 대해 이야기를 들을 수도 있다. 엔지니어라면 해카톤^{hackathon}(프로그래머들이 모여 함께 프로그램을 만드는 행사)에 참석하라. 정기적으로 모임에 참석해 얼굴 도장을 찍고, 개발자들의 업무에 대해 사람들과 대화하는 것만으로도 커뮤니티에서 자신의 위치를 확실히 하고, 사람들과의 관계를 형성할 수 있을 것이다.

그리고 이것을 명심하라. "열심히 일하느라 사람들을 만날 시간이 없다면, 지금 자신이 하고 있는 일이 그만큼 훌륭한 일인지 다시 한 번 생각해 봐야 합니다"라고 퀵은 덧붙였다. 충분히 훌륭한 일을 하고 있다면, 풍부한 인맥이 있는 다른 지원자들보다 훨씬 앞서서 자신만의 길을 밀어붙여야 한다.

소셜 네트워크

많은 사람들이 일반적으로 트위터, 페이스북, 링크드인을 한데 묶어 '인맥을 쌓기 위한 도구' 카테고리로 분류하지만, 각각의 서비스는 부가적으로 각각 다른 역할이 있다. 페이스북과 링크드인은 이미 기존에 존재하는 관계를 유지하기 위한 역할이 크다. 일반적으로 페이스북에서는 모르는 사람과 대화를 시작하지는 않는다. 그리고 모르는 사람과 대화를 한다고 하더라도, 아마도 전문적인 관계까지 발전하리라고 기대하지 않을 것이다. 하지만 트위터는 이미 관계가 끈끈한 친구들과 이야기를 나눌 뿐 아니라 네트워크를 확장하기 위한 방법으로 매우 효과적이다. 그럼 여기서 네트워크를 확장하는 방법에 대해 이야기해 보자.

링크드인

링크드인은 친구들이나 전문가들과 모두 연결할 수 있는 방법 중 하나다. 한 벤처 투자자는 동업자들에게 "같이 만나는 사람이 있다면 모두 링크드인에 즉시 추가하는 것이 좋다"라고 권유하기도 한다.

링크드인에서 좀 더 추가적인 이익을 얻고자 한다면, 지인들에 대한 추천사를 작성해 올려서 지인들도 당신에 대한 추천서를 쓰도록 유도하는 것이 좋다.

마지막으로 자신의 관심사와 관련 있는 분야에서 흥미로운 그룹을 찾아

토론에 참여하는 것도 좋다. 채용 담당자들은 이런 그룹 토론에 함께 어울리는 것을 매우 즐기기 때문이다.

페이스북

페이스북은 진정한 '소셜' 네트워크를 형성하기에 무척 좋은 서비스라서 많은 사람들이 그 전문적인 가치를 간과하는 경우가 많다. 실제로 페이스북은 소셜 서비스이기 때문에 전문적인 네트워크를 형성하는 데 활용도가 매우 높다.

사실상 내 페이스북 지인들은 모두 어느 정도는 사회적으로도 관계가 있는 사람들이다. 어릴 적 친구부터 현재 직장에서 친하게 지내는 동료들과 내 친구의 친구까지 정기적으로 만나는 사람들이다. 대체로 이 사람들은 모두 나를 좋아한다(물론 내 희망 사항이기도 하다).

내가 조언이 필요하거나 도움이 필요할 때, 가장 처음으로 찾거나 가장 자주 활용하는 공간이 페이스북이다. 대부분 메시지 한 줄만으로도 충분하다. 바로 그것이 소셜 네크워크의 힘이다.

트위터

인맥을 쌓으려고 좀 더 노력할 의사가 있다면, 트위터는 사람들과 의사소통하고 의견을 나누는 데 매우 효과적인 방법이다. 사람들은 대부분 트위터를 효과적으로 활용하지 못한다. 날마다 꾸준히 사용하지 못하기 때문이다.

트위터를 잘 활용할 수 있다고 생각한다면, 트위터 계정을 만들고 관심 분야와 관련 있는 생각이나 흥미로운 기사를 트위터에 올리라. 기술적인 부분에 대해 기본 지식이 없다면, 기술 관련 기사를 트위터에 올리라. 트위터에 기술에 관련된 기사를 올리는 것만으로도 자신이 기술에 관심이 있음을 충분히 증명할 수 있다. 그리고 기술에 대해 그만큼 배울 수 있는 훌륭한 방법이 될 것이다(또는 그런 기사들에 대해 반응하거나).

일정한 간격으로 트위터 포스팅을 꾸준히 유지할 수 있다면, 이제는 '팔로워'와 관계를 형성할 시간이다. 흥미롭거나 관심 분야와 연관 있는 사람들을 팔로우하면 그들도 당신을 팔로우할 것이다. 이메일 서명, 페이스북, 링크드인에 자신의 트위터 주소를 링크해두라. 그리고 만나고 싶은 사람들의 트위터에 자신만의 의견을 덧붙여 회신하면서 관계 형성을 시작하라.

온라인에서 기여하라

온라인에서 인지도를 확실하게 쌓아두고 싶다면, 기본적인 소셜 네트워크 도구 그 이상의 것이 필요하다. 온라인 활동가가 되는 것이다.

- **웹 사이트를 만들도록 하라.** 자신에 대한 가장 기본적인 정보를 담고 있는 웹 사이트를 만들어 보자. 이력서와 자기 사진을 올리고 참여했던 프로젝트 목록을 명시한다.
- **블로그를 시작하라.** 관심 있는 기술이나 흥미 분야에 대한 블로그를 시작하라. 웹 사이트를 만들고, 이력서를 올려두고, 참여했던 업무 사례를 블로그에 공개한다.
- **블로그 방명록을 작성하라.** 많은 블로거들이 방명록 시스템을 가지고 있고, 자신의 블로그를 방문한 사람들이 방명록을 쓸 수 있는 메뉴를 제공한다. 전혀 큰 문제가 되지 않을 것이다. 블로그 방명록은 자기 이름으로 작성할 수도 있고, 방명록을 작성할 때 자신의 사이트 링크를 걸 수도 있다.
- **질문에 답하라.** 포럼에 참석하자. 특별히 참석한 포럼이 실무 분야에 연관이 깊고, 포럼에서 나오는 질문 중 대답을 알고 있다면 질문에 답하라. 채용 담당자들은 실제로 사람들 사이의 인지도를 확인해 보기도 한다.
- **깃허브**GitHub[5]**에 참여하라.** 엔지니어라면 깃허브에 참여해 보자. 관심 있는

---

5 옮긴이 소셜 코딩을 지향하는 세계 최대의 코드 호스트 서비스로, 깃(git)을 온라인에서 호스팅 서비스하는 웹 사이트다. 상대적으로 저렴한 가격에 호스팅이 가능하고, 또 구글 코드(Google code, http://code.google.com)처럼 모두에게 공개하는 공개 저장소는 무료로 제공한다. 공개 저장소에는 누구나 자유롭게 접근해 이 코드를 포크(fork)해서 자신의 저장소로 가져올 수 있고, 다른 사람이 작성 중인 저장소에 자신이 수정한 코드를 추가할 수 있다.

소프트웨어와 프로그램을 다운로드하고 그 소프트웨어와 프로그램을 개선하거나 커스터마이징할 수 있는지 살펴보자. 버그를 찾는다면 담당 개발자에게 버그 보고를 보내라.

이런 활동을 통해 채용 담당자에게, 당신의 능력을 미리 보여줄 수 있다. 많은 채용 담당자가 지원자에 대해 온라인 활동을 바탕으로 사전 조사한다. 따라서 이런 활동을 많이 할수록 채용 담당자들이 당신을 찾아낼 확률이 높아진다.

질문과 대답

먼거리에서 지원하기

게일 씨께

현재 시카고에 살고 있습니다. 하지만 아내의 레지던트 과정이 두 달 안에 끝나면 새너제이로 이사를 가려고 합니다. 여기서 문제가 있습니다. 작은 신생 회사에 지원했는데요, 회사에서는 제가 그 지역에 살고 있지 않는다는 이유로 저를 채용하는 것을 고려조차 하고 있지 않습니다. 회사에서 이사 비용이나 교통비 등을 부담하고 싶지 않기 때문입니다. 앞으로 제가 이사할 예정이라는 것을 어떻게 설명하면 좋을까요?

Y. M. 드림

Y. M. 씨께

저라면 굳이 이사간다는 것을 설명할 필요조차 없었을 것입니다. 그냥 새너제이에 사는 사람처럼 행동했을 것입니다. 물론 거짓말을 해서는 안 됩니다. 다만 기본적으로 단지 회사에서 '알 필요가 있는' 내용만 말하는 것도 방법입니다. Y. M. 씨가 이사 비용과 면접에 들어가는 모든 비용을 본인이 부담할 생각이 있다면, 새너제이에 사는 것처럼 말해도 크게 문제가 되지 않습니다.

이력서에 자세한 주소 전부를 적는 것보다 단순히 '캘리포니아주, 새너제이시'라고만 쓰면 됩니다. 고용하는 입장에서 취업 제안을 서류로 보내지 않는 이상, 실제 주소가 정말로 필요하지는 않습니다. 회사에서는 주소를 정확하게 적지 않은 것이 단순히 개인 정보를 중요하게 생각하기 때문이라고 추측하고 어깨만 한번 으쓱하고 말 것입니다. 아예 주소를 적지 않는 것은 어떨까요? 그렇다면 지원한 회사의 채용 담당자들은 Y. M. 씨가 최근에 다녔던 회사의 주소 '일리노이주, 시카고시'를 확인할 것이고, Y. M. 씨가 아직도 시카고에 산다고 생각할 것입니다.

회사에서 면접 일정을 잡으려고 전화를 하면, 그때는 사실대로 말하는 것이 좋습니다. 실제로 최소 두 달 후에 새너제이로 이사를 갈 예정이더라도, 그 전에 새너제이를 방문할 계획을 세우는 것이 좋습니다. 그럴 만한 시간이 있을까요? Y. M. 씨가 새너제이를 방문하는 시기에 회사와 면접 일정을 잡을 수 있다면, Y. M. 씨의 인생은 훨씬 수월해질 것입니다.

신생 회사에 지원했다면 회사에서 출근까지 두 달 동안 기다려 주기 어려울 수 있습니다. 회사에서는 Y. M. 씨가 좀 더 일찍 출근하기를 바랄 수도 있습니다. 따라서 이사를 가는 시점에 대해서는 좀 더 유연하게 대처할 필요가 있습니다. 그렇다면 아내와 몇 주는 떨어져 외로운 시간을 보낼 각오도 하는 것이 좋습니다.

게일 드림

가깝지 않은 관계

게일 씨께

지난번 저녁 식사 자리에서, 어머니께서 당신 친구인 엘리자가 페이스북에서 일하는 에릭이라는 친구를 알고 있다는 말씀을 하셨습니다. 어머니의 친구가 아는 사람과 제가 딱히 가까운 관계가 아니라는 것은 알지만, 저는 몇 달 동안이나 페이스북에 면접을 볼 기회를 찾고 있었습니다. 에릭이라는 친구를 소개받을 수 있는 최선의 방법은 무엇일까요?

V. R. 드림

V. R. 씨께

정확히 말해 어머니의 친구의 친구를 소개받고 싶다는 뜻이죠? 그러니까 어머니의 친구의 친구를 소개받아서 어머니의 친구의 친구가 또 다른 누군가에게 당신을 소개해 주기를 바라는 것이지요? 알다시피 이런 관계는 친분이 이어지기에는 굉장히 어렵습니다. 또한 페이스북에서 V. R. 씨의 이력서를 검토했을 때, 신뢰도가 낮다면 더욱 위험 부담이 큽니다.

  이와 같은 경우에는, 어머니의 친구 분을 얼마나 잘 아느냐에 따라 달라질 것 같습니다. 어머니의 친구인 엘리자라는 분을 충분히 잘 알고 있다면, 엘리자에게 직접 연락하는 것이 좋을 것입니다. 그렇지 않다면 V. R. 씨가 엘리자라는 분께 이메일을 보내도 괜찮은지 어머니께서 엘리자에게 미리 확인을 받아 주셔야 합니다.

이 시점에서, 어머니께서 엘리자와 V. R. 씨를 서로 소개해 줄 수도 있고, 아니면 V. R. 씨가 직접 어머니께 엘리자의 이메일 주소를 받아서 바로 이메일을 보낼 수도 있습니다. 직접 이메일을 보낸다면 다음과 같은 내용으로 보내기를 권합니다.

안녕하세요.
이메일이 잘 도착했는지 모르겠습니다. 저는 현재 [지금 다니고 있는 회사]에 [현재 업무] 담당자로 몇 년간 근무하고 있습니다. 그리고 [새로 하고 싶은 업무]에 대해 새 직장을 찾아보려고 합니다. 저는 페이스북에 매우 큰 관심이 있고, 엘리자 씨께서 페이스북에 아는 사람이 있다는 이야기를 들었습니다. 혹시 가능하다면 저와 그 분을 연결해 주실 수 있을까요?
가능하시다면 제게 매우 큰 도움이 될 것 같습니다. 혹시라도 필요한 경우를 대비해 제 이력서를 첨부합니다.
감사합니다.
V.R. 드림

짧지만 요점은 분명하게, 관계에 대해서는 매우 간단하게 언급하고, 이력서를 첨부하세요. 그리고 절대 어머니와 엘리자의 친분을 이야기하지 마세요.
왜 그렇게 해야 할까요? V. R. 씨의 이메일은 아마, 대부분 그렇듯 페이스북에 일하는 에릭이라는 사람에게 바로 전달될 것입니다. 그럴 경우를 생각하면, "어머니께서 도와주셨습니다"라는 말을 덧붙이지 않는 것이 좋을 것입니다. 에릭이 이메일을 받았을 때, 엘리자가 어머니가 아닌, V. R. 씨를 직접 알고 있다고 추측하도록 하는 편이 더 현명할 것입니다.
실제로 이메일을 쓸 때에는 모든 낱말 하나하나를 현명하게 선택해야 합니다. V. R. 씨가 쓰는 이메일은 어머니에게, 엘리자에게, 에릭에게, 이런 식으로 계속 전달될 확률이 높기 때문입니다.

또 상호간 동의 없이는 절대로 연락을 해서는 안 된다는 사실을 명심해야 합니다. 즉 V. R. 씨가 중간 소개자라면, 소개받는 사람과 소개해 주는 사람 모두가 소개받는 것에 동의해야 한다는 뜻입니다. 이 경우, V. R. 씨를 에릭에게 소개해 주는 방법을 원하는 대로 조절할 수는 없지만, 엘리자에게 소개하는 과정에서는 어느 정도 관리가 가능할 것입니다. 어머니께 엘리자의 허락을 받을 수 있는지 물어보세요.

게일 드림

채용 절차에 따르기

게일 씨께

학교에서 공개 취업 설명회에 참석했습니다. 취업 설명회의 채용 담당자와 면접을 봤고, 좋은 인상을 남겼다고 생각했습니다. 하지만 면접이 끝나자, 채용 담당자는 온라인으로 지원하라고 안내해 주었습니다.

무슨 뜻일까요? 제가 말하는 억양을 오해한 것일까요? 어떻게 해야 할까요?

여러 생각이 들었지만 다행히 탁자 위에 있던 상자에서 채용 담당자의 명함을 가지고 올 수는 있었습니다.

N. C. 드림

N. C. 씨께

함께 이야기를 나눈 채용 담당자가 N. C. 씨를 바람맞힐 것 같지는 않습니다. 채용 담당자가 온라인으로 지원하라고 말했다면, 아마도 모든 사람에게 똑같이 말했을 것입니다.

실제로 채용 과정에서 출력한 이력서는 다루기 어렵습니다. 관련 업무를 하는 사람들이 이곳저곳 흩어져 있어서 종이로 출력한 것은 효과적으로 관리하기가 어렵습니다. 그래서 요즘에는 모두 온라인으로 채용을 진행합니다. 온라인 지원이 불편한 점도 있지만, 적절하게 활용한다면 N. C. 씨에게 전혀 해가 되지 않습니다.

채용 담당자가 말한 대로 이력서를 온라인으로 제출하세요. 그리고 채용 담당자에게 유익한 대화를 할 수 있어서 감사하다는 말과 함께 N. C. 씨와 나눴던 대화를 떠올릴 수 있는 몇 가지 독특한 세부 사항을 덧붙여 이메일을 보내세요. 기본적으로 자기소개서를 작성하는 것입니다. 그리고 자기소개서처럼 다루어야 합니다. 채용 담당자에게 N. C. 씨가 지원한 업무에 왜 적합한지(예를 들어 "오늘 일찍 대화 나눈 바와 같이, 제게는 이런 능력이 있으며…")를 설명하는 것이 좋습니다. 마지막으로 채용 담당자가 안내한 대로 온라인에 지원했다는 말을 덧붙여야 합니다. 그리고 참고용으로 이력서를 첨부합니다. 채용 담당자가 N. C. 씨의 지원 상황을 업데이트하여 파악하거나, N. C. 씨가 지원했다는 것을 주의 깊게 살펴볼 수 있기 때문입니다. 채용 담당자가 그 정도로 관심을 가진다면 매우 환상적인 일입니다. 회사에서 찾는 그 인재가 바로 N. C. 씨가 될 수 있다는 자신감을 품어도 좋습니다. 그러면 채용 담당자가 N. C. 씨에게 연락을 할 것입니다. 이해가 되나요?

게일 드림

4장

이력서

대학교에 입학하고 석 달이 지난 후, 나는 마이크로소프트에 이력서를 제출했다. 이력서는 모두 세 쪽이었다. 일단 이력서에 내가 만들었던 C++ 게임 세 가지에 대해 매우 자세한 설명을 가득 적었다. '실무 경험'란에는 신뢰도를 좀 더 높이려고, 내가 만들었던 웹 페이지 중 독특하고 멋지다고 생각하는 것을 모두 적어 넣었다. 채용 담당자는 내 이력서를 힐끗 쳐다보고는 바로 옆으로 치워버렸다.

그럼에도 무척 운이 좋았던지, 몇 번 더 노력한 결과 그해 여름은 마이크로소프트에서 보낼 수 있었다. 내 이력서가 내게 기회를 줄 수 있을 만한 사람의 책상에 우연히 놓였고, 이력서를 받은 사람은 때마침 인턴이 필요했다. 그 담당자는 좀 더 전통에서 벗어난 방식에 흥미가 있었다. 터무니없는 세 쪽짜리 이력서에도 결코 당황하지 않았다.

그때 내 모든 운을 써버린 것 같다. 이력서 작성도 일종의 예술에 가까운데 내 이력서는 네 살짜리 어린이가 크레파스로 그린 그림 수준이었다. 귀엽기는 하지만 아는 것이 없다는 사실이 드러났다.

좋은 이력서는 지원자의 능력을 명확하게 강조해야 한다. 지원자들은 이력서에 최선을 다해 자신을 나타내야 한다. 궁극적으로 이력서란 지원자가 자신이 지원한 업무에 최고로 적합한 인재라는 것을 이력서를 보는 사람들에게 설득하는 첫 번째 기회이기 때문이다.

눈길을 사로잡는 이력서의 여섯 가지 특징

눈길을 사로잡는 강력한 이력서라면 "저요! 제가 바로 그 인재입니다!"라는 내용을 첫눈에 알아보게 해야 한다. 이력서의 낱말 하나하나를 통해 회사에서 왜 자신을 채용해야 하는지 설명할 수 있어야 한다. 도대체 왜 지원자들은 명확하지도 않고 증명할 수도 없는 데도 달리기를 좋아한다는 내용을 이력서에 쓰는가? 이력서에 쓸 수 있는 공간은 한정되어 있으므로 한 줄 한 줄이 소중하다. 그러니 체육관에 지원하지 않는 이상, 달리기에 대한 열정 같은 내용은 건너뛰는 것이 좋다.

이력서를 제출하기 전에, 이력서를 샅샅이 훑어보고 어떤 내용으로 인사 담당자를 설득해 면접을 볼 수 있는지 스스로 되짚어 보자. 이력서에 적힌 내용을 보고 스스로도 자신을 선택해야 할 이유를 찾을 수 없다면, 그런 내용은 적지 않는 것이 좋을 것이다.

눈길을 사로잡는 강력한 이력서의 여섯 가지 특징은 이력서가 우수한 성적으로 당당히 통과되도록 만들어 주는 점검표다. 당신의 이력서는 어떠한가?

성과 지향형

이력서에 업무 설명 내용이 너무 많다면 이력서를 잘못 작성했을 가능성이 높다. 이력서에는 하기로 되어 있는 업무를 적는 게 아니라 실제로 무엇을 했는지 강조해야 한다. 예를 들면 다음과 같다.

- **책임 지향적**: '새로운 시장 분석과 잠재적인 중국 시장 진입을 위한 전략 수립'
- **성과 지향적**: '중국에서 ○○○ 제품 진출 전략 주도, 성공적으로 CEO를 설

득하여 기업 시장에 재집중해 순이익을 7% 증가시키는 성과를 거둠'

성과 지향적인 이력서가 경쟁력이 훨씬 강하다. 모든 회사는 '업무를 훌륭하게 수행한' 사람을 채용하고 싶어 하기 때문이다.

어딘가에 공헌하였고, 어딘가에 참여하였으며, 어딘가에 도움이 되었다는 말은 신중하게 사용해야 한다. 이런 말은 성과보다 책임에 좀 더 초점을 맞춰 업무를 진행해 왔다는 것을 보여주는 좋은 신호다. 결국 마이크로소프트 직원이라면 '마이크로소프트 오피스 구현에 기여함'이라고 쓸 수도 있다. 하지만 이런 문장이 무슨 의미가 있을까?

정량화된 결과

"수익 일부를 자선 단체에 기부합니다"라는 광고 캠페인을 본 적이 있다. 이런 문장이 편리한 것은 비록 수익 중 0.0001%만 기부하더라도 엄연한 사실이라는 것이다. "서버 지연 시간 감소" 또는 "고객 만족도 상승"이라는 문장을 이력서에서 볼 때마다 이런 광고를 보는 것과 똑같은 생각이 든다. 실제로 성과를 거두었다면(실제 성과가 있다면 조금이라도 의미 있는 영향력을 지닌다) 어느 정도인지 정확한 수치로 말하는 편이 좋지 않을까?

성과를 정량화하는 것은 자신이 회사에 얼마나 기여했는지 잘 알려줄 수 있는 의미 있는 지표다. 회사 비용을 줄였거나 순이익 증가에 영향을 미칠 수 있는 성과를 올렸다면, 회사에서는 당신을 채용할 것이다.

업무라면 금액으로 환산된 성과가 가장 큰 영향력이 있다. 하지만 금액 환산이 불가능하다면 직원 이직률 변화, 고객 문의 전화 감소와 같이 연관성 있는 수치로 정량화할 수 있다. 객관적인 변화뿐 아니라(또는 객관적인 변화를 대신해) 어느 정도 변화했는지 퍼센트 수치를 제안하는 것도 고려하길 바란다.

기술적인 업무라면 지연 시간 몇 초, 버그 개수, 혹은 big-O 시간에 기반을 둔 알고리즘 개선과 같이 기술적인 용어로 성과를 수치화하는 것이 더 효과적일 것이다. 단, 여기서 균형을 맞춰야 한다. 그러한 성과가 동료 엔지니어들에게는 매우 인상적일 수도 있지만, 실제로 이력서를 검토하는 사람은 기술직군이 아닌 인사 담당자들이다. 자신의 이력서가 모든 사람에게 강력한 인상을 심어줄 수 있어야 한다. 예를 들면 다음과 같다.

- **원본**: '버그 보고 프로그램을 구현해 그 결과를 활용, 소프트웨어 충돌 원인이 되는 문제 중 가장 주요한 문제 세 가지 수정'
- **새로 정량화**: '버그 보고 프로그램을 구현하고 그 결과 자료를 활용해 소프트웨어 충돌 원인 중 가장 큰 문제 세 가지를 수정함으로써 고객 지원 문의 전화 건수 45% 감소'

원본으로는 충분히 중요한 업무를 수행했다는 것을 알 수 있지만 얼마나 중요한 업무였는지는 짐작할 수 없다. 하지만 업무 성과 수치를 보면 "와!"하고 감탄하게 된다.

정확한 대상을 공략하라

타자기로 이력서를 쓰던 시절을 회상해 보면 왜 이력서 형식이 지금처럼 일반화되었는지 이해할 수 있다. 당시에는 이력서 수정이 매우 어려운 일이었고, 지원자들은 정말 말 그대로 이력서 사본 200장을 만들어 모든 회사에 똑같은 내용의 이력서를 보내야 했다. 지원할 분야에 맞게 정리된 이력서가 좀 더 나은 결과를 가져올 수 있다는 데에는 의심의 여지가 없었지만, 꼭 이력서를 그에 맞춰서 정리해야 할 필요가 있던 시기는 아니었다.

요즘은 이력서를 쉽게 수정할 수 있고 인쇄할 일도 거의 없다. 따라서 자신이 지원하는 업무에 적합하게 이력서를 정리할 필요가 있다. 경쟁은 점점 치열해지고 있고 조금만 더 노력한다면, 모두가 함께 경쟁하는 게임에서 자신의 이력서를 좀 더 유리한 고지로 올려놓을 수 있다. 이제 혼자 튀어보자.

지원하는 업무에 적합하게 이력서를 구성해 보자. 그리고 잠재적으로 지원하는 회사에 대한 고려도 필요하다. 특별히 업무 분야를 바꾼다면 업무에 맞는 이력서 구성은 매우 중요하다. 예를 들어 소프트웨어 개발자로서 몇 년간 업무를 해오다가 기술 책임 업무에 지원할 경우, 새로운 분야에서 기술 개발을 이끌었던 경험에 대해 언급해야 할 것이다. 또는 신생 회사에서 고객 지원 이슈를 해결해야 하는 업무에 지원한다면, 화가 난 고객을 다루었던 경험을 강조해야 한다.

다행히도 어떤 방식으로 이력서를 최적화해야 하는지는 쉽게 알 수 있다. 직접적인 방법은 지원하는 업무나 회사에 대한 정보를 찾아보는 것이다. 대부분 회사의 웹 사이트나 업무 설명서를 확인하면 알 수 있다. 그리고 스스로 질문해 보자. 지원하는 회사의 가장 큰 문제점은 무엇인가? 내가 지원하는 업무가 그 문제에 어느 정도 영향을 미칠 것인가? 회사가 당면한 문제를 정확하게 해결하는 방법을 찾지 못하더라도, 그런 문제를 해결하는 데 필요한 능력을 지니고 있다면 매우 좋을 것이다.

누구나 이해할 수 있게 쓰라

어떤 이력서는 전문 용어가 너무 많아서 도대체 어떤 의미인지 이해하기가 매우 어려울 때가 있다. 전문 용어라는 것이 꼭 컴퓨터 관련 용어를 뜻하지는 않는다. 멋지게 포장된 판매 관련 용어일 수도 있고, 마케팅 용어일 수도 있고, 이전에 다니던 회사 내부에서만 쓰는 표현일 수도 있다. 큰 회사를 다닌 경험이 있는 지원자들이 이런 실수를 가장 많이 한다. 큰 회사에서 일했던 경험이 있는 지원자들은 자신이 다녔던 회사에서 너무 많은 시간을 보내서 S+[1]가 실제로 널리 쓰는 말인양 착각하기도 한다(MS에 다녔던 사람이라면 아마 뜨끔할 것이다).

---

1 옮긴이 이제는 단종된 Schedule+라는 스케줄 관리 프로그램에서 비롯된 말로 마이크로소프트에서 회의 참석 요청 의미로 쓰이는 말이다.

이력서는 채용 담당자나 장래 상사, 팀원들이 보더라도 모두 같은 의미가 전달되도록 정리해야 한다. 되도록 약어는 피하고 지나치게 전문적인 기술 용어는 평이한 말로 바꿔 쓰는 것이 좋다. 성과나 목적을 설명할 때에는 관련 지식이 없는 평범한 사람도 이해할 수 있도록 수치화해 정리하면 도움될 것이다. 물론 모든 사람을 만족시킬 수는 없겠지만, 되도록이면 모든 사람이 이력서의 '요점'을 파악할 수 있도록 신경을 써야 한다.

생각보다 이해하기 쉬운 용어도 있다. 시애틀에서 일하는 구글 채용 담당자들은 마이크로소프트 직원들이 경력 기간 동안 60레벨에서 63레벨로 승진했다는 것이 무슨 의미인지 정확히 알고 있다.[2]

깔끔하고 전문적이고 간결해야 한다

오타 하나만 있어도 이력서를 던져버리는 채용 담당자가 많다. 검토해야 할 이력서가 너무 많아서다. 검토해야 할 이력서가 넘쳐나는 상황인데 굳이 의사소통 능력이 부족한 사람에게 시간을 낭비하려 하겠는가?

IT 회사들은 국제적으로 업무 범위의 규모가 크고 분위기가 유연해서 의사소통 능력에 대해 어느 정도 관대한 편이다. 하지만 의사소통 능력이 업무에서 차지하는 비중이 높은 업무라면 당연히 문제가 된다.

따라서 다음과 같이 예상되는 문제점을 피하기 위해 이력서를 다시 한 번 점검하길 바란다.

· **간결함**: 이력서에 텍스트만 가득 채워 넣는 것을 피하라. 사람들은 대체로 독서를 싫어하고 문단과 문단 사이를 건너뛰곤 한다. 한 가지 내용에 대해서는 한두 줄 이내로 간결하게 이력서를 정리하는 것이 좋다.

---

2 옮긴이 시애틀은 마이크로소프트가 위치한 레드몬드에서 26km 떨어진 거리다. 멀지 않은 편이라 상대 회사 사정을 어느 정도 알게 된다.

- **철자:** 5학년 때 담임이었던 오코너 선생님이 철자를 확인하는 데 유용한 팁을 가르쳐주셨는데 이 팁을 알려주겠다(선생님, 존경합니다). 사람들은 대부분 심리적으로 낱말의 뜻을 알고 있으면 철자가 틀렸더라도 알아차리지 못하고 넘어가는 경우가 있다. 이력서를 '거꾸로' 읽어 보라. 그러면 틀린 철자를 좀 더 정확하게 확인할 수 있을 것이다.
- **문법:** 마이크로소프트 워드 문법 검사기를 써도 되지만 전적으로 프로그램에 의지해서는 안 된다. 영어 원어민이 아니라면 원어민 친구를 알아두는 것이 좋다. 특히 문법이나 철자를 확실하게 확인해줄 수 있는 친구에게 이력서를 검토받아 보자.
- **여백:** 0.5인치로는 그 누구도 속일 수 없다. 줄 사이 여백은 1인치가 가장 이상적이지만, 최소한 0.75인치 이상은 되어야 한다.
- **일반적인 글꼴:** 타임스 뉴 로만$^{\text{Times New Roman}}$이나 에리얼^{Arial} 같은 기본 글꼴을 활용하는 것이 좋다. 글자 크기는 10포인트^{pt}보다 큰 것이 좋다. 코믹체 같은 가벼운 글씨체는 절대 사용하지 말자.
- **일관성:** 이력서 목록에 들어가는 내용을 나열할 때 쉼표(,)를 쓰는 것은 좋은 방법이다. 하지만 일관성이 있어야 한다. 마침표로 목록을 마무리하거나 아니면 아예 아무 것도 쓰지 않아야 한다. 자신만의 형식을 강조하거나 밑줄을 긋거나 이탤릭체를 쓰는 것도 좋지만 전체적으로 일관성이 있어야 한다. 대개 자신만의 형식을 정하는 것이 일관성 있게 정리하는 것보다 중요하지 않은 경우가 많다.
- **공백:** 공백을 잘 활용하여 이력서를 읽기 쉽게 정리하자. 채용 담당자들은 하루 동안 수많은 이력서를 본다. 빽빽한 이력서로 채용 담당자들에게 부담을 줄 필요는 없다.
- **1인칭 대명사 활용을 피하라.** 어렵겠지만 되도록 '나는, 저는, 스스로' 등 1인칭 대명사를 쓰는 것은 피하는 편이 좋다. 이력서에서 객관적인 문장은 예외로 하고, 보통 1인칭 대명사가 활용되는 부분에 3인칭 대명사를 활용하라.

명확하게 구성하라

채용 담당자들은 이력서를 볼 때 특정 부분을 특히 주의 깊게 살펴본다. 바로 교육(학교, 학위, 전공, 졸업 연도 등)과 전문 분야 경험(회사, 직책, 근무 기간 등)이다. 소프트웨어 엔지니어를 찾는 채용 담당자는 이력서에서도 기술적인 능력에 대한 부분을 좀 더 유심히 살펴볼 것이다.

채용 담당자들은 알아보기 어려운 이력서는 던져버린다는 것을 기억하라. 이력서에 원하는 정보가 없다면 다른 지원자의 이력서를 살펴보려고 당신의 이력서를 그냥 지나쳐 버릴 것이다.

이력서의 내용을 직관적으로 확인할 수 있도록 간단하게 구성해야 하지만, 서식에 간단히 변화를 주는 것만으로도 채용 담당자가 찾는 내용이 강조되도록 이력서에 변화를 줄 수 있다. 같은 지원자의 이력서를 다르게 정리한(매우 축약된) 이력서를 확인해 보자.

밥 존스(이력서 1)

소프트웨어 설계 엔지니어(2008년~현재)
마이크로소프트 주식회사
- 비주얼 스튜디오의 모듈 설계

소프트웨어 엔지니어(2006~2008년)
인텔(캘리포니아 산타 클라라 소재)
- 칩에 삽입된 코드 개선

소프트웨어 개발자(2000~2006년)
시스코
- 6년 간 여덟 개 제품 출시

밥 존스(이력서 2)

마이크로소프트 주식회사(2008년~현재)
소프트웨어 설계 엔지니어
- 비주얼 스튜디오 모듈 설계

인텔(2006~2008년)
소프트웨어 엔지니어
- 칩에 삽입된 코드 개선

시스코(2000~2006년)
소프트웨어 개발자
- 6년 간 여덟 개 제품 출시

이 두 가지 이력서는 정확히 똑같은 내용을 담고 있다. 이력서 1에서는 밥이 소프트웨어 엔지니어 업무를 해왔음을 강조하고 있다. 매우 적절하다. 그런데 이력서의 핵심 부분은 그것이 아니다. 이력서 2에서는 환상적인 회사명, 즉 마이크로소프트, 인텔[Intel], 시스코[Cisco]를 강조했다. 어느 것이 채용 담당자에게 강한 인상을 남겨줄 수 있을 것인가?

이력서를 쓸 때는 스스로 다음과 같은 질문을 던져라. 다른 지원자들과 가장 구별되는 점은 무엇인가? 채용 담당자가 내 이력서를 보고 '통과' 파일로 구분하게 할 수 있는 요소는 무엇인가? 매우 명확해서 힐끗 보기만 해도 눈에 띄며, 어떤 사람도 놓치지 않을 만한 내용이면 매우 환상적일 것이다.

구성

이력서는 대부분 시간 순서대로 구성하지만 다른 방법으로 기능별 구성이 있다. 이력서를 기능별로 구성할 때는 '리더십', '엔지니어링', '영업' 같은 기능적 범주로 이력서 항목을 구성할 수 있다. 각각의 범주에 적절한 성과는 나열해 보여주고 명확하게 정의된 직책이나 날짜를 적지 않는 경우도 있다. 직책이 실제 업무 성과와 연관성이 약하거나, 지원한 업무와 명확한 직업적 차이가 있는 사람들에게는 이렇게 기능별로 카테고리를 구분하여 이력서를 구성하는 것을 추천한다. 이력서를 기능별 범주로 구성하면 앞서 언급한 문제점을 적절하게 보완할 수 있다.

그런데 채용 담당자들도 현명해서 이런 전략을 잘 알고 있다. 채용 담당자들이 좀 더 시간을 투자해 지원자가 감추고 싶어 하는 부분을 알아내려고 할 수도 있지만, 현실적으로 크게 문제가 되지 않는 선에서 이력서를 통과시킬 것이다. 기능별로 구성된 이력서는 이론적으로 매우 효과적일 수 있다. 하지만 이런 구성을 매우 싫어하는 사람도 있으니 위험을 감수할 만큼의 가치는 없다. 능력과 성과를 꼭 구분해야만 한다면, 이력서 대신 자기소개서를 작성하는 것도 좋은 방법이다.

일단 가장 기본적인 이력서 형식에 대해서만 집중 논의하겠다. 시간 순서나 역순으로 구성하는 방법이다. 시간 순서대로 구성하는 이력서는 대부분 최소한의 업무 경력(또는 업무 경험) 부분과 교육 부분으로 구성되는데 희망 직종, 요약, 기술적인 능력이나 프로젝트 항목에 대한 내용도 포함해야 한다. 이런 항목은 자신의 기술, 배경, 희망 업무에 따라 넣으면 된다.

희망 업무 objective

예전에 받았던 이력서 중 희망 업무에 흥미로운 내용을 적어냈던 이력서가 딱 하나 있었다. 이런 경우에 흥미롭다는 말이 꼭 긍정적인 의미는 아니다.

"더는 내 주제와 내 마음을 억압하는 죄수가 아니라 일에 깊숙이 빠져들어 이해의 황홀경에 사로잡히고 싶습니다."

시간 절약을 위해 이 이력서에서 무엇을 말하려고 했는지 설명해 주겠다. 이 지원자는 일을 배우고 싶다는 이야기를 하려고 했다. 하지만 이 이력서를 보고 감명 받은 사람은 아무도 없었다.

이 지원자의 희망 업무는 특이하게 대단히 철학적이었지만, 희망 업무를 적는다는 것은 대부분 이력서의 귀한 공간을 낭비하는 것, 그 이상도 그 이하도 아니다. 희망 업무를 굳이 적을 필요가 없다. 희망 업무는 오직 중요한 정보가 포함되는 경우에만 쓰는 것이 좋다.

예를 들어, 전에 제품 관리 분야에서 일했지만 마케팅 업무에 초점을 맞추어 새 직장을 찾고 있다고 하자. 이력서에 적힌 희망 업무가 채용 담당자들이 올바른 의사 결정을 할 수 있도록 도울 수 있는 충분히 가치 있는 정보가 될 것이다. 하지만 예전부터 하고 있던 업무가 영업 관련 업무이고 앞으로 지원하는 업무도 영업 업무라면 굳이 희망 업무를 적을 필요는 없다. 소프트웨어 엔지니어들은 대부분 희망 업무를 적을 필요가 없다. 지난 업무 경험만으로도 충분히 알 수 있기 때문이다.

때로는 희망 업무를 이력서에 효과적으로 잘 쓴다면 적합한 업무를 받을 수 있을 뿐 아니라 읽는 사람이 왜 당신을 고용해야 하는지 파악할 수 있다.

마케팅 전문가와 프로젝트 매니저로 10년간 신규 사업 규모를 1000만 달러에서 1억 달러로 성장시킴, 소비자용 소프트웨어 회사에서 마케팅 담당 업무를 찾고 있음.

굳이 이력서에서 새로운 업무에 대해 환기시킬 필요가 없다면, 자신의 핵심 성과를 나열하거나 간단하게 요약하는 데에만 집중하는 것이 좋다.

이력서에 희망 업무를 기재했다가 흥미를 느낄 만한 업무를 얻는 데 방해가 될 수도 있으므로 조심해야 한다. 프로그램 관리자로서 프로젝트를 이끄는 업무가 적합할 수도 있다. 하지만 이력서에 마케팅 업무에 관심이 있다고 명시하는 바람에 채용 담당자가 당신을 고려조차 않는다면 어떻게 할 것인가?

요약(또는 핵심 성과)[3]

이력서의 요약 부분은 읽는 사람들에게서 "와!"라는 감탄사를 이끌어낼 수도 있지만 명확하지 않아서 사람들에게 전혀 영향을 주지 않는 경우가 대부분이다. 예전 마이크로소프트 개발자이자 현재 구글에서 개발자로 근무 중인 로이는 이렇게 말했다.

"이력서를 보고 이 사람은 자신이 성공하려고 단단히 작정한 사람이라고 말하고 있으니 당장 이 사람을 고용하도록 하자고 말해본 적이 단 한 번도 없습니다. 그런 건 마치 온라인 데이트 사이트 match.com의 자기 소개에 '웃는 것을 좋아합니다'라고 써놓는 것과 마찬가지입니다. 아무도 믿지 않습니다."

이력서의 요약 부분은 읽는 사람에게 핵심 성과로 전달되어야 한다. 사실, 이런 항목들은 '요약과 핵심 성과'란으로 구분되기도 한다.

다음에 나온 요약은 장래에 회사에 어떤 가치를 더할 수 있는지 예시를 보인 것이다.

---

3 옮긴이 요약summary은 영문 이력서에서 가장 중요한 부분으로 지원자의 중요한 자격, 능력, 경력 사항을 요약해 프로필을 한눈에 볼 수 있도록 5~10줄로 정리하는 부분이다.

- 여러 해 동안 선임 소프트웨어 엔지니어로서 자바와 C++로 된 대규모 백엔드 시스템 구현, 팀장이자 선임으로 세 가지 성과를 거둠, 월간 5000만 요청에 대응하는 중요한 시스템을 재설계해 요청 대기 시간 20% 줄임, 가장 큰 은행 열 곳 중 다섯 개 은행에서 사용하는 재무 관련 제품을 위한 새로운 API 설계로 연 매출 1억 달러의 추가 매출 증가, 회사에 미친 전체적인 영향을 기반으로 엔지니어 중 상위 5%에게 주는 공신력 있는 그린 스티커 어워드 Green sticker Award 수상.
- 기업용 제품 디자인을 주도하며 5년간 프로그램 매니저로 근무, 고객 불만의 가장 큰 원인을 해결하기 위해 팀 구성과 해결책을 제안, 일정보다 3개월 앞당겨 프로젝트 완료, 관련 제품들을 좀 더 일반적인 제품 하나로 합치는 제안을 구상하여 개발 비용 35% 줄임, 두 개 회사에서 온 테스터 9명과 개발자 17명을 이끌며 인수한 기술의 통합 감독, 5000만 달러의 추가 영업 수익 거둠.

업무 경력

대다수 지원자에게 업무 경력을 쓰는 공간은 이력서에서 가장 중요한 부분이다. 업무 경력은 기본적으로 직책, 회사 이름, 회사 위치, 근무 기간을 포함하여 써야 한다. 마이크로소프트와 아마존처럼 다양한 제품을 제공하는 큰 기업에서 일했다면 팀명도 적는 것이 좋다.

최근 직책은 각각 한두 줄씩 최소한 네다섯 개 항목으로 정리해야 한다. 각각의 항목은 '성과'에 초점을 맞춰야 하며, 맡은 책임에 초점을 맞춰서는 안 된다. 그리고 가능하면 수치로 성과에 대한 근거를 제시해야 한다.

업무 경력 정리가 어렵다면 종이에 가장 큰 성과부터 쭉 적어보라. 자신이나 팀원들이 가장 인상적이라고 생각했던 업무라도 약 25개의 낱말을 사용해 이력서에 문장으로 표현했을 때에는 생각만큼 큰 인상을 심어주지 못할 수도 있다는 것을 명심하라.

얼마나 자세하게 작성해야 할까?

생각의 차이를 좁히려면 지원하는 업무와 연관성이 있는 내용만 적는 것이 좋다. 일반적으로 3~5개 사이가 가장 적절하다. 업무 경력이 IT 기술자로 시작해 테스트 업무로 옮겨졌고, 그 후 프로그래밍 관련 업무를 맡았다면, IT 기술자 경력 부분은 생략해도 무방할 것이다. 이력서에 업무 경력 전체를 다 적을 필요는 없다.

연구 과제

실제 업무 경험이 없는 소프트웨어 엔지니어라면 반드시 연구 과제를 이력서에 포함해야 한다. 최근에 졸업했거나 현재 재학 중인 학생이라면 자신의 연구 과제 항목에서 이력서의 다양성을 강조할 수 있으며 추가적인 성과를 보여줄 수 있다.

> 데스크톱 캘린더(2010년 가을, 개인 연구 과제): 온라인 스토리지, 동기화, 모임 초대, 충돌 해결 등을 지원하는 웹 기반 캘린더 개발 작업 수행, 파이썬^{Python}, 자바스크립트, AJAX로 구현, 2만 줄의 코드 작성, 졸업생 디자인 프로젝트에서 'Honorable Mention' 수상

소프트웨어 엔지니어 업무와 관련은 없지만 상당히 중요한 연관 과제를 진행했다면 이 연구 과제 부분을 좀 더 적합한 제목으로 다시 정리할 수도 있을 것이다. 예를 들어 명확한 성과를 낸 클럽을 창단했거나 온라인 강의 평가를 도입하도록 학교 방침의 변화를 주도적으로 이끌었던 내용은 '리더십 경험' 항목으로 따로 정리하면 좋다.

학력

MIT에서 4.0 학점을 받았더라도 이력서에서는 보통 학력보다 경험이 좀 더

중요하다. 그래도 중요한 항목이다.

기본적인 항목(대학 이름, 재학 기간, 위치) 외에도 학력은 다음과 같은 내용을 포함하여 정리해야 한다.

- **전공, 부전공, 학위**: 전공이 일반적으로 알려진 명칭이 아니라면, 수업 과정에 대한 설명을 이력서에 덧붙이는 것이 좋다. 이력서를 읽는 사람에게 전공에 대한 인식을 심어주면서 설명할 수 있다. 예를 들어 펜실베이니아 대학교에는 '디지털 미디어 디자인'이라는 전공이 있다. 디지털 미디어 디자인은 컴퓨터 과학과 커뮤니케이션, 예술(미래 픽사^{Pixar}의 엔지니어를 생각하면 된다)이 혼합된 형태의 학문이다. 디지털 미디어 디자인 전공자가 아마존의 소프트웨어 엔지니어 업무에 지원한다면, "디자인, 커뮤니케이션 부분과 결합한 컴퓨터 과학 기반의 전공 분야"라고 전공을 설명할 수 있을 것이다.
- **평점**: 일반적으로 최근에 졸업한 학생들은 이력서에 평점을 반드시 기입해야 하며, 최소한 4.0 만점에 3.0 이상이어야 한다. 자신이 다닌 학교가 평점을 일반적이지 않은 방법으로(10점 만점 기준이라든지) 활용한다면, 평점을 반 등수처럼 환원시킨다든지 좀 더 이해하기 쉽도록 바꿔 기입하는 것이 좋다.
- **과외 활동**: 최근에 졸업한 학생들은 가장 진지하게(가장 공격적이고 가장 연관성 높은) 참여한 활동을 이력서에 적어야 한다. 참여했던 모든 활동을 적는 것은 아니다. 그다지 성의 없이 참여한 활동 목록은 아무 감동도 줄 수 없다. 좀 더 경험이 많은 지원자라면 그런 활동을 이력서에 적지 않는다.
- **수업 활동**: 재학생과 최근 졸업생이라면 이수한 수업을 이력서에 적을 것이다. 지원하는 업무와 이수한 수업이 실제로 연관성이 있는지는 다시 한 번 확인이 필요하다. 당신이 다니던 대학을 잘 모르는 사람이라서 수업명을 명확하게 이해할 수 없다면, 좀 더 '사용자 친화적인' 이름으로 바꾸는

것이 좋다. 수업 항목을 적는 부분은 지원하는 회사나 업무에 좀 더 적합하게 맞춰 작성하는 것이 좋을 것이다.
- **수상 경력**: 대학에서 수상한 경력이 하나라도 있다면 전부 수상 경력란에 기입하라. 수상 경력 부분을 별도로 작성할 수 있지만, 수상 경력이 귀중한 공간을 차지한다고 생각하는 지원자도 많다. 평점이 낮다면 수상 경력으로 보완할 수 있다.

이력서에 학력은 반드시 포함시켜야 하지만, 수상 부분은 업무 경험이 좀 더 많을수록 짧게 작성하는 것이 좋다. 2~3년 업무 경력이 있는 지원자는 그냥 전공과 학위만을 적는 경우가 많다.

고등학교에 대해서도 적어야 할까?

고등학교 부분은 대부분 이력서에 쓰지 않는 것이 원칙이다. 단, 세 가지 예외 사항이 있다. 그 중 두 가지는 매우 드문 경우다.

- **대학교 1, 2학년**: 이력서에 고등학교 경력을 적는 것도 고려해 볼 수 있다. 하지만 이력서에 적을 것이 거의 없을 때만 고려하는 것이 좋다. 고등학교 경력은 그 누구에게도 깊은 인상을 남겨주기가 어렵다.
- **관계가 있는 경우**: 매우 드물지만 이력서를 받는 사람이 고등학교 선배나 모교와 깊은 관계가 있는 사람일 수도 있다. 마크^{Mark}라는 지원자는 사립 고등학교를 이력서에 적었고, 딸을 같은 고등학교에 보낸 사람과 면접을 보게 되었다. 마크는 같은 고등학교를 다닌 경험이 공감대 형성에 도움이 되었다고 말했다.
- **매우 인상적인 성과**: 고등학교에서 매우 인상적인 성과를 이루었고 그 내용을 이력서에 넣는 유일한 방법이 고등학교를 적는 것이라면 가능하다. 하지만 이런 성과는 대부분 수상 경력과 같은 부분에 함께 기입하는 것이 좋다.

어떤 것을 제일 처음 적어야 하는가?

경험에 따르면 재학생(또는 대학 이후 업무 경험이 없는 졸업생)이라면 학력을 업무 경험 앞에 작성하는 것이 좋다. 그 외의 경우는 이력서 가장 첫 부분에 업무 경험을 쓰는 것이 좋다.

하지만 IT 회사들이 작은 일탈에 점점 관대해짐에 따라 어느 정도 유연하게 활용할 수도 있다. 학력이 그간의 업무 경험보다 앞으로 지원하는 업무와 좀 더 관련 있거나 훨씬 인상적이라면, 혹은 그 반대의 경우라도 좀 더 독특한 접근 방법을 고려할 수 있다. 일반적이지는 않지만 충분히 그 값어치 이상의 보상으로 돌아온다.

내가 이력서를 받았던 한 지원자는 전자 공학 학위가 있었고 소프트웨어 테스터로 몇 년간 근무한 경험이 있었다. 정규직으로 일하는 동안 그는 스탠퍼드 대학에 시간제 학생으로 등록해 컴퓨터 관련 수업 네 과목을 이수했다. 이 경우에는 이런 교육적인 배경을 제일 앞에 적는 것이 좋다. 업무 경험만으로 보면 소프트웨어 엔지니어로서 면접에서 떨어질 가능성이 충분하다. 그의 유일한 가능성은 스탠퍼드 대학에서 컴퓨터 과학 수업을 이수했다는 것이다. 그 외에 어떤 선택권이 있겠는가?

기술

이 부분은 기술적인 업무에 대한 부분을 적는 곳이다. 기술이 필요 없는 업무에는 이 란이 필요 없을 것이다. 소프트웨어, 프로그래밍 언어, 외국어 또는 그 외에 알고 있는 모든 기술을 적는다. 산만하거나 지루하고 장황하지 않게 하려면 이 항목을 각각 적합한 범주로 나누는 것이 좋다.

영어 원어민이라면 영어를 절대로 기술이라고 적어서는 안 된다. 마이크로소프트 오피스 프로그램 활용 능력 같은 너무나 '당연한' 능력은 적지 않는다. 또 '윈도와 맥을 능숙하게 활용'처럼 너무나 익숙한 것들은 이력서에 '리눅스 활용 가능' 같은 차별적인 기술을 같이 기입하지 않는 이상 제외하는 것이 좋다.

　프로그래밍에 대한 모든 것, 외국어를 포함하여 이력서에 있는 모든 내용은 충분히 의심의 표적이 될 수 있다. 필라델피아 외곽에 위치한 작은 의료 관련 신생 기업 아니마스^{Animas}는 이탈리아어, 그리스어, 포르투갈어, 루마니아어를 모두 능숙하게 구사할 수 있다고 말하는 지원자를 면접한 적이 있다. 그는 그 언어들을 대부분 구사했고 일자리를 거의 얻을 뻔 했다. 다만 그 작은 회사의 직원 중에 마침 이탈리아인, 그리스인, 포르투갈인, 루마니아인이 있었고 그들이 면접 당일 참석했다. 아니마스는 지원자의 언어 구사 능력을 중요하게 생각하지는 않았지만, 정직함에 대해 매우 중요하게 생각했다.

수상과 훈장

수상 경험이나 훈장이 있다면 업무 경력이나 학력 기입란에 적거나 수상 경력란을 따로 작성해 기입할 수도 있다. 얼마나 많은 공간을 활용할 수 있는지와 얼마나 수상 경력을 강조하고 싶은지에 따라 결정하면 된다. 수상 경력이 다른 지원자와 구별될 수 있는 핵심 요소인가?

　어느 쪽이든 수상 날짜와 이유를 같이 적는 것이 좋다. 채용 담당자가 'Vincent R. Jacops Award'라는 것을 보았을 때, 이것이 어떤 상인지 전혀 모를 수도 있다. 그러므로 수상 경력은 'Vincent R. Jacops Award 수상자, 졸업반 3000명 중 가장 높은 평점을 받은 여학생에게 매년 주어지는 상'이라고 수상 내역에 대해서도 적는 것이 좋다. 수상 기준에 대해 수치적으로 기준을 제시할 수 있다면 함께 적는 것이 좋다.

적지 말아야 할 것들

미국과 캐나다에서 취업하려면 이력서에 인종, 종교, 성적 취향, 결혼 상태, 차별과 연관된 그 어떤 것이라도 절대 적어서는 안 된다. 이런 사항들을 나타내는 사진도 절대 이력서에 넣어서는 안 된다. 채용 담당자들은 회사에 법적인 문제를 일으킬 수 있는 여지가 있는 사진을 매우 싫어한다.

분량은 어느 정도가 적당할까?

장을 보러 갈 때 물건에 붙은 모든 라벨을 읽어보는가? 그렇다면 물건 구매를 즉흥적으로 결정하지는 않을 것이다. 제품의 장단점을 자세히 뜯어보고 성분을 평가하고 구매를 결정하기 전에 마케팅 자료를 다 찾아서 읽어볼 것이다. 이런 활동을 5만 개의 모든 제품에 대해 반복한다. 맞나? 바로 많은 정보를 알고 있는 요령 있는 소비자이기 때문이다.

물론 정말 그런 사람은 많지 않을 것이다. 여러분이 나와 비슷한 사람이라면 아마도 첫 인상을 보고 즉석에서 결정할지도 모른다. 처음 한 번 둘러볼 때 제품을 '집중'해서 보거나 아니면 전혀 보지 않을 수도 있다.

채용 담당자도 거의 같은 방법으로 이력서를 심사한다. 좀 더 깊게 파악하려고 이력서의 낱말을 하나 하나 읽어볼 시간적 여유가 없는 사람이 대부분이다. 이력서 심사 과정은 실제로 읽기보다는 좀 더 빠르게 '거르는' 작업에 가깝다.

그러면 이력서 길이는 어느 정도가 적당할까? 미국에서 이력서는 적당한 한도 내에서 작성하는 게 좋다. 10년 경력 이상의 경력자라면 두 쪽짜리 이력서가 적당하고, 5~10년 경력이 있는 지원자는 한 쪽이면 충분하다. 이력서를 한 쪽으로 압축하기가 매우 어렵다고 하더라도 크게 놀랄 일은 아니다. 모든 사람이 그렇다고 말하기 때문이다!

미국에서는 기본적으로 짧은 이력서가 긴 이력서보다 좋다. 채용 담당자 대부분이 이력서 한 장을 보는 데 겨우 15~30초 정도 쓴다. 그런 채용 담당자의 관심을 받으려면 A+ 지원자가 되어야 한다. 한 쪽짜리 이력서를 쓰려면 매우 선택적으로 내용을 엄선하고 최고의 내용만을 담아야 한다. 이력서가 길어질수록 B급, C급 내용이 섞일 확률이 높다. 그런 내용을 본다면 채용 담당자는 당신을 B급 지원자로 생각할 것이다.

　영국이나 다른 나라에서는 여러 장짜리 이력서를 허용하기도 한다. 기대감은 나라마다 다양하다. 좀 더 긴 이력서가 보편적인 나라에서는 각각의 이력서 검토에 좀 더 많은 시간을 투자할 것이다.

이력서를 어떻게 하면 짧게 줄일 수 있을까?

모든 사람이 이력서를 짧게 줄이기가 어렵다고 말한다. 스스로 자신의 성과를 적어 넣고 지우기가 어렵다. 이력서를 친구에게 보여주고 항목들을 줄여달라고 부탁해 보자. 어떤 내용이 필요 없을까? 잘 모르겠다면 다음과 같은 질문을 던져보자.

- **예전에 했던 업무들을 세 개 이상 적었는가, 아니면 15년 이상 오래된 경력을 적었는가?** 경력 지원자라면 10년에서 15년 이상의 경력은 굳이 언급할 필요가 없다. 지원하는 업무와 관련 있는 항목에만 집중하는 것이 좋다.
- **이전 직업에 대해서는 얼마나 많이 이야기해야 할까?** 예전에 다녔던 직장이 매우 유명해서 꼭 언급하고 싶다면 항목 하나만 추가해도 된다. 예전 회사에서 일했던 업무를 연차별로 일일이 따로 정리할 필요는 없다.
- **대학교에서 경험했던 내용은 생략해도 될까?** 수업 활동이나 과외 활동을 이력서에 적다 보면 그 가치보다 더 많은 공간을 차지할 때가 많다. 이런 활동을 통해 이력서를 보는 새로운 관점을 만들어주거나 뚜렷한 성과로 주목받을 게 아니라면 과감히 지우자.
- **희망 업무나 요약이 도움이 되는가?** 희망 업무와 요약은 서너 줄 정도 분량이지만 거의 도움되지 않을 때가 있다. 대부분 희망 업무나 요약을 쓰지 않지만 크게 문제가 되는 경우는 없다.
- **모든 요소가 연관성이 있는가?** 여행에 대한 열정이 있다는 사실은 업무와

거의 연관성이 없을 뿐 아니라 생각하는 것만큼 의사소통 능력을 강조하는 내용도 아니다. 이런 군더더기 요소는 없애는 게 좋다.

- **좀 더 간결하게 정리할 수 있는가?** 이력서에는 항목 부호^{bullet}를 사용해야 한다. 미완성 문장도 괜찮다. 한 단락에 내용이 많고 텍스트가 가득하다면 좀 더 다듬어 정리하는 것이 좋다. 굳이 세세한 사항까지 모두 이야기할 필요는 없다.
- **가장 적합한 이력서 형태인가?** 때에 따라서는 이력서를 일반적인 양식이 아니라 다른 양식으로 쓰면 공간을 더 많이 활용할 수 있다. 여러 방식으로 이력서 양식을 실험해 보자. 하지만 글씨 크기를 지나치게 작게 줄이거나 여백을 줄여서는 안 된다. 글씨 크기와 여백에 대해 어느 정도 기준이 있는 데는 나름의 이유가 있다.

질문과 대답

가족 문제

> 게일 씨께
>
> 제가 참여했던 유일한 학교 과외 활동은 대학교 1학년 때 잠깐 참여했던 수상 스키 활동입니다. 좀 더 많은 학교 활동에 참여하고 싶었지만 아버지께서 편찮으셔서 참여할 수 없었습니다.
>   학교 수업 시간을 줄여야 할 필요는 없었지만, 수업 외 시간에는 동네에서 보석 체인점을 운영하시는 아버지의 일을 도와야 했습니다. 가게에 새로 영업 사원을 고용하고 훈련하는 것부터 회계 시스템을 재구성하는 것까지 모든 일을 도와드려야만 했습니다. 가족이라는 이유로 수고비 한 푼 받지 못했습니다.

이제 대학교 3학년이고 인턴십에 지원하려고 합니다. 이력서를 작성할 때 이런 가족 상황을 세련되게 설명할 수 있는 방법이 있을까요? 흔한 경험은 아닌 것 같기도 하고, 현재 상황이 가까운 시일 내에 바뀔 것 같지는 않습니다.

K. C. 드림

K. C. 씨께

면접 담당자가 굳이 물어본다면 당연히 현재 상황을 간단히 설명해야 하겠지만, 너무 세세한 개인 사항까지 이력서에 적을 필요는 없습니다. 이력서는 실제로 했던 일들에 대해 적는 것이지, 아무것도 하지 않았다는 것을 변명하는 공간이 아닙니다(나름 충분한 이유가 있어도 말이죠).

하지만 아버지 사업을 도왔던 경험에 대한 내용을 적을 수는 있습니다(당연히 그래야겠지만). 굳이 참여했던 일이 아버지 사업이었다는 것을 설명할 필요는 없습니다. 솔직히 크게 상관이 없기도 하고 앞서 말했다시피 매우 광범위한 일을 해 왔다는 부분은 강점이 될 수 있습니다.

아버지를 도와 일해 왔던 몇 년간을 꼼꼼히 돌아보고 가장 눈에 띄는 성과를 쭉 적어보세요. 명확한 성과를 이력서에 추가하여 작성해야 합니다. 여기서 중요한 것은 지원하려는 업무에 적합한 항목을 선택해야 한다는 것입니다. 즉 프로그램 매니저 업무에 지원한다면 새 가게에 신입 사원을 고용하고 훈련시켰던 업무 등 K. C. 씨의 리더십을 보여줄 수 있는 내용을 선택하는 것이 좋습니다. 그리고 나름대로 적당한 직책을 생각해두는 것이 좋습니다. 직장 상사, 즉 아버지와 사전에 협의하여 정한다면, 어떤 직책이라도 이름 붙일 수 있을 것입니다(물론 하려고 하는 업무의 성격에 맞아야 합니다).

  앞으로는 아버지와 의논해 일하고 싶은 업무와 관련 높은 특정 업무에 좀 더 집중해 일할 수 있는 기회를 만드는 것이 좋습니다. 아버지와 K. C 씨 모두에게 이익이 될 것입니다. 그리고 K. C. 씨를 고용할 장래 고용주에게도 긍정적인 결과를 가져올 수 있습니다.

게일 드림

성적을 올렸지만

게일 씨께

저는 1학년 때 평점이 1.93으로 매우 낮았습니다. 그 뒤로는 매우 열심히 공부했고 대부분 A를 받았습니다. 하지만 A를 받아도 1학년 때 점수가 너무 낮아서 평점이 2.98입니다. 여전히 많은 회사의 커트라인인 3.0에 못 미치는 점수입니다.

  이력서에 평점을 적지 않는 것이 좋을까요?

M. G. 드림

M. G. 씨께

평점이 3.0 이하일 경우 이력서에 적지 않는다면 간단히 해결되겠지만 M. G. 씨는 좀 특별한 경우라고 생각합니다. 대부분 A를 받았다면 지금 점수는 사실 매우 좋은 편입니다. 오히려 평점을 적지 않으면 3.0 이하일 것이라고 채용 담당자들이 추측할 수 있을 것 같아 걱정입니다.

따라서 학술 부분에서 수상 경력이 있다면 평점 대신 수상 경력을 적는 것을 추천합니다. 수상 경력을 적는다면 평점을 적지 않더라도 이력서를 보는 채용 담당자는 M. G. 씨의 평점이 낮다고 생각하지는 않을 것입니다.

수상 경력이 없다면 이력서에 평점을 기입하되 1학년 이후의 평점만 적는 것도 방법이라고 생각합니다. 약간 요령을 써서 다음과 같이 적을 수 있습니다.

· **평점**: 3.6(3학년), 3.4(2학년)

이렇게 적는다면 속내를 들킬 수도 있지만 크게 문제 되지는 않을 것입니다. 중요한 것은 현재 점수가 매우 높다는 것입니다.

면접 진행시에 면접관이 1학년 때 무슨 일이 있었는지 물어본다면 돌려서 말하지 말고 솔직하게 대답하는 것이 좋습니다. 사실대로 말하세요. 1학년 때에는 학문적으로도 사회적으로도 동급생들과 비교하여 조금 뒤쳐졌지만 1학년이 끝날 때쯤 태도를 고치고 집중해야 한다는 사실을 깨달았고 그렇게 해왔다고 대답하는 것이 좋습니다.

제가 만일 이런 대답을 듣는다면 매우 깊은 인상을 받을 것입니다. 정직함과 성숙함을 보여주는 대답입니다. 그렇게 해야 합니다!

게일 드림

하지만 진지하게

게일 씨께

저는 2년간 두 가지 서로 다른 업무를 담당하며 업무 경험을 쌓아왔습니다. 대학을 다니면서 인턴십에 세 번 참가했고 복수 전공과 몇 가지 과외 활동도 했습니다. 이렇게 많은 내용을 겨우 두 쪽으로 요약하는 데 어려움을 겪고 있습니다.

필요하다면 이력서를 한 쪽 더 써도 괜찮을까요?

R. S. 드림

R. S. 씨께

바람직하지 않습니다.

꼭 필요하다면 물론 두 쪽으로 정리할 수도 있습니다. 하지만 수식어가 대단하게 붙어 있으면 저는 믿지 않습니다.

모든 채용 담당자가 '한 쪽' 법칙을 엄격하게 적용하지는 않습니다. 하지만 '한 쪽' 법칙을 매우 중요하게 생각하는 채용 담당자도 있습니다. 채용 담당자가 이력서를 딱 집어 들었을 때, 첫 인상으로 답답함을 느끼기를 바라지는 않겠죠?

채용 담당자가 "분량은 상관없습니다"라며 명확하게 언급하지 않더라도 짧은 이력서보다 긴 이력서가 낫다는 의미는 아닙니다. 항상 최고로 가장 훌륭한 성과만 선택해 이력서를 정리하는 것이 좋습니다. 장담하건대 모든 내용을 한 페이지에

담을 수 있습니다. 별로 인상 깊지 않은 항목을 적어서 진정한 강점에 대한 관심을 분산시킨다면, R. S. 씨로서는 득이 될 게 전혀 없습니다.

게일 드림

5장

이력서의 재구성

4장에서는 좋은 이력서를 만드는 요소에 대해 이야기했다. 좋은 이력서의 요소는 일관성, 구조, 이력서에 담아낼 훌륭한 성과 등이 있다. 여기에 A+급 이력서를 여러 장 살펴본다면 자신의 이력서를 훨씬 좋은 이력서로 만들 수 있다.

이번 장에서는 평범한 이력서 두 장과 매우 훌륭한 이력서 한 장을 살펴볼 것이다. 이 세 가지 이력서에 대해 각각 좋은 점과 개선할 점을 살펴보자. 그렇게 해봄으로써 이력서를 평가할 수 있는 안목을 기르고, 그 방식을 자신의 이력서에 적용한다면 훨씬 좋은 이력서를 쓸 수 있을 것이다.

다음에 소개하는 이력서는 이름과 몇몇 신상에 대한 세부 사항은 바꾸었지만, 실제 지원자가 작성한 이력서다.

주의: 지면에 한계가 있으므로 이력서 일부분만 살펴보고, 이력서의 길이나 형식은 검토하지 않겠다.

이력서 1: 빌 잡스

희망 업무
회사의 성공에 기여할 수 있는 소프트웨어 엔지니어 분야의 정규직

1. 희망 업무에 특별한 의미가 나타나 있지 않다. 구체적인 사항이라고는 소프트웨어 엔지니어 업무를 찾고 있다는 내용인데, 너무 뻔한 이야기다.

학력
매릴랜드대학교 졸업(2008년 8월~2010년 12월)
석사, 컴퓨터 과학 전공(평점: 4.0 만점 3.93)
인도공과대학(2002년 8월~2006년 06월)
공학사, 컴퓨터 과학 전공(평점: 4.0 만점 3.7)

기술 능력
기술: 자바, C, 비주얼 베이직, SQL, REXX, 코볼, 셸 스크립트
IDE/편집기: 넷빈즈, 이클립스, VIM
웹 기술: 서블릿, JSP, PHP, 자바스크립트, JQuery, Ajax, HTML, XML, CSS, 액션스크립트, 파이어버그, 하이버네이트
API: 구글 시각화^{Google Visualization}, 퓨전차트^{FusionCharts}, PHP, 리포트 메이커^{Report Maker}
데이터베이스: MySQL, 오라클
서버: 아파치, 톰캣
소스 제어: SVN/CVS
플랫폼: 리눅스, 윈도 비스타 • XP, OS/390[1]

2. 지원자가 다룬 기술을 전부 쭉 나열한 것으로 보인다. 대다수 회사는 이 정도 수준의 기술에 대해서는 높이 평가하지 않는다. 특히나 '최고의' 회사라면 더욱 그럴 것이다.
3. 이렇게 기술을 광범위하게 나열한 경우 과연 여기에 적힌 기술들을 얼마나 익숙하게 다룰 수 있을지 의문이 든다. 여기에 적힌 기술과 관련된 질문에 답하고 문제점을 재기할 수 있을 만한 실력이 있을까?

경력
매릴랜드대학교 칼리지 파크^{College Park} 캠퍼스
(2010년 1월~2010년 9월) 조교
- 자바 서블릿으로 백엔드 구현
- 날씨 부표 데이터를 처리하고, 데이터 시각화 도구 퓨전차트에 쓸 XML을 생성하는 데 필요한 서블릿 구현
- 자바스크립트로 풍부하고 동적인 사용자 인터페이스 제공
- 리눅스 환경에서 톰캣 서버 설치 지원

4. 이런 설명은 명확하지 않다. 해당 업무를 잘 수행했는지도 알 수 없다. 목표와 성과는 무엇이었나?
5. 게다가 소프트웨어 일부분을 설치한 일은 다른 대학 졸업자의 경력에 비하면 성과라고 보기 어렵다.

어라운드 서카^{Around Circa} 주식회사(캘리포니아 서니베일 소재, 2009년 6월~2010년 1월)
웹 개발자(인턴)
- 모바일을 통한 검색, 접속, 등록 등 온라인 서비스에 접근할 수 있도록 SMS 설계와 구현

6. 업무 경력을 너무 많이 적었다. 이렇게 많은 항목을 적으면 거의 대부분 쓸데 없는 내용까지 많이 섞이게 된다.

---

[1] ^{옮긴이} IBM 메인프레임 S/390용 운영체제

- 자바 서블릿으로 백엔드 구현
- JSP 리포터 메이커와 퓨전차트를 사용하여 리포트를 생성하고 실시간 데이터 시각화가 가능한 실시간 분석 시스템 설계와 구현
- 데이터베이스를 다루기 위한 명확한 인터페이스를 제공하는 자바 클래스와 하이버네이트 매핑 구현
- JQuery와 AJAX로 동적이고 상호작용하는 사용자 인터페이스를 구현
- MySQL로 데이터베이스를 설계, 구현하고 데이터베이스에 테스트 데이터를 채워 넣는 PHP 스크립트 개발
- 아이폰 애플리케이션이 백엔드와 상호 작용할 수 있는 RESTful API 구현
- 회사 웹 페이지에 블로그를 게재하는 블로그 작성 도구를 PHP로 개발

프로젝트
원격 메서드 호출 시스템(사용 언어/플랫폼: 자바/리눅스)
클라이언트와 서버 사이의 통신을 위해 구성된 전형적인 스텁-스켈레톤을 기반으로 한 이 시스템은 인터페이스 정의 언어^{Interface Definition Language, IDL} 형태의 원격 객체 인터페이스 설명자를 가지고 원격 객체를 불러오는 통신을 위한 스켈레톤과 스텁을 생성한다.

분산 해시 테이블^{distributed Hash table}(언어/플랫폼: 자바/리눅스)
코드 룩업 프로토콜^{Chord lookup protocol}을 기반으로 한 분산 해시 테이블을 성공적으로 구현. 코드 프로토콜(http://pdos.lcs.mit.edu/chord)은 P2P 네트워크의 피어를 연결하는 솔루션이다. 코드는 지속적으로 키를 노드에 매핑한다.

정보 검색 시스템(언어/시스템: 자바/리눅스)
파일의 코퍼스를 인덱스하기 위한 색인과 불리언 질의를 처리하기 위한 질의 처리기를 개발함. 질의 처리기를 활용하여 파일 이름, 타이틀, 줄 번호, 낱말 위치 등을 확인할 수 있다. 직렬화와 컬렉션 같은 자바 API로 구현함(SortedSet, HashMap)

성과
- 뛰어난 업무 성과를 인정받아 Capgemini에서 Star Associate Awards 수상

7. 역시 설명이 애매하다. "규칙 시퀀스 기반 다이어그램을 생성하는 백엔드 로직 구현" 같은 표현이 좀 더 명확할 것이다.
8. 긍정적인 부분은 빌은 자신이 책임진 업무나 주어진 역할을 내세우기보다는 성과에 집중할 줄 안다는 것이다. 바람직하다.

9. 빌이 참여한 프로젝트에 대한 설명은 매우 훌륭하다. 읽는 사람을 압도하려는 게 아니라 유용한 수준의 정보만 제공했다.
10. 빌이 프로젝트 요소를 좀 더 강조하려면 프로젝트 날짜를 기입하는 게 좋다.

11. 수상 경력을 정리했지만, 수상 내용이 왜 특별한지 서술하지 않았다. Capgemini가 무엇인가? 그 상은 어떤 가치가 있으며 경쟁은 얼마나 치열했는가?

(다음 쪽에 계속)

- 배치 자동화 도구를 개발하여 생산성을 높여서 고객의 감사를 받음

12. 빌은 생산성을 높였다고 언급했지만 얼마나 향상시켰는지 언급하지 않았다. 성과를 수치로 표현하는 것이 훨씬 더 유용할 것이다.

평가

그저 그런 이력서다. 구성이 좋고 읽기도 쉽지만, 지원자의 업무 경험을 이해하기에는 매우 어려웠다. 좀 더 정교하게 성과에 대한 상황 설명을 추가한다면 성과를 사실적으로 제시할 수 있을 것이다.

이력서 2: 스티브 게이츠

희망 업무
제 경험을 잘 활용할 수 있고, 장애물을 극복하는 근면 성실한 성격입니다. 매우 경쟁적인 환경에서 배우면서 시간을 엄수하여 양질의 결과물을 내는 것이 가능하므로 상호 이익이 되는 환경에서 일하고 싶습니다.

기술
프로젝트 관리와 구두/서면 의사소통에 강점이 있음
일정 예측과 일정 관리
신규 협력사 접촉과 관계 관리
타 부서와 협동 작업
계약 협상

경력
마이크로소프트 주식회사(워싱턴 레드몬드 소재, 2007년~2010년)
마이크로소프트 윈도 메인 프로그램 매니저
- 셸 컴포넌트 출시 주기 관리
- UI 개선과 컴포넌트 간소화에 팀의 역량 재집중. 포커스 그룹과 고객 서비스 피드백 패널 운영

1. 다시 한 번 말하지만 이런 설명은 명확하지 않다. 대부분 지원자가 이력서에 작성한 희망 업무에 대한 내용은 명확하지 않은 경우가 많다. 따라서 꼭 필요한 경우가 아니라면 이런 식으로 희망 업무를 밝히는 내용은 적지 않은 것이 좋다.

2. 스티브가 구두와 서면 의사소통에 강점이 있다고 이력서에 적었다면 반드시 매우 뛰어난 능력이어야 할 것이다. 이력서에 공간은 너무 많고 적을 내용이 아무것도 없는 게 아니라면 이런 소프트 스킬[soft skill]2은 굳이 쓰지 않는 것이 좋다. 대단히 주관적이기 때문이다.

3. 스티브가 적은 것은 대체로 맡았던 업무에 대한 내용이다. 결과를 밝히면 다른 사람보다 유리해질 것이다. '출시 주기를 관리해 알파 단계에서 실제 시장에 상품을 출시하는 시간을 23% 줄임', 이것이 바로 성과다.

---

2 [옮긴이] 기업 조직 내에서 의사소통, 협상, 팀워크, 리더십 등을 활성화하는 능력을 뜻한다. 생산, 마케팅, 재무, 회계, 인사 조직 등 일련의 경영 전문 지식은 '하드 스킬'이라 한다

- 컴포넌트 통합을 위해 오피스와 파일 시스템 팀과 협업
- 팀 전략을 정의하고 선임 관리자에게 메모 제출

넷 시스템(펜실베이니아 피츠버그 소재, 2001년~2007년)
책임, 정보 기술
- 리눅스 커널과 FXO 프로토콜을 따르지 않은 기존 아키텍처를 신규 아키텍처로 교체하기 위한 30명 규모의 팀 지휘. 신규 서비스는 좀 더 보안성이 좋고 신뢰할 만하나 사용하기에 조금 더 번거로움. 1주 이내 설계/3주 실행으로 계획함
- 성능 평가 시행과 회사 직원 400명을 대상으로 프로세스 배포
- 개발자, 테스터, 고객사 관리 등 여러 업무를 진행하는 팀의 감독으로서 프로젝트 감독과 기술적인 방향성 설정. 팀 동기 부여와 장려, 높은 사기 장려

4. 내용은 성과에 가깝지만 좀 더 구체적인 수치를 포함시켜 성과를 재구성하는 것이 좋다.
5. 가장 큰 문제점은 스티브의 성과와 프로그램 관리 사이의 연관성을 찾기가 어렵다는 것이다. 프로그램 관리가 스티브가 선택한 경력임을 감안하여 프로그램 관리와 관련이 높은 성과를 선택하는 것이 좋을 것이다.
6. 마지막으로 첫 번째 항목이 너무 길고 정보가 대부분 서로 연관성이 없다.

넷 시스템((펜실베이니아 피츠버그 소재, 1996년~2001년)
선임 관리자, 정보 기술
- 1000개 컴퓨터 네트워크를 관리하며 컴퓨터 최대 가동 시간 유지와 전력 소비량 감소
- 원격 접속 기술을 활용해 데이터 센터 두 곳 모니터링
- 다양한 프로파일링 도구를 활용하여 성능 분석과 최적화
- 윈도 운영체제에서 발생하는 충돌 문제 해결
- 윈도 95부터 윈도 2000까지 업그레이드 감독. 서비스 방해가 되지 않는지 점검하기 위한 시스템 모니터링

7. 이런 내용은 대부분 본인의 업무이지, 성과가 아니다. 이 영역은 성과로 채워져야 한다.
8. 중요한 문제는 업무 내용이 스티브의 경력과 아무런 연관 관계가 없다는 것이다. 스티브가 컴퓨터를 고칠 수 있다는 사실에 대해 관심 있는 사람이 있겠는가? 답은 "아니다"이다. 가장 눈에 띄는 내용을 컴퓨터 가동 시간이나 전력 소모량 감소 등 구체적인 수치를 활용하여 뒷받침하는 것이 좋다.

학력
워싱턴대학교(2011년 12월 졸업)
이학사, 컴퓨터 과학 전공

수상 경력
- 제5회 마이크로소프트 "Ship it" 수상
- Dean's List(1995년)
- 마이크로소프트 골드 스타 어워드 수상 (2008, 2009, 2010년)
- 가작, 서부 해카톤(2003년)
- 마이크로소프트 이노베이션 어워드(2008년)
- 마이크로소프트 SQR 서버 공로상(2003년)

9. 이런 것이 바로 불행이다. 결국 스티브의 이력서 끝에서, 매우 신중하게 이력서를 살펴본 뒤에야 스티브에게 인상적인 수상 경력이 있다는 사실을 알게 되었다. 스티브는 수상 경력 중 재미있는 수상 경력(Ship it, Dean's List 등)을 생략하고, 골드 스타Gold Star와 이노베이션 어워드Innovation Award 같은 수상 경력만 기입하는 것이 좋다.

(다음 쪽에 계속)

10. 모든 사람이 Ship it, Dean's List 등의 이름을 아는 것은 아니기 때문이다. 스티브는 이런 수상 경력이 어떤 것인지 설명을 추가하는 것이 좋다. 가능하다면 구체적인 수치를 들어 선정 이유를 설명할 수 있다면 훨씬 큰 도움이 될 것이다.

평가

이력서를 살펴본 후에는 지원자에 대해 매우 강한 인상을 받게 될 것이다. 하지만 이력서에서 실제 경험에 비해 얼마나 많은 것을 보여줬는가? 직책에 대한 부분이 인상적이었던 것은 그가 실제로 매우 인상적인 사람이었기 때문이다. 이력서를 아무리 엉망으로 써도 '이 정도로' 망치기는 어렵다.

동시에 스티브가 이력서에서 스스로를 많이 증명해 보였는지 확신이 들지 않는다. 스티브는 이력서에 성과 부분을 좀 더 보완하고, 왜 그 성과가 중요한지 '증명'할 필요가 있다.

이력서 3: 지나 로버츠

경력
Blippd(뉴욕 소재, 2008년~현재 재직 중)
소프트웨어 엔지니어
- 예측 알고리즘과 지연 그래픽을 활용하여 비디오 렌더링 시간 75% 감소
- 저장된 비디오 트랜스크립트^{transcript}에서 메타데이터를 추출할 수 있는 도구를 설계하고, 시스템 전역 검색 데이터베이스에 메타데이터를 제공함으로써 맥 OS X의 스팟라이트^{Spotlight} 검색과 통합 수행하는 프로그램 개발.
- 비디오 파일 포맷을 재구성하고 검색을 위한 하위 호환성 구현

1. 지나는 바로 첫 문항부터 상당히 구체적으로 성과를 수치화해 기입했다. 첫 시작이 매우 좋다.
2. 이력서에서 어떤 부분은 왜 어렵고 어떤 부분은 왜 쉬운지 설명하는 것은 결코 쉬운 일이 아니다. 지나는 그런 부분을 매우 잘 해결했다.
3. '구체적인' 성과가 매우 명확하다. 하위 호환성 구현이 왜 중요한지 쉽게 예상할 수 있기 때문이다.

마이크로소프트 주식회사(워싱턴 레드몬드 소재, 2005~2007까지 매해 여름)
소프트웨어 디자인 엔지니어(인턴): 비주얼 스튜디오 코어(2007년 여름)
- VS의 Ctrl+Tab 사용자 인터페이스를 구현하고 이를 도구 창으로 확장 적용
- VS와 VS 애드인 사이의 그라디언트를 제공하는 서비스 개발. 도구 모음 그라디언트 페인트 브러시를 캐싱하여 서비스 29% 최적화

프로그래머 생산성 연구 센터(2005, 2006년 여름)
- 코드 기반으로 모든 메서드의 유사성을 계산하는 애플리케이션을 제작함 $O(n^2)$에서 $O(n \log n)$까지 시간 감소, 윈도 기반 소스에서 프로세싱이 가능, 40시간 걸리는 작업이 1시간 내 작업 완료 가능해짐
- XML 스키마를 통해 임의의 XML 문서를 만들어주는 테스트 케이스 생성 도구 개발

펜실베이니아대학교(펜실베이니아 필라델피아 소재, 2005년 가을~2008년 봄)
- 이수 과목: 고급 자바 III, 소프트웨어 엔지니어링, 운영체제
- 2006년 8월 수석 조교로 승진, 주간 회의와 다른 조교 네 명 관리 감독

4. 네 가지 항목 중 두 가지는 정량적인 결과를 보여준다. 이 부분에서 지나가 프로젝트에서 확실한 성과를 거두었음을 명확하게 확인할 수 있다.
5. 제일 첫 문장은 나름대로 가치가 있다. 이는 지나의 신뢰도를 보여줄 수 있는 명확한 요소다.

6. 여기에서 중요한 부분은 지나가 수업을 들었던 수업명과 지나가 승진했다는 부분이다. 두 가지 항목 모두 매우 명확하게 나타나 있다.

학력
펜실베이니아대학교(2008년 5월)
석사, 컴퓨터 과학 전공
평점: 3.6
수료 과목: 소프트웨어 엔지니어링, 컴퓨터 아키텍처, 알고리즘, 인공 지능, 계산 이론

펜실베이니아대학교(2006년 5월)
이학사, 컴퓨터 과학 전공
평점: 3.3
수료 과목: 운영체제, 데이터베이스, 알고리즘, 프로그래밍 언어, 컴퓨터 아키텍처

프로젝트
멀티 사용자 드로잉 도구(2007년)
다양한 사용자가 각자 개인화된 편집기를 활용하여 '칠판'에 그림을 그리고 동시에 볼 수 있는 온라인 수업. C++와 MFC 사용

7. 지나의 프로젝트에 대한 설명은 딱 필요한 만큼 세부 사항이 적혀 있다. 너무 과하지도 짧지도 않다. 지나는 이 영역에서 사람들이 필요한 만큼 내용을 알 수 있도록 최적화했다.

(다음 쪽에 계속)

동기화 캘린더(2006~2007년)
세계적으로 공유하고 쓸 수 있는 데스크톱 달력, 사용자가 다른 사람과의 약속을 관리할 수 있음 캘린더는 자동으로 중앙 SQL 서버로 동기화된다. C#.NET, SQL, XML 사용. 4학년 디자인 프로젝트 컴퓨터 과학 부문 3등 수상

운영체제(2006년)
달력, 파일 시스템, 문서 편집기와 계산기를 포함하고 있는 유닉스 스타일 OS. C로 구현

기술
언어: C++, C, 자바, 오브젝티브-C, C#.NET, SQL, 자바스크립트, XSLT, XML(XSD) 스키마
소프트웨어: 비주얼 스튜디오, 마이크로소프트 SQL 서버, 이클립스, XCode, 인터베이스 빌더

8. 지나는 앞서 이력서의 내용과 연관성 높은 컴퓨터 언어에 대해 언급했다. 지나는 마이크로소프트 오피스와 윈도 등 뻔한 내용은 생략하고 경력과 관련 있는 기술들만 언급했다.

평가

완벽한 이력서는 존재하지 않지만 지나의 이력서는 매우 훌륭한 이력서다. 지나가 기재한 내용은 성과에 초점이 맞춰져 있고, 일반적인 직업에 대해 언급하고 있지 않다. 또 지나의 성과는 수치로 측정할 수 있다.

정리하며

솔직히 말해 이력서를 '매우 훌륭한' 이력서로 만들기는 그리 어렵지 않다. 그 동안 내가 봐왔던 이력서들은 대부분 세 가지 실수를 범한다.

1. 내용이 너무 많다.

이력서 분량이 많다고 해서 경력이 좀 더 많아 보이지는 않는다. 단지 요약하는 능력이 없어 보일 뿐이다. 경력이 10년 이하라면 이력서는 한 쪽으로 정리하는 것이 좋다. 경력이 10년 이상이라면 두 쪽이 적당하다. 두 쪽보다 더 많이 필요하지도 않고, 더 많아진다고 도움이 되지도 않는다.

2. **덩어리가 너무 크다.**

    글의 단락이 너무 길면 사람들은 읽는 것조차 두려움을 느껴 이력서를 쓰레기통에 바로 버릴지도 모른다. 특히 전혀 알지 못하는 물건이나 모르는 분야에 대한 내용이라면 더욱 그러할 것이다. 항목 부호를 사용하여 성과를 설명하는 항목을 정리하고 항목당 한두 줄 정도가 적당하다.

3. **너무 지루하다.**

    채용 담당자는 지원자의 업무가 무엇인지는 전혀 흥미가 없다. 업무란 실제 해야만 하는 일이기 때문이다. 채용 담당자는 지원자가 실제로 무엇을 해냈는지 알고 싶다. 가장 큰 성과에 초점을 맞추고 되도록 수치화하는 것이 필요하다.

이 세 가지 실수를 하지 않는다면, 전체 이력서의 상위 25% 안에 들어갈 수 있다. 나머지 해야 할 일은 이력서를 경험에 맞게 정리하고, 가장 호의적인 반응을 끌어낼 수 있는 방법으로 자신이 해낸 일을 설명하는 것이다.

추가 자료

www.careercup.com을 방문하면 이력서 견본과 양식이 있다.

6장

커버 레터[1]와 추천

이력서를 직접 타자기로 쳐서 우편으로 보내던 시절에는 이력서만큼이나 커버 레터도 많이 보냈다. 지원자들은 거의 의무적으로 일정한 형식에 따라 편지를 쓰고, 이력서를 첨부한 봉투에 도장을 찍어 봉인한 다음 발송했다.

오늘날에는 거의 모든 이력서를 온라인으로 제출하므로 커버 레터는 필요한 경우에만 제출하는 선택 사항이 되었다. 하지만 채용 담당자나 채용 관리자에게 직접 이력서를 보낸다면 채용 담당자나 관리자에게 보내는 이메일이 커버 레터 역할을 하게 되므로, 이메일을 보낼 때 표준 커버 레터 양식에 따라 쓰는 것이 좋다.

커버 레터는 핵심적인 마케팅 문서다. 효과적인 커버 레터는 채용 담당자로 하여금 지원자의 이력서를 확인하고 지원자에 대해 좀 더 알아보고 싶은 마음이 들게 만든다.

---

1 옮긴이 cover letter, 이력서를 읽기 전 먼저 읽어보는 서류로 지원 동기, 능력 등 이력서 내용의 핵심을 요약한 자기소개서의 축약본과 같은 개념으로 보면 된다.

왜 커버 레터인가?

커버 레터에는 두 가지 목적이 있다. 첫째, 채용 담당자는 커버 레터를 보고 지원자가 지원하는 업무의 요구 사항에 맞는지 재빠르게 훑어볼 수 있다. 둘째, 커버 레터는 회사에서 지원자에게 직접적으로 요청하지 않고도 지원자의 글쓰기 실력을 확인할 수 있는 방법이다.

이력서로는 왜 충분하지 않을까? 이력서는 성과를 업무에 따라 구분해놓은 목록이다. 가장 큰 성과가 새로 생긴 업무를 수행하기 위해 팀을 구성했거나 주요 거래처와 문제를 해결한 것이라면 채용 담당자는 그런 내용을 보고 당신이 큰 성과를 거두었다는 것을 알 수 있다. 하지만 그런 성과만 보고 지원 업무와 관련한 구체적인 능력을 전부 알 수는 없다. 채용 담당자는 데이터 모델링이나 통계 분석 능력, 강력한 관리 능력처럼 좀 더 안심할 만한 능력을 찾고 있을지도 모른다.

이력서의 역할이 채용 담당자에게 당신의 성과에 대해 알려주는 것이라면, 커버 레터의 역할은 지원하는 업무와 당신이 가지고 있는 기술의 연관성을 좀 더 강조하는 것이다. 커버 레터는 사전 예고편과 같다. 커버 레터는 "저는 귀사에서 찾는 조건을 갖추고 있습니다. 그러니 이제 제 이력서를 보시고, 제 성과를 확인해 주시길 바랍니다"라고 말할 수 있는 방법이다.

게다가 문서 작성 같은 글쓰기 실력이 필요한 업무를 할 사람을 찾을 경우 커버 레터를 보고 작문 실력을 확인할 수도 있다. 회사에서 당당하게 이유를 밝히고 작문 샘플을 요구하지 않는 이유가 궁금한가? 우선 회사에서는 대통령에게 편지를 보내는 초등학교 2학년 학생을 대하듯 굳이 비즈니스 작문 샘플을 요구할 이유가 없기 때문이다. 둘째, 작문 샘플을 요구한다면 지원자가 커버 레터를 너무 오래 공들여 작성할 수도 있기 때문이다. 회사에서는 '실제로' 어떻게 글을 쓰는지 보고 싶어 한다. 쓰는 낱말 하나하나를 검사한다는 것을 안다면, 아마도 특별히 신경 써서 글을 쓸 것이다(이제 이유를 알았으니 앞으로는 글을 쓸 때 특별히 신경쓰기를 바란다).

커버 레터의 세 가지 유형

커버 레터는 자발적인지, 아닌지, 또는 '공개되는지'에 상관없이 비슷한 형식과 같은 목적으로 써야 한다. 목표는 커버 레터를 읽는 사람들의 흥미를 유발하여 당신의 커버 레터를 읽은 후, 이어지는 이력서를 보도록 하는 것이다. 그리고 전화까지 하게 만들면 더는 바랄 게 없을 것이다. 커버 레터는 어떤 대상에 어떻게 맞춰 쓰느냐에 따라 그 효과도 달라진다.

응답형 커버 레터

커버 레터는 대부분 온라인, 캠퍼스 등 여러 곳에 게시된 공식적인 채용 공고에 대한 지원자의 답변이다. 대부분의 채용 공고는 업무에 필요한 특정 능력이나 경력을 제시한다. 지원자는 채용 공고에서 언급한 구체적인 특정 기술과 능력을 지니고 있음을 알릴 필요가 있다. 커버 레터에서 자신이 자격 조건에 왜 적합한지 설명하고, 그동안의 경험을 바탕으로 구체적인 증거를 제시해야 한다.

"요구 조건을 다 갖추고 있지 않더라도 포기하면 안 됩니다."

전 애플 채용 담당자인 매트[Matt]가 말했다.

"가끔은 인사 관리자나 채용 담당자가 본인이 원하는 능력을 지닌 사람이 존재할 수 없거나 흔치 않다는 사실을 알지 못한 채 채용 공고를 작성하기도 합니다. 그리고 여러분은 그런 약점을 보완할 다른 능력을 지니고 있을지도 모릅니다."

자발적 커버 레터/콜드 콜[2] 레터

막무가내 정신으로 채용 담당자들에게 직접 연락하여 커버 레터를 보내는 것은 채용 공고가 나오지 않은 업무에 대한 지원 의사를 밝힘으로써 잠재적 채용 시장을 건드릴 수 있다. 분명 좀 더 적극적인 도전 정신이 필요하지만 전혀 불가능한 방법은 아니다. 때때로 매우 훌륭한 지원자가 나타날 때는 채용하기도 하고, 신생 회사에서도 이런 도전적인 지원자를 채용할 때가 있다. 또는 지원한 회사에 근무하는 친구가 내부 직원을 대상으로 채용 공고가 나온 기회에 대해 알려줄 때도 있다.

어느 경우든지 접근하는 방법은 똑같다. 회사에서 원하는 것이 무엇인지, 어떤 능력이 적합한지 명확하게 정의할 필요가 있다. 지원하는 회사의 다른 업무에 대한 채용 공고를 살펴보거나, 지원하지 않는 회사이지만 비슷한 업무를 하는 직원을 뽑는 채용 공고를 살펴보면, 지원하는 업무에서 어떤 능력을 필요로 하는지 예측할 수 있다.

이런 접근 방법이 어렵다는 생각이 드는 것이 당연하다. 확실히 어려운 방법이지만 장점도 있다. 이런 방식으로 접근한다면 경쟁자는 상당히 줄어들 것이다.

공개적인 커버 레터

대부분 지원하는 목적에 맞게 커버 레터를 작성하지만 커버 레터를 굉장히 포괄적으로 작성해야 할 때도 있다. 온라인 구직 게시판에 바로 올리는 경우에는 이력서와 커버 레터가 포괄적인 내용을 담고 있어야 한다. 온라인 구직 게시판에서는 커버 레터를 이력서와 함께 작성하여 게시하는 것을 권장하기도 한다.

이때 커버 레터는 어떻게 작성해야 하는가? 지원하고자 하는 업무 대부분

---

2 옮긴이 cold call, 전혀 반응이 없거나 차가운 반응을 콜드 콜이라고 한다.

에 적합하도록 될 수 있으면 구체적이어야 한다. 영업이나 고객 지원 업무에 지원한다면 일반적으로 해당 업무에서 필요로 하는 의사소통 같은 능력을 강조하라.

채용 담당자들은 커버 레터가 매우 구체적이기를 기대하지는 않지만 성과와 능력에 대한 부분을 빠르게 훑어볼 것이다. 따라서 경력에서 본인이 달성한 성과를 특별히 강조하는 것이 좋다.

구조

커버 레터는 양식이 매우 엄격해서 매드 립스^{madlibs}[3]를 연상시킨다.

> "보유 기술을 말하세요." 디자인입니다.
> "증명하세요." 포춘 선정 500대 기업 중 세 개 기업의 로고, 명함, 문구류 디자인을 담당했습니다.

지루하다. 하지만 이런 간단한 구조를 활용하면 커버 레터를 쉽게 작성할 수 있다. 힘 있는 커버 레터를 작성하려고 창의성을 발휘하거나 아름다운 글을 쓰는 작가가 될 필요는 없다. 단지 자기 생각을 명확하고 간단명료하게 표현할 수 있으면 된다. 커버 레터는 대략 다음과 같은 형식에 맞아야 한다.

[채용 담당자나 채용 관리자 이름] 씨께

저는 [웹 사이트나 기타 출처]에 공지된 [직책]에 관심이 있습니다. [명확한 기술 목

---

[3] 옮긴이 문장의 빈칸을 채우고 이어서 말하는 아주 간단한 게임

록]에서 경쟁력 있는 업무 이력이 있고 [분야]에서 [연차] 경험을 바탕으로 [자신이 일반적으로 해결할 수 있는 일]을 할 수 있다고 자신 있게 말할 수 있습니다.

제 자격은 다음과 같은 내용을 포함합니다.

· [요구되는 자격 #1]: [자격 #1 보유 증거]
· [요구되는 자격 #2]: [자격 #2 보유 증거]
· [요구되는 자격 #3]: [자격 #3 보유 증거]
· [요구되는 자격 #4]: [자격 #4 보유 증거]

이 기회에 대해 좀 더 논의할 수 있다면 좋겠습니다. [시간 기준] 내에 제 지원서를 받으셨다는 것을 확인하고 좀 더 의논할 수 있는 시간을 잡기 위해 다시 한 번 연락드리겠습니다.

감사합니다.

[이름] 드림

이 편지로 산문이나 창의력 부분에서 상을 받지 못하는 것은 확실하지만 짧고 간결하게 분명한 핵심을 짚고 있다. '나는 고용주가 필요로 하는 사람이고 맡은 업무를 효율적으로 수행할 수 있다'는 내용을 명확하게 밝히고 있다.

많은 지원자들이 '비즈니스' 글쓰기를 피하려고 하는 경향이 있지만 절대로 부끄러워해서는 안 된다. 사업을 하는 것과 마찬가지로 커버 레터를 쓰는 데 윌리엄 셰익스피어가 될 필요도 없고 되어서도 안 된다. 단지 명확하고 효율적으로 의사소통할 수 있으면 된다.

효과적인 커버 레터의 다섯 가지 특징

커버 레터는 자신의 삶에 대해 이야기하는 기회가 아니라 그동안의 모든 성과를 이야기하는 기회다. 커버 레터는 자신을 소개하고 업무에 필요한 조건과 자신의 경력을 설명하며 업무에 관심이 많다는 것을 밝히는 기회다.

커버 레터를 쓸 때는 이제부터 이야기하는 다섯 가지 사항을 마음 속에 깊이 새겨두자.

맞춤형 커버 레터

채용 담당자는 바쁘다. 솔직하게 말하자면 당신의 지원서를 삭제할 변명거리를 찾기도 한다. 이력서 하나를 통과시키고 다른 지원자 수백 명은 제외하는 것이다.

물론 채용 담당자는 자기 업무를 훌륭히 수행하기 위해 좋은 지원자를 채용하고 싶어 한다. 채용 담당자의 업무 설명서를 보면 채용 담당자가 어떤 지원자를 찾고 있는지 알 수 있다. 채용 담당자에게 자신이 업무 설명서의 조건에 얼마나 적합한 사람인지 최대한 제시하는 것은 스스로에게 달려있다. 매우 능력 있는 마케터를 찾는 채용 담당자에게는 당신이 능력 있는 마케터라는 점을 명확히 보여주어야 한다.

새로운 업무에 지원할 때 기존에 미리 만들어둔 커버 레터를 단순히 수정해 보내는 것은 가급적 삼가는 것이 좋다. 기존 커버 레터를 수정한다면 일반적으로 자신이 중요하다고 생각한 내용을 남겨두고 싶은 유혹이 매우 커진다. 하지만 지원하는 새로운 업무의 구체적인 조건과는 맞지 않는 내용일 수도 있다. 사람들은 흥미롭게도 자신이 쓴 내용을 잘 지우지 않고 계속 덧붙이려는 경향이 있다.

이상적으로는 각각의 업무 지원 조건에 맞게 커버 레터를 새로 작성해야 한다. 업무에 지원할 때마다 커버 레터를 쓰고 싶지 않더라도 항상 한 손가

락을 '삭제' 키 위에 놓아두어야 함을 명심하라. 좋은 커버 레터를 작성하는 매우 유용한 방법이다.

업무에 대한 설명이 없다면 어떻게 해야 할까? 업무에 대한 설명을 어디에서도 찾을 수 없다면 우선적으로 요구되는 능력이 무엇인지 추측해 보라. 소프트웨어 엔지니어링 업무라면 지원하는 팀에서 주로 쓰는 개발 언어나 기술이 무엇인지 알아보자. 의사소통이 많은 업무라면 대중 앞에서 발표하는 능력이 중요할 것이다.

또 같은 회사에서 비슷한 업무에 인원을 채용하거나, 다른 회사에서 같은 업무에 채용하고자 하는 채용 공고를 참조할 수도 있다. 유사성을 찾아보라. 어떤 회사에서 항상 특별한 배경을 지닌 사람을 채용하거나, 다른 회사에서 자신이 지원하고자 하는 업무에 특정 능력을 요구한다면, 거의 틀림없이 지금 지원하는 업무에서도 같은 사항을 요구하리라 짐작할 수 있다.

충분한 근거를 바탕으로 한 커버 레터

"매우 열심히 일하는 사람입니다"라든지, "의사소통 능력이 탁월합니다"라고 누구나 말할 수 있지만 증명하기는 어렵다. 채용 담당자에게 교육, 업무 경험, 성과를 통해 자신이 업무에 필요한 기술을 지니고 있다는 것을 증명하라.

커버 레터도 이력서와 마찬가지로 명확하게 수치화할 수 있는 성과가 있다면 자질에 대한 의미 없는 토론보다 훨씬 더 무게감을 줄 수 있을 것이다.

> 대학 4년 간 발표·토론 팀에서 대중을 대상으로 연설하는 기술을 연마해 와서 대중 연설에 매우 능합니다. 그리고 4학년 때 주립 대회 즉흥 연설 부문에서 2등을 했습니다.

구조와 간결함

회의 때 계속 횡설수설하는 팀원과 함께 일해 본 경험이 있는가? 결코 재미

있는 일이 아니다. 그렇다면 커버 레터도 그렇게 횡설수설 쓸 필요는 없지 않은가?

커버 레터를 통해 간결하고 체계적인 방법으로 의사소통할 수 있다는 자신의 능력을 보여줘야 한다. 서너 단락으로 짧게 회사의 필요를 명확하게 정리하면 된다.

그리고 명심하라. 사람들이 커버 레터가 한 쪽이면 충분하다고 말하는 것은 꽉 채워야 한다는 의미가 아니다. 수다스러움은 그만한 가치가 없다.

간단하면서도 직접적인 글쓰기

셰익스피어처럼 역사적으로 극찬을 받는 작가라도 비즈니스 글쓰기를 한다면 끔찍한 수준일 것이다. 고등학교 2학년이 여섯 번이나 다시 읽어야 간신히 이해할 수 있을 정도로 미묘한 숨겨진 의미라니, 이젠 그만!

내가 농담한다고 생각한다면 예전에 내가 커버 레터에서 직접 봤던 문장을 같이 살펴보자.

새로운 기회와 도전을 받아들여야 하는 탐구의 영역에서, 제 어마어마한 기술적인 이해를 완전하게 확장하도록 구성할 수 있고, 개인적인 전문성에 대한 열정이 번창할 수 있는 새로운 길에 승선할 수 있는 기회에 사로잡혔습니다.

이 지원자는 폭넓은 어휘력을 증명하기 위해 노력했다고 생각하겠지만, 폭넓은 어휘력에 감동을 받은 사람은 아무도 없었다.

커버 레터는 의사소통을 위한 것이지, 감동을 주기 위한 글이 아니다. 짧고 친숙한 낱말을 사용하고, 하려고 하는 말을 명확하게 전달하자.

전문성

커버 레터는 때로는 회사에서 지원자의 글쓰기를 검증할 수 있는 최고이자

유일한 글쓰기이므로 전문적인 문구, 정확한 철자, 올바른 문법을 사용하는 것이 매우 중요하다. 작성한 커버 레터는 여러 번 교정을 봐야 한다. 그리고 믿을 만한 친구에게 다시 한 번 검토를 요청하는 것이 좋다.

또 받는 사람의 이름을 안다면 커버 레터에 수신자의 이름을 쓰는 것이 좋다. 하지만 커버 레터를 받는 사람의 이름을 모른다면 절대로 성별을 미리 짐작해서는 안 된다. 그런 실수를 하는 사람이 있을까? 생각보다 많은 사람이 그런 실수를 한다.

어떤 신생 회사의 여성 창업자가 새로운 회사에서 일할 사람을 채용하려고 채용 공고를 냈는데, 사람들이 이런 실수를 꽤 많이 한다는 사실을 발견했다. 채용 공고에 창업주 이름은 없었지만 전자 공학 분야 박사 학위를 받았다는 내용이 적혀 있었다. 70%가 넘는 지원자들이 커버 레터를 받는 사람에게 중성적인 명칭이 아닌, 남성을 가리키는 호칭을 사용했다. 이런 실수를 하지 않도록 주의하자. 요즘 HR 부서는 성차별에 매우 민감하다.

A+ 커버 레터

표준 커버 레터의 양식과 다르게 쓰고 싶다면? 다음 A+ 커버 레터를 살펴보자.

존슨 씨께

CareerCup.com의 채용 공고를 보고 아이폰 게임 개발자 직책에 지원하고자 합니다.

그 중에서도 특히 중독성이 가장 강한 게임이라고 생각하는 게임인 소드^{Swords}

팀 업무에 관심이 있습니다. 소드 게임을 지우려고 했지만 지울 수가 없었습니다. 게임을 플레이하는 동안 전체적으로 환상적인 게임이라고 느꼈고, 특히 현실적인 충돌을 구현하기 위해 아이폰 기능을 활용하는 방법을 보고 매우 깊은 인상을 받았습니다.

업무 설명을 보자마자 이 업무가 제게 딱 맞는 업무일 뿐 아니라 제가 완벽한 지원자라는 사실도 깨달았습니다. 저는 3년 넘게 모바일 게임을 개발해 왔습니다. 보통의 개발자이지만 심미안을 지니고 있다는 점은 저의 자랑입니다. 이 일은 제 두뇌의 심미안과 기술적인 부분 모두를 활용할 수 있는 매우 훌륭한 기회가 될 것입니다. 그동안 제가 개발한 게임은 세 가지 모바일 플랫폼에 출시됐으며 아이폰에서만 10만 다운로드 이상을 기록했습니다.

또 저는 코드를 장기적으로 유지 보수하는 일에 매우 높은 가치를 두고 있으며, 예전 회사에서 코드 품질을 개선하는 시스템을 개발했습니다. 가장 주목할 부분은 업계 최고 기준에 맞추기 위해 코딩 주기를 재구성했다는 것입니다. 치열하게 싸웠던 날들이었습니다. 개발자들은 외부로 공개되는 API의 디자인 문서를 써야 했고, 적어도 개발자 두 명 이상이 상호 검토를 했습니다. 모든 소스는 저장소에 체크인하기 전에 코드 검토를 받도록 했습니다. 이 새로운 시스템을 도입해 '치명적인' 수준의 버그 발생률이 19% 낮아졌습니다.

소드와 훌륭한 관계를 만들어나갈 수 있으며 작은 것까지도 잘 맞을 것이라고 생각합니다.

이 기회에 대해 좀 더 많은 것을 이야기할 수 있기를 바랍니다. 206-555-9323번으로 연락 부탁드립니다. 끝까지 읽어주셔서 감사합니다.

게일 라크만 드림

이것이 훌륭한 커버 레터다. 지원자의 개성을 살짝 보여주면서 업무 관련 능력(짐작컨대 업무 설명에 언급됐을 것이다)도 증명하고 있기 때문이다. 기술에 대한 의견에는 근거가 분명히 있고, 지원자가 충분히 사전 조사를 했다는 사실이 드러나 있다.

이런 커버 레터가 바로 채용 담당자가 탐내는 커버 레터다.

추천서

기술 회사를 연속적으로 창업^{serial entrepreneur}한 경험이 있는 매튜^{Matthew}가 자신의 경험을 이야기해준 적이 있다.

"한번은 한 지원자의 추천인에게 전화를 한 적이 있는데, 추천인은 그 지원자가 절도로 해고됐다고 말했습니다. 지원자가 절대로 밝힌 적 없는 일이였죠. 또 한 번은 추천인에게 전화를 했더니, 추천인 본인이 몇 달 먼저 해고됐던 사람이었어요. 그리고 그 추천인이 잠시 말을 멈추더니 깊은 한숨을 쉬고 이런 좋지 못한 추천이 결국 자신에게 해가 되어 돌아온다는 것을 깨달았다고 말하더군요. 그런 상황을 피하고 싶다고 말하고 제게 그 부분을 이해해 주길 바란다고 했습니다. 마지막 한 마디 전에 머뭇거림은 무엇인가를 넌지시 암시하는 듯했습니다. 전혀 과장한 것이 아닙니다. 아, 그리고 잊히지 않는 가장 재미있었던 일도 있죠. 한번은 추천인에게 전화를 했는데, 지원자와 목소리가 너무나 똑같게 들렸습니다. 다시 한 번 '설명'을 들으려고 전화했더니 바로 지원자 본인의 음성 사서함으로 연결되더군요."

이 지원자들은 굉장히 멍청하게 행동했고 많은 지원자들이 하는 실수를 똑같이 반복했다. 자신이 정직하고 진실하다는 것을 증명하지 못했고, 추천인과 효과적으로 의사소통하지 않아서 자신의 능력을 검증해줄 수 있는 강력한 추천을 받기는커녕 역효과만 얻었다.

강력한 추천인은 어떤 사람인가?

모든 업무에 같은 추천인의 추천을 받을 필요는 없다. 다양한 역할에 지원한다면 어떤 능력이 요구되는지에 따라 추천인도 다양하게 고려해야 한다.

강력한 추천인은 다음 기준에 모두 적합해야 한다.

- **당신이 수행한 업무에 대한 지식**: 강력한 추천인은 여러 해는 아니라도 적어도 6개월은 당신과 직접 일한 사람이어야 한다. 그래서 당신의 능력과 성과에 대해 깊이 있게 말해줄 수 있는 사람이어야 한다. 그리고 물론 당신을 좋아하는 사람이어야 한다.
- **분명한 표현력**: 아마도 (바라건대) 추천인이 의사소통을 잘하는지 알 수 있을 정도로 오랜 기간 일을 함께 해 왔을 것이다. 추천인이 말하는 실력이 모자라거나 문법이 엉망이라면 추천인이 당신이 똑똑한 사람이라고 말하더라도 확신을 심어주기에는 부족할 것이다. 따라서 추천인은 명확한 예시를 들어 이야기할 수 있고, 어느정도 정교하게 설명할 수 있는 사람이어야 한다.
- **긍정적인 의사소통자**: 당신을 좋아한다고 해서 모두가 당신에 대해 이야기를 잘할 수 있는 것은 아니다. 어떤 사람은 너무 부정적으로 이야기할지도 모르고, 또 어떤 사람은 명확하게 이야기하는 법을 모를 수도 있다. 마이크로소프트 직원인 존은 업무를 바꾸고 싶어 했다. 그래서 자신을 추천해줄 사람으로 자기 팀장을 제외하고 팀장의 상사를 선택했다.

"팀장님은 저를 좋아하지만 의사소통 능력은 그다지 좋은 분은 아닙니다. 매우 기쁠 때조차도 기뻐하는 법을 모르는 사람 중 하나입니다. 반면 팀장님의 상사는 제 업무에 대해 매우 잘 알고 있었고, 긍정적이며 사람을 안심시키는 법을 아는 사람입니다. 쉬운 선택이었습니다."

- **지원한 업무에 대한 이해도**: 추천인이 당신이 지원한 업무를 잘 이해하고 있다면 당신이 업무를 훌륭히 수행할 수 있는 능력을 지녔다는 것을 더 효

과적으로 알릴 수 있을 것이다.
- **가능성과 의지**: 추천인이 장래의 고용주와 이야기할 시간을 도저히 낼 수 없다면, 추천인이 당신의 능력에 대해 확실하게 말해 주지 못하는 것처럼 보일 수도 있다. 추천인으로 삼고자 하는 사람이 기꺼이 추천인이 되기를 원하는지 확실히 확인하는 것이 좋다. 추천인에게 필요 이상으로 부담을 주어서는 안 된다.

추천인을 선택할 때, 새로 지원하려는 업무에 어떤 능력이 가장 중요한지 생각해 보자. 추천인은 동료, 멘토, 판매사, 심지어 고객까지 다양한 곳에서 찾을 수 있다. 퇴사할 때 상사와 좋은 관계를 유지한 채 퇴사했다면 그가 최고의 추천인이 될 수 있다. 단, 최근 상사를 추천인으로 추천하지 않는다면 오히려 역효과가 날 수도 있다.

또 회사에서도 지원자가 얼마나 많은 추천인을 적는지에 관계없이 나름대로 조사할 것이다. 결국 사람마다 좋은 추천인 세 명을 회사에 제시할 수 있다. 추천하지 않은 사람이라도 당신에 대해 긍정적인 피드백을 하느냐가 관건이다.

괜찮은 추천인을 훌륭한 추천인으로 만드는 방법

추천인으로부터 나쁜 피드백을 받는 것이 어디에서 시작되는가? 지원자가 자신이 추천인으로 선택한 사람에게 시간을 충분히 투자하지 않는 데에서 시작된다. 매번 각각 지원하는 업무에 따라 다른 추천인을 선택하는 것이 좋다. 어떤 사람이 추천인에게 연락할까? 추천인에게서 무엇을 알고 싶어 할까? 추천인이 좀 더 철저히 준비되어 있다면, 더욱 긍정적인 피드백을 줄 수 있을 것이다. 장담하건대 아침 8시에 예상치도 못한 전화를 받고, 낯선 사람이 전혀 알지도 못하는 회사의 업무에 필요한 능력에 대해 지껄이는 이야기를 들으며 잠에서 깨어나는 것보다 최악인 경우는 없다.

훨씬 훌륭한 추천인을 비롯해 관련된 모든 사람에게서 마찬가지로 긍정적인 지원을 받으려면 다음 단계를 확실히 따르는 것이 좋다.

1. **허락을 구하라.**
   추천인 이름을 이력서에 넣어 보낼 때마다 추천인의 허락을 받고, 추가 정보를 위해 연락이 갈 수도 있다는 것을 미리 알려주고 확인을 해두어야 한다. 추천인이 회사를 옮길 수도 있고 여행을 갈 수도 있다. 또 회사보다 개인 휴대전화나 이메일로 연락을 받는 것을 더 선호할 수도 있다.
2. **지원하는 업무에 대해 자세하게 설명하라.**
   추천인에게 지원하는 업무와 직책에 대해서도 미리 설명해두라. 왜 그 업무를 원하는가? 최종 목표가 무엇인가? 왜 그 업무에 적합하다고 생각하는가?
3. **추천인의 기억을 되살리도록 하라.**
   추천인이 당신의 가장 뛰어난 성과를 잊어버리고 있을지도 모른다. 역할이 무엇이었으며 성과는 어땠는지, 어떻게 수행했는지, 가장 인상 깊은 도전은 무엇이었는지에 대해 추천인의 기억을 되살려주는 것이 좋다. 당신이 이력서에 써넣은 모든 성과에 대해 그가 알고 있다고 생각하더라도, 성과의 세부적인 내용에 대해 이야기하고 그가 확실히 기억하고 있는지 확인하는 편이 좋다.
4. **추천인에게 최신 정보를 알리도록 하라.**
   별도로 수업을 들었거나 다른 특별한 경력을 쌓았다면 추천인에게 이야기한다. 분명 쓸모가 있을 것이다.
5. **강조해야 할 내용을 부탁하라.**
   추천인에게 거짓말을 해달라고 부탁해서는 '절대로' 안 되지만, 강조하고 싶은 내용이 있다면 부탁하는 일은 가능하다. 회사에서 당신이 유능한 협상가라는 것을 확인하기 위해 추천인에게 전화하기 전에, 이러한 상황에 대해 추천인에게 미리 알려주는 것이 좋다. 추천인들도 당신이 방향성을 제시하면 고마워할 것이다. 나라면 고마울 것 같다.

6. **나쁜 부분에 대해 의논하라.**

    추천인은 대부분 당신의 약점이나 실수에 대해 질문을 받을 것이다. 의논하기 어색하더라도, 나중에 추천인이 무엇인가를 생각해내는 것보다 미리 의논해두는 편이 더 낫다. 그 중 몇 가지 다른 주제들을 제안하고, 추천인이 의논하고 싶어 하는 주제를 선택하도록 하라.

7. **후속 조치를 취하라.**

    추천인에게 도와줘서 감사하다고 표하고 그 후 진행 상황에 대해 결과를 알려주는 것을 잊지 말라.

이런 과정을 전화로 해결할 수도 있다. 전화로 이야기했다면 주요 주제에 대해 이메일로 다시 정리해 주는 것이 좋다. 그리고 추천인에게 지원하는 회사의 이름과 업무에 대해 다시 한 번 상기시켜주도록 한다.

추천인과 관계에서 발생할 수 있는 문제점: 무엇이 잘못될 수 있는가?

추천인 확인 단계에서 취업에 실패한 적이 있다면, 추천인이 취업 실패의 장본인일 수도, 그렇지 않을 수도 있다. 확인할 방법이 있겠는가? 취업 실패 원인에 대한 분석은 스스로에게 맡기겠다. 하지만 몇몇 지원자는 친구들을 시켜 추천인에게 전화를 걸어 취업 실패 원인을 직접 알아보기도 했다. 좀 더 직접적인 방법은 추천인에게 어떤 질문을 받았는지, 질문에 어떻게 대답했는지 확인해 보는 것이다. 부정적인 부분에 대해서도 솔직하게 이야기할 수 있도록 안심시켜놓고 말이다. 100% 긍정적인 리뷰는 절대 믿을 수 없다.

이렇게까지 해도 이유를 알아내지 못했다면 스스로 다음 질문을 물어보자.

- **추천인 본인에게 약점이 있는가?** 추천인이 해고됐거나 강등됐다면 추천인 스스로가 충분한 믿음을 주지는 못했을 것이다.
- **추천인의 의사소통 능력은 뛰어난가?** 어떤 일에 관해 예전 추천인에게 이의를 제기했었을 때, 추천인의 논리를 이해할 수 있었는가?
- **추천인은 긍정적으로 의사소통하는가?** 예전에 추천인이 당신의 업무를 검토했던 때를 생각해 보자. 추천인이 업무의 긍정적인 부분에 초점을 맞춰 평가했나, 아니면 부정적인 측면에 초점을 맞춰 평가했나?
- **당신이 진행한 프로젝트에 대해 얼마만큼 지식이 있는가?** 추천인과 함께 이룬 성과에 대해 기억을 되살려주는 것이 필요할 수도 있다. 추천인이 전혀 기억하지 못한다면 기억을 확실히 되살릴 필요가 있다.
- **추천인이 지금 당신이 하고 있는 일에 대해 잘 알고 있는가?** 그동안 추천인과 연락이 끊겼다면 커피 한잔 같이 마시자고 초대하는 것이 좋다. 추천인이 그동안 어떤 일을 해왔고 당신이 그동안 해온 업무가 무엇인지도 같이 이야기해 보라.

나쁜 추천인은 많은 문제를 일으킬 수 있다. 추천인이 부정적인 피드백을 했다는 의심이 든다면 안전을 위해 해당 추천인을 앞으로 완전히 제외하는 것이 좋다.

나쁜 추천인이 예전 상사라면?

최근 상사와 개인적으로 문제가 있더라도 크게 문제가 되지는 않는다. 지원한 회사에서 지원자의 허락 없이는 현재 회사에 절대 확인하지는 않을 것이기 때문이다.

그런데 새로 입사하려는 회사에서 예전 상사의 확인이 꼭 필요하다고 하면 어떻게 할까? 너무 염려하지 않아도 된다. 대책은 여러 가지가 있으니 그 누구에게도 거짓말을 해달라고 부탁할 필요가 없다(앞으로도 추천인에게 거짓말을 해달라고 부탁해서는 절대 안 된다. 추천인이 당신의 약점을 이야기하기도 전에 당신을 정직하지 못한 사람으로 생각하게 해서는 안 된다).

가장 먼저 예전 상사에게 전화를 해서 지금 현재 자신의 문제에 대해 의논하자. 자신이 생각하는 강점이 무엇인지 설명하고, 약점에 대해서는 솔직하라. 스스로에 대해 변명하지는 말고 예전 상사에게 왜 그런 상황이 부정적인 결과를 가지고 왔는지, 그리고 그 문제를 해결하기 위해 어떤 노력을 했는지 말하라. 그렇게 함으로써 어떤 결과를 가지고 왔는가? 이러한 접근은 약점을 보완하고 좀 더 긍정적인 낱말들로 대체할 수 있을 것이다("매우 불같은 성질이다"라는 말 대신 "가끔 너무 열정적이 됐다").

둘째, 평가가 특별히 나쁘다면(회사 기밀을 노출해 해고된 경우와 같은 예) 새로운 HR 부서에 직접 해명할 필요가 있다. 무방비 상태로 예전 상사로부터 좋지 않은 이야기를 듣는 것보다 직접 이야기하는 편이 훨씬 나을 것이다.

마지막으로 나쁜 추천인 말고 다른 사람을 추가로 추천할 수도 있다. 기술 판매 사원인 오드리는 아주 작은 잘못에도 직원에게 소리를 질러대는 상사와 일하도록 배정을 받자 회사를 그만두었다. 오드리는 자기 평가를 개선할 수 있는 기회도 없었다. 하지만 오드리는 그녀를 고용하려는 회사에 이런 상황을 설명했고 예전에 같이 일했던 팀원들의 연락처를 알려주었다. 예전에 같이 일했던 팀원들은 그녀의 이야기를 입증했을 뿐 아니라 오드리를 강력하게 추천했다. 그 결과 오드리는 취업에 성공했다.

질문과 대답

새로운 형식, 똑같은 훌륭한 내용

게일 씨께

커버 레터를 쓰려고 여러 번 시도했지만 매번 이력서를 풀어쓰기만 할 뿐이라는 생각이 듭니다. 이것이 정상인가요? 그리고 괜찮은 건가요?

R. T. 드림

R. T. 씨께

정상이냐고요? 물론입니다. 괜찮냐고요? 글쎄요.

많은 사람이 똑같은 문제로 고민합니다. R. T. 씨가 똑같이 고민한다고 해도 이 세상에 종말이 오지는 않습니다. 커버 레터의 장점 중 하나는 회사에서 자신의 글쓰기 실력을 확인할 수 있다는 것입니다. 고용주는 이 지루한 커버 레터 형식을 보며 철자, 문법, 문장 구조를 확인할 수 있습니다.

그런데 커버 레터는 고용주에게 이력서에서 나타낼 수 있는 것 이상의 정보를 줄 수 있지만 많은 사람이 놓치기 쉬운 기회이기도 합니다. 커버 레터의 목적은 R. T. 씨가 회사에서 원하는 능력을 지니고 있음을 증명하는 것입니다. 따라서 R. T. 씨의 성과를 알려주거나(이력서에서 반복해야 하는) 조금 부드러운 증거로 증명할 수 있습니다. 예를 들어 R. T. 씨가 객체 지향 디자인 코딩을 이해하고 있다는 것을 증명

6장 커버 레터와 추천

하려면 다음과 같이 말할 수 있습니다.

객체 지향 디자인: 제 상사가 "회사 코드 품질 향상에 있어서 중요한 수단"이라고 말했던 디자인 패턴을 회사 개발자들을 대상으로 총 3단계에 걸쳐 강의했습니다.

아니면 다음과 같이 말할 수도 있습니다.

꼼꼼함: 저는 어느 설계 문서에 대해서든지 '모든 답을 아는' 사람이었습니다. 회사 기술을 광범위한 수준으로 이해하고 있을 뿐 아니라 다들 간과하고 넘어가는 문제점을 잘 찾아내는 재주가 있었기 때문입니다.

이런 커버 레터를 작성하기란 확실히 어려운 일이지만, R. T. 씨의 경쟁자들을 제치고 전화를 받기 시작한다면, 분명 다행으로 여길 것입니다.

게일 드림

다 털어놓기

게일 씨께

새로운 일자리를 알아보고 있다고 상사에게 말해야 할까요? 순환 근무 막바지에 다다라서 회사를 그만두는 것이 그리 크게 놀랄 만한 일은 아니지만 좋은 일도 아닙니다.

제가 앞으로 지원할 회사에서 평판을 확인하려고 상사에게 전화할까봐 걱정됩니다. 그리고 잘못된 방법으로 상사에게 알리고 싶지 않습니다.

F. S. 드림

F. S. 씨께

상사에게 미리 말해야 할 필요는 전혀 없습니다. 앞으로 지원하는 회사들도 F. S. 씨의 사전 허락 없이는 어떠한 평판 확인도 하지 않을 것입니다. 다만 확실하게 짚고 넘어가야 할 것은, 지원하는 회사에 이런 상황을 미리 알려주어야 한다는 것입니다. 새로운 이직 제안을 받아들이기 전까지 자기 상사에게 말하지 않는 것이 정상입니다.

하지만 아마도 상사가 이 일을 미리 알 것이라고 F. S. 씨가 믿는다면 그만한 이유가 있다고 생각합니다. 예를 들어 F. S. 씨가 지원하는 팀이나 회사에 상사의 친한 친구가 근무하고 있을 수도 있습니다. 상사의 친구가 신중할 것이라고 믿지 않는 편이 좋습니다. 이 경우에는 상사가 F. S. 씨가 회사를 떠나는 것을 전혀 예상치 못하지는 않을 것입니다. 이러한 상황을 상사와 충분히 상의해 보는 것이 현명할 것 같습니다.

상사가 할 수 있는 최악의 복수는 무엇일까요? F. S. 씨를 해고하는 것?

게일 드림

게일 씨께

대학 졸업 후 저만의 사업을 시작했습니다. 잠시 동안은 그럭저럭 잘 해냈고 직원도 몇 명 고용했습니다. 하지만 상황이 나빠지기 시작했습니다.

   그래서 결국 이제 일자리를 찾고 있습니다. 지원하는 회사에서 추천인 확인을 원하지만 한 번도 누군가의 밑에서 일해본 적은 없습니다. 어떤 사람을 추천인으로 추천해야 할까요?

T. R. 드림

T. R. 씨께

예전 직원, 고객, 투자자, 동업자 모두가 훌륭한 추천인이 될 수 있습니다. 그리고 각각 장단점이 있습니다.

   투자자는 훌륭한 추천인이 될 것입니다. 투자자는 대부분의 업무에서 상사처럼 T. R. 씨를 잘 알지는 못하지만, T. R. 씨에게 '상사'처럼 가장 가까운 사람들입니다. T. R. 씨의 직원들은 T. R. 씨를 매우 잘 알겠지만, 상사와 부하 직원 사이의 힘의 관계(문제조차 되지 않겠지만) 때문에 직원들의 이야기에 대한 신뢰도가 높지는 않습니다.

   고객과 동업자도 매우 훌륭한 추천인이 됩니다. 고객과 동업자는 어떤 면에서는 T. R. 씨를 매우 잘 알고 있고 직원들보다 신뢰도가 더 높습니다.

   사실 최선의 방법은 채용 담당자에게 현재 상황을 설명하는 것입니다. 채용 담당자에게 어떤 방법이 좀 더 효과적인지 물어보고 관련 있는 추천인을 찾아보십시오. 이런 논리적인 질문이라면 채용 담당자에게 충분히 확인할 수 있습니다.

명심해야 할 것은, T. R. 씨가 특정 고객을 기입하지 않았다 하더라도 채용 담당자는 충분히 고객에게 T. R. 씨의 평판을 확인할 수 있다는 점입니다. 좀 더 확실하게 추천인을 확인하는 사람이라면 사전 승인된 명단 밖에서 추가로 확인하기도 합니다.

게일 드림

추가 자료

커버 레터 견본이나 기타 자료를 원한다면 www.careercup.com을 방문하라.

7장

면접 준비와
전반적인 개요

면접이 어떤 것인지 대략이라도 알고 있는가? 그럼 회사 관점에서 한 번 살펴보자. 좋은 사람을 고용하는 것은 매우 가치 있는 일이지만 사람을 잘못 고용하면 더 많은 비용이 들어가기도 한다. 그리고 면접은 비용 낭비를 막는 데 그다지 좋은 방법은 아니다.

기본적으로 마이크로소프트에서 신입 소프트웨어 엔지니어를 뽑으려고 현장 면접을 진행하면 지원자의 교통비, 숙박비, '시간당 임금' 등 1000달러가 넘는 비용이 발생한다. 기본 비용으로 면접을 진행했더라도 실제 채용하지 않은 지원자 수를 곱하면 단순 면접만으로도 1만 달러가 넘는 비용이 발생한다. 심지어 채용 담당자에게 문서 작업을 하고 채용한 결과로 지급하는 보너스와 재배치를 비롯하여 이 모든 과정을 관리하는 간접 비용은 포함하지도 않은 금액이다.

잘못된 사람을 고용하면 회사가 감당해야 할 비용은 그보다 커진다. 그 사람에게 급여를 주느라 회사에서 비용을 낭비할 뿐 아니라, 함께 일하는 직원은 팀 업무에 방해를 받기도 한다. 미국에서는 최악의 경우 회사에서 위험을 무릅쓰고 계약 불이행 소송까지 감수하는 경우도 있다. 따라서 기업에서 그렇게 수많은 면접을 진행하는 것은 어찌 보면 당연한 일이다.

결론적으로 기업에서는 '무엇인가 성취한' 사람을 원하고, 이러한 관점에서 지원자를 분석하기 위해 이력서를 검토하고 면접을 진행한다. 기업에서는 단순히 똑똑한 지적 능력보다 더 많은 것을 원한다. 지적 능력뿐 아니라 동료에게 동기를 부여하고 높은 목표를 정하고 달성하며 윤리적으로 행동하고 정직한 사람을 원한다.

앞서 이야기한 내용이 '기본적인' 자질이라고 생각한다면, 회사는 의사소통 방법이나 질문에 대답하는 내용을 보고 자질을 판단할 것이다. 면접을 준비할 때 열정적이고 갈망하는 태도로 준비하는 지원자는 좋은 인상을 심어줄 수 있으며, 또 그렇게 열정적으로 준비해야만 합격할 수 있다.

IT 회사들이 원하는 능력은 무엇인가?

열정, 창의력, 진취성, 지적 능력, '과제 달성' 능력이다.

    IT 회사들은 여타 미국 회사들과는 조금 다르게 운영된다. IT 회사에서는 정장을 입지 않는다. 10시 이전에 회사에 출근하는 사람도 많지 않다. 출근 시간이 늦는 것은 시애틀과 실리콘 밸리 같은 IT 허브 도시의 교통이 지독하게 엉망이라는 점도 한몫 한다. 점심 후(또는 오전 중반이나 오후 중반)는 보통 테이블 축구foosball와 탁구를 하는 시간이다.

    IT 회사들은 파격적이고 혁신적인 문화에 자부심을 지니고 있으며, 이런 문화에 잘 적응할 수 있는 사람을 원한다.

    "자신이 왜 여기 있는지 설명해야 하고, IT 회사의 파격적이고 혁신적인 생활 방식을 즐기는 사람이기 때문에 회사에 잘 적응할 수 있다는 것을 증명해야 합니다."

    (성공적인) 애플 지원자인 안드레가 말했다.

    "면접관이 '우리는 전혀 격식에 얽매이지 않는 분위기입니다'라고 말하자마자 저는 넥타이를 풀어버렸습니다."

- **기술에 대한 열정**: 기술에 대한 열정은 학력으로도 증명할 수 있지만 거기서 끝나서는 안 된다. 기술 뉴스를 찾아 읽는가? 날마다 생활에 (이메일이나 기본적인 웹 검색을 제외하고) 기술을 활용하는가? 기술을 개선하거나 영향력을 높일 수 있는 새로운 방법을 찾는 데 관심이 있는가?
- **회사에 대한 열정**: 지원하는 회사에서 어떤 제품을 다루는지 알고 있는가? 그 제품을 (직접) 사용하는가? 사용하는 이유는 무엇이고 사용하지 않는다면 그 이유는 무엇인가? 어떤 점이 개선되어야 한다고 생각하는가?
- **창의성**: 맨땅에서 무언가를 설계하라는 요청을 받는다면 원하는 기능에 대한 아이디어를 쏟아낼 수 있는가? 문제 해결 능력이 필요한 업무라면 기존 제약 사항에 얽매이지 않고 예전과 다른 새로운 방식으로 생각하고 예상할 수 있는가?
- **진취성**: 능력 밖의 일을 해본 경험이 있는가? 블로그를 시작해본 적이 있는가? 사업은? 자선 경매를 주최해본 적은? 진취성은 개인 사진전을 여는 것만큼이나 전통적인 방법에서 벗어나려는 성격을 지니고 있어야 한다는 것을 명심하라.
- **추진력**: 무슨 아이디어인지 상관없이 그 아이디어로 대단한 무언가를 달성한 경험이 있는가? 학교 활동이나 직업 이외에 어떤 활동을 해왔는지 생각해 보라.
- **지적 능력**: 평점이 지적 능력을 증명하는 한 방법이 될 수 있지만 4.0 만점에 평점 3.0 정도의 점수로도 최고의 IT 회사에 취업할 수 있다. 지적 능력은 질문을 던지고 문제 해결 방식을 확인함으로써 '시험할 수' 있거나 이력서를 보고 살짝 힌트를 얻을 수도 있다.

결국 최종적으로는 한 가지 결론에 도달한다. 회사에 기여할 수 있는지 어떻게 증명할 수 있는가? 열정, 창의력, 진취성, 지적 능력, '맡은 일은 해내는' 추진력 같은 능력은 모두 회사에 기여할 수 있는 능력을 증명하는 방법이다.

면접을 준비하는 방법

면접에서 기술적인 측면 이외의 부분에 대해 적어도 세 가지를 준비해야 한다. 먼저 이전 업무를 물어보는 질문에 대해서는 명확한 사례를 들어 대답할 수 있어야 한다. 그리고 지원하는 회사에 대해 자세히 알아보고 왜 자신이 그 회사에서 일하고 싶은지, 어떤 기여를 할 수 있는지 면접관을 설득할 수 있어야 한다. 마지막으로 회사에 대해 미리 많이 공부했고 관심이 많다는 것을 증명할 수 있는 흥미로운 질문을 면접관에게 할 수 있어야 한다.

이력서와 경험에 대한 질문 답변 연습
대부분의 면접관은 직책이나 회사와 상관없이 이력서에 대해 질문할 것이다. 지원하는 업무가 요구하는 '특별한 능력'에 대해서는 질문을 좀 더 많이 받을 것이며, 이력서와 업무 경력에 대해서는 많지는 않겠지만 반드시 질문을 받을 것이다.

대답을 연습하라
각각의 일자리나 직책에 맞게 자신의 역할과 성과가 무엇인지 짧게 설명할 수 있도록 연습하자. 두 가지를 연습한다. 하나는 해당 전문 분야 사람을 대상으로 설명하는 문장으로 연습하고, 또 다른 하나는 비전문가가 이해할 수 있는 문장으로 연습하는 것이다. 짧으면서도 구체적이며 면접관이 필요로 하는만큼 자세히 설명해야 한다.

  최근 맡은 업무에 대해 이야기할 때는 특별히 신경써야 한다. 최근 맡은 업무가 면접에서 가장 중심이 되는 부분이기 때문이다. 따라서 이 부분은 스스로 연습한 답변을 녹음해서 들어보는 것도 좋은 방법이다. 특정 부분을 언급할 때 말을 더듬는가? 친구들에게 조언을 구해도 도움이 될 것이다. 친구들이 가장 약하다고 생각하는 부분과 가장 강점이라고 생각하는 부분이 어디인가?

이력서를 재검토하라

과거 프로젝트, 외국어 실력, 프로그래밍 언어 활용 능력에 이르기까지 이력서에 있는 어떤 것이든 면접관의 질문을 받을 수 있다. 독일어가 유창하다고 적었다면 회사에서 독일어 능력을 확인할 것을 대비해 준비해야 한다. IT 회사들은 매우 국제적인 회사이므로 외국어를 하는 사람을 찾기가 그리 어렵지 않다.

면접 하루 전 이력서를 집어 들고 각각의 항목을 크게 소리 내어 읽어 보자. 면접관들이 질문하는 상황이라고 가정하고 답변하는 연습을 하자. "이 항목은 무슨 뜻이죠?"라고 물어보면 '무엇이, 어떻게, 왜'에 대해 설명할 수 있도록 확실하게 준비하자.

표를 준비하자

면접관이 다음과 같은 질문을 한다고 상상해 보자.

"동료들과 어려운 상황에 처했을 때에 대해 이야기해 보세요."

대답할 수 있겠는가? 아마도 대답할 수 있을 것이다. 그럼 3년 전 자신이 참가했던 특정 프로젝트에서 어려운 경험이 있었는지 물어본다고 가정해 보자. 어려운 상황에 처한 적이 있었다는 것은 '알고' 있다. 그런데 그중 하나를 기억해내는 것이 왜 그리 어려울까? 그것은 단지 우리의 뇌가 작동하는 방법이 다르기 때문이다.

이것이 준비표를 만드는 것이 중요한 이유다. 준비표는 그동안 맡았던 역할이나 각각의 프로젝트에 대한 질문 중 주요한 질문 형식에 맞춰 미리 대답을 준비하는 데 유용하다. 세로줄에는 각각의 프로젝트를 적고, 가로줄에는 공통적인 질문을 적는다. 엔지니어링 업무에 지원한다면 가로줄에는 가장 어려웠던 버그를 다루거나 가장 어려웠던 알고리즘을 다루어야 했던 경험처럼 공통적으로 많이 물어볼 것 같은 기술적 질문을 적어야 할 것이다.

	광고엔진	암호화
가장 도전적이었던 것	시간 밸런스 조절 대 비용의 절충	시스템 최하단 레이어 대체
배운 점	과한 설계는 비현실적이다.	엔지니어의 목적은 마케팅 목적과 충돌할 수 있다.
누군가에게 미친 영향	선임 관리자로서 프로젝트에 재집중하도록 함	분류^{triage} 시스템 변경
충돌	밥이 현재 일에 거의 흥미가 없음	자칭 전문가라고 하는 사람들과 일하기
실수	사전에 충분한 지원을 얻지 못함	모든 의존 요소를 고려하지 못함

각각의 칸마다 질문에 대답할 수 있는 이야기로 채우자. 표를 채울 때는 핵심 낱말만 사용하는 편이 기억하기 쉬울 것이다. 전화 면접을 하게 된다면, 앞에 준비표를 놓아두고 응하자.

www.careercup.com에서 준비표 최신판을 받을 수 있다.

사전 준비를 철저히 하자

채용 과정은 비용이 많이 들기 때문에 회사는 지원자가 얼마나 열정적인지 알고 싶어 한다. 지원자들이 거절당하는 것을 싫어하는 만큼이나 회사에서도 제안을 거절하는 지원자를 싫어한다. 실제로 열정적인 지원자들이 입사 후에도 더 열심히 일하고 더 오래 근무하는 경향이 있다. 회사에서는 열정적인 인재를 원한다. 지원하는 회사, 업무, 회사에 다니는 사람들에 대해 사전 조사하는 것은 이러한 열정을 증명하는 방법 중 하나다.

또 사전 조사를 함으로써 면접관과 밀접한 관계를 구축할 수도 있고 채용 프로세스에 대해서도 좀 더 많이 배울 수 있으며 면접 질문도 예측할 수 있다.

"아마존 면접을 준비하기 전에 킨들을 샀습니다."

(현재) 아마존 직원인 데이브가 말했다.

"킨들이 비싸기는 했지만 아마존에서 너무나 일하고 싶었습니다. 아마존의 온라인 스토리지 서비스인 s3와 아마존 클라우드 플랫폼 ec2도 조사했고 아마존이 다루는 제품 중에서 손에 넣을 수 있는 모든 제품을 연구했습니다. 백엔드 팀과 면접을 했습니다. 하지만 사람들은 움직이기 마련입니다. 제 면접관이 과거에 다른 팀에서 일한 경험이 있었다는 것을 알았습니다. 그리고 제 판단은 옳았습니다. 저를 면접했던 여러 명의 면접관은 킨들과 그 외 제품 프로젝트에 참여한 경험이 있었고, 저는 그들이 일했던 제품과 팀에 대해 전문가다운 질문을 주고 받을 수 있었습니다. 말할 필요도 없이 면접관들에게 매우 깊은 인상을 남겼습니다."

회사

회사에 대한 조사는 기본에서 시작한다. 회사에서 만드는 제품은 무엇이며 어떻게 만들고 어떻게 수익을 내는가? 이런 문제에 대한 답은 생각보다 좀 더 단순하고 직접적인 곳에서 찾을 수 있다. 예를 들어 아마존은 적은 이윤으로 물건을 재판매하면서 수익을 창출한다. 흥미로운 질문은 다음과 같다. 아마존은 어떻게 그렇게 많은 물건을 팔 수 있을까? 최고의 유통 시스템과 인프라를 구축했기 때문이다!

- **뉴스**: 지원하는 회사에 관한 최신 뉴스를 꼼꼼하게 챙겨보도록 한다. 특히 기술직이 아닌 업무에 지원한다면 좀 더 중요한 최근 소식은 업무에 대한 내용일 것이므로 면접을 위해 미리 알아두는 게 필요하다. 회사 뉴스에 대한 사용자들의 의견을 알고 싶다면 트위터는 '걸러지지 않은' 훌륭한 참고 자료가 된다. 기업 블로그도 소중한 자료이지만 홍보 수단에 좀 더 가깝다는 점을 염두에 두어야 한다.
- **경쟁사**: 경쟁사에는 비슷한 문제가 있을 뿐 아니라 경쟁사의 성공이 회사의 문제가 되기도 한다. 경쟁사가 어디인지, 왜 경쟁 관계인지에 대한 조사

가 필요하다. 어떤 부분에서 한 회사가 다른 회사보다 더 잘하는가? 왜 그 회사가 더 나은가?

- **전/현 직원**: 트위터, 페이스북이나 친구 인맥을 활용해 지원하는 회사에서 현재 근무하는 직원과 예전 직원들을 찾아보라. 그 사람들이 회사에 대한 통찰을 공유할 수도 있고 운이 좋다면 면접 팁을 알려줄 수도 있다.
- **문화**: 기업 문화가 특히 강한 회사는 그 문화에 적합한 사람을 선택한다. 그리고 기업 문화에 대해 개방적으로 토론하기를 좋아한다. 미국 최대 신발 쇼핑몰인 재포스(Zappos.com)를 예로 들어 보자. 재포스는 매우 재미있고 기발한 기업 문화를 갖고 있다. 규칙을 어긴 적이 있거나 새로운 피자 토핑을 개발해 본 적이 있는지 묻는다고 해도 놀라지 말라. 재포스의 면접 질문은 기업 문화만큼이나 유별나고, 그런 질문을 통해 지원자가 그 문화에 충분히 적응할 수 있는지를 살펴볼 것이다.

면접관 파악하기

면접관의 이름을 미리 알아냈다면 그 정보를 충분히 활용하자. 면접관의 트위터, 페이스북, 링크드인 계정을 찾아 면접관의 관심사가 무엇인지, 면접관이 참여했던 특정 프로젝트가 있는지 살펴보라. 면접관이 어떤 질문을 할 것인지, 면접을 어떻게 진행하는지 실마리를 찾을 수 있다.

질문을 준비하자

면접관은 질문을 하거나 질문을 마무리할 때마다 지원자에게 질문할 수 있는 기회를 준다. 의식적이든 무의식적인든 어떤 수준의 질문을 하느냐가 면접관의 결정에 영향을 미친다. 그러므로 면접관이 솔직히 말해줄 수 있도록 제약이 없을 만한 질문을 하는 것이 좋다.

자신이 질문한 것에 대해 면접관으로부터 다시 질문을 받는다면 매우 좋은 일이므로, 미리 10~15개 질문을 생각해두자. 모든 면접관에게 적어도 몇 개 이상 질문을 할 수 있도록 미리 준비해야 한다. 팁을 하나 알려주겠다. 일반적으로 면접에 들어갈 때 수첩과 함께 '이력서 공책'을 들고 갈 수 있으니 이를 활용하자. 미리 질문을 적어놓고 참고할 수도 있다.

다음 세 가지 범주에서 질문을 살펴보자.

1. 솔직한 질문

실제로 대답을 알고 싶은 질문은 다음과 같다.

- 하루에 얼마나 오래 코딩 작업을 합니까(엔지니어링 지원자일 경우)?
- 현재 팀원은 모두 몇 명입니까? 각각 역할을 어떻게 구분합니까?
- 현재 팀이 당면한 가장 큰 문제는 무엇입니까?
- 의사 결정 과정은 어떻게 진행됩니까? 최종 의사 결정자는 누구입니까? 누가 주요 의사 결정자입니까?

2. 통찰력 있는 질문

자신이 현재 팀이나 회사가 당면하고 있는 문제를 깊게 생각해 왔음을 증명하는 질문들이다. 사전 조사했던 내용을 유용하게 활용하자. 예를 들면 다음과 같다.

- MS 오피스는 매우 공격적으로 온라인을 공략하는 전략을 추구해 왔습니다. 이는 소비자 시장에서 구글로부터 마이크로소프트를 보호하려는 전략입니까? 아니면 마이크로소프트의 가장 큰 수입원인 기업 시장을 보호하는 전략입니까?
- 구글은 왜 이 제품에 개방형 프로토콜을 사용했습니까? 홍보가 주목적이었나요? 아니면 실제로 기술적인 이점이 있나요? 오픈 소스 배포시 구글에서 일반적으로 고려하는 제약에는 어떤 것이 있나요?

3. 열정이 담긴 질문

열정이 담긴 질문은 기술에 대해, 회사에 대해, 또는 배우는 것에 대해 매우 열정적인 사람으로 보이게 만든다. 그런 질문들은 다음과 같다.

- 코딩 경험은 없지만 소프트웨어 구현 방법을 무척이나 배우고 싶습니다. 직원으로서 소프트웨어 구현에 대해 배울 수 있는 자료들이 있습니까?
- 저는 앞서 언급하셨던 기술에 익숙하지는 않습니다. 그 기술에 대해 좀 더 말씀해 주실 수 있습니까?
- 과거에 이 업무를 했던 사람들을 돌이켜 생각해 보면, 성공적이지 못한 사람과 성공적인 사람은 어떤 구별되는 점이 있습니까?

면접관들은 대부분 사전 조사를 해 왔을 것이라고 기대하므로 쉽게 찾을 수 있는 내용에 대한 질문은 피하는 것이 좋다.

그 외에도 대부분 인사팀, 관리자, 장래의 동료들과 면접을 볼 것이라는 점을 명심하라. 회사에 대해 각각의 면접관이 제시할 수 있는 관점에는 무엇이 있는가?

채용 담당자와 일하기

채용 담당자는 채용 과정이 진행되는 동안 공개적으로 지원자의 지지자가 될 것이다. 채용 담당자들은 지원자가 잘 되기를 바란다. 채용 담당자의 업무 수행 평가가 대부분 채용하는 지원자 수와 수준에 따라 결정되기 때문이다. 채용 담당자는 최종 '채용/탈락' 여부를 결정하지는 않지만 지원자를 대신해 목소리를 내주는 사람이다.

채용 담당자와의 관계에 대해 라비보다 더 잘 아는 사람은 없다. 라비는 그가 꿈꿔왔던 회사인 마이크로소프트에 지원했다. 라비는 자신이 다니던 대학의 캠퍼스 리크루팅 면접을 쉽게 통과했고 각각 다른 두 개 팀과 총 다섯 번의 면접을 하기 위해 워싱턴 레드몬드로 날아왔다. 라비는 그날이 끝날 무렵 채용 담당자를 만났다. 채용 담당자는 라비에게 시간을 내주어 감사하다고 말했고 문 앞까지 라비를 배웅해 주었다. 라비는 어떠한 제안도 받지 못하고 비 오는 도시를 떠났다. 일주일이 지나도 전화가 오지 않자, 라비는 초조해지기 시작했다. 면접을 하고 2주 후 나쁜 소식을 들었다. 면접은 무척 훌륭하게 잘 진행됐지만 그 어떤 팀도 이번에는 채용을 하지 않기로 결정했다는 것이다. 아, 모든 지원자가 듣기 싫어하는 상투적인 말이었다!

보통은 이렇게 끝나게 마련이다. 하지만 채용 담당자는 여기서 다른 기회를 막아버리는 대신(라비가 꿈꾸던 회사에 취업할 수 있는 기회), 시애틀에서 또 다른 면접을 라비에게 제안했다. 라비는 다시 비행기를 타고 시애틀로 찾아가 또 다른 다섯 번의 면접을 모두 마쳤다. 그리고 다시 아무런 소식도 들을 수 없었다. 마침내 채용 담당자의 전화를 받았다.

"어떤 팀도 이번에 채용을 하지 않기로 결정했습니다. 하지만 다른 팀에서 라비 씨를 만나고 싶어 합니다."

두 번의 전화 면접 후, 짠! 라비는 드디어 취업 제안을 받았고 그의 인생에서 최고의 여름을 보낼 수 있었다.

왜 라비는 특별한가? 라비와 라비를 담당했던 채용 담당자는 손발이 잘 맞았다. 그리고 채용 담당자는 라비를 믿었다. 라비의 채용 담당자는 면접이 즉흥적으로 진행된다는 점과 연습이 필요하다는 사실을 깨닫고 라비에게 두 번째, 세 번째 기회를 주려고 했던 것이다.

당신의 목표는 채용 과정이 진행되는 동안 라비와 마찬가지로 채용 담당자와 관계를 맺는 것이다. 채용 담당자가 채용 여부를 결정하지는 않지만 당신이 취업에 성공하도록 같이 싸워줄 수도 있고 그렇지 않을 수도 있다.

채용 담당자를 내 편으로 만들기

채용 담당자의 역할을 존중해 주는 것만으로도 매우 훌륭하게 시작한 것이다. 대다수 지원자가 채용 담당자를 단지 채용 과정에서 지원자의 요청을 들어주는 하수인 정도로 생각한다.

- **예의 바르게 대하라.** 채용 담당자에게 항상 정중하고 공손하게 대하라. 지속적으로 연락하되 귀찮게 해서는 안 된다. 채용 담당자는 바쁘고 당신뿐 아니라 많은 지원자와 일한다는 사실을 감안해야 한다.
- **정확한 문법과 철자를 사용하라.** 채용 담당자에게 이메일을 쓸 때 정확한 문법과 낱말을 사용하는 것이 전문가답게 보인다. 특히 지원자가 영어 원어민이 아니라면 사소한 문법적인 실수는 용서되지만 '문자 메시지 스타일' 약어는 용납되지 않는다. 절대로 채용 담당자에게 "즐토 되세용~" 같은 말을 쓰지 말라. 친구들에게 철자와 문법을 확인 받자.
- **질문하라.** 채용 담당자에게 회사와 업무 등에 대해 질문하라. 온라인에서 쉽게 답을 찾을 수 있는 질문이 아니라 통찰력 있는 질문을 함으로써 회사와 배움에 대한 열정을 보여줄 수 있다.
- **조언을 구하라.** 채용 담당자는 재무, 엔지니어링, 마케팅 또는 여타 지원 업무에 전문가는 아니지만, 지원자가 여태껏 겪었던 면접보다 훨씬 많은 면접을 봐왔다. 어떤 능력이 중요한지, 면접을 어떻게 준비하는 것이 좋은지 등에 대해 조언을 구하라. 질문에 답을 알려주지는 못해도 조언을 구할 만큼 자신의 의견을 존중한다는 사실에 감사할 것이다.

의사소통과 행동

"정말 망쳐버렸어요!"

애비가 내게 말했다. 이런 대화의 내용은 뻔하다. 셀 수 없이 많은 사람이 면접을 망쳤다고 말한다.

"음, 무슨 일이 있었어요? 왜 그렇게 생각해요?"

"제가 어떤 대답을 해도 면접관이 만족스럽지 않다는 표정이었어요."

새로운 지원자, 새로운 면접, 같은 실수들, 늘 있는 일이다. 나는 애비의 실수에 대해 설명해 주었다. 면접관의 불친절함이나 친절함은 지원자의 대답이 얼마나 만족스러웠느냐에 상관없이 면접관 본인의 성격이라고 말이다.

면접은 회사를 들여다보는 거울이다. 면접관이 지원자를 제대로 평가하고 지원자의 강점과 단점을 파악하기 위해 노력하는 것처럼 지원자도 분명히 회사의 대리자로 나온 면접관을 평가한다. 그리고 면접관은 이를 알고 있다.

그렇기 때문에 좋은 면접관은 지원자가 얼마나 잘했는지에 상관없이 긍정적인 인상을 받고 면접실을 떠나도록 최선을 다한다. 미소를 지으며 긍정적인 피드백을 주고 지원자에게 집중한다. 심지어 '채용하지 않음'이라고 결정하더라도 지원자에게 회사에 근무하는 동료나 친구들이 있을지도 모르기 때문에 좋은 인상을 주려고 노력한다. 채용은 회사의 미래를 위해서도 무척 중요해서 단 한 명의 지원자라도 무시할 수 없다.

물론 친절하지 않은 면접관도 있다. 강압적인 말투로 지원자의 대답을 계속 밀어붙이는 면접관도 있고, 주위가 산만해서 집중하지 않는 면접관도 있다. 그런 면접관들은 아마도 일상에서도 그렇게 행동할 것이다. 면접실 외에서 (물론 적절하지는 않겠지만) 면접관과 알고 지내지 않는 이상 면접관의 태도를 전부 이해할 수는 없을 것이다.

이런 저런 사항을 감안해 볼 때 면접관의 행동은 아마도 80% 이상이 면접관의 성격에 기인하며, 20% 정도가 지원자로부터 영향을 받을 것이다. 즉 '80/20 몸짓 언어'의 법칙이다. 바로 그 80% 때문에 면접관의 특정 행동을 이해하기 어렵겠지만, 스스로 최선을 다하면 20%는 긍정적인 영향을 미칠 수 있다.

면접 컨트롤

면접에서는 자신이 이야기의 주인공이 되기를 바란다. 하지만 면접관이 올바른 질문을 하지 않는다면? 면접이 원하는 방향으로 진행되지 않는다면 원하는 방향으로 면접이 진행되도록 유도하라. 예를 들어보겠다.

면접관: 구글에서 진행한 프로젝트가 무엇입니까?

지원자: 구글이 유튜브를 인수한 바로 직후에 입사했고 유튜브와 구글의 기술을 통합하는 계획을 세우는 업무를 맡았습니다. 유튜브와 구글은 기본적인 기술은 같지만 기술 통합을 위해 겹치는 부분은 어느 정도인지, 전혀 겹치지 않는 부분은 어느 정도인지 확인해야 했습니다. 저는 유튜브가 구글의 비디오 라이브러리와 결합했을 때 비용 효율을 높일 수 있다는 사실을 금방 발견했습니다. 그 후 업무 대부분을 비디오 압축 라이브러리 작업에 할애했고, 이는 가장 흥미로운 도전 중 하나였습니다.

면접관이 다음 질문으로 무엇을 물어볼 것이라고 생각하는가? 면접관이 관심이 많다면 아마도 지원자가 해결해야 했던 도전 과제에 대해 좀 더 말해 보라고 할 것이다. 전혀 관심이 없어서 질문을 하지 않는다면 횡설수설하지 않아도 되므로 다행스럽지 아니한가?

면접관이 프로젝트 세부 사항을 꼬치꼬치 캐묻는 것보다는, 이런 식으로 자신과 면접관 모두에게 긍정적인 방향으로 대화를 유도하는 게 바람직하다.

아니면 좀 더 직접적으로 말할 수도 있다. "원하신다면 좀 더 자세하게 말할 수도 있습니다"라고 말하는 것은 면접관이 듣고 싶어 하거나 듣고 싶어 하지 않는 세세한 부분으로 부드럽게 넘어갈 수 있는 좋은 방법이다.

면접관의 주목을 붙잡아둘 수 있는 네 가지 방법

면접관도 매우 열정적이어서 미리 이력서를 보고 지원자가 한 프로젝트를 찾아보고 지원 서류에 기입해 놓은 웹 사이트까지 미리 확인한다고 말할 수 있으면 좋겠지만, 그런 열정은 새로 부임한 면접관의 경우에만 해당된다.

면접관은 경험이 풍부해지면 열정이 점점 시들어지는 경향이 있다. 대부분 지원자가 면접실로 오는 짧은 시간 동안 이력서를 미리 훑어본다. 지원자가 면접 대기실에 앉아 위기에서 회사를 어떻게 구할 수 있을지 아주 세부적인 사항으로 점점 깊이 고민하는 동안, 면접관은 계속 늘어나는 자신의 업무를 머릿속에 생각하고 있을 것이다. 면접관은 지원자와 회사에 이 면접이 얼마나 중요한지 알고 있지만 그와 동시에 업무가 어서 마무리되기를 바라고 있기도 하다.

이런 면접관을 탓할 수만은 없다(너무 많이 탓하지는 말자). 중요한 것은 면접관이 집중력을 잃어가는 것을 미리 파악하고 다시 집중할 수 있도록 사전 준비가 필요하다는 점이다.

면접관이 휴대전화나 자기 컴퓨터를 힐끔 힐끔 쳐다보지 않는지 계속 주시하라(전화 면접을 하고 있다면 일반적이지 않은 침묵을 주목하라). 면접관이 집중력을 잃어간다는 신호다.

그때 면접관을 부르지 말라. 그 어떤 점수도 딸 수 없다. 그럴 때 활용할 수 있는 팁을 알려주겠다.

· **말하는 목소리에 변화를 주라.** 말하는 목소리의 어조나 크기를 다르게 하라. 좀 더 크게 말하거나 작게 말하는 것도 면접관의 주목을 받을 수 있는 방법이다. 또는 목소리에 열정이나 열의를 더할 수 있다면 면접관은 이런 감정의 일부분을 흡수할 수도 있다.
· **스토리를 말하라.** 대답할 때 낱말 선택에서부터 사소한 변화를 준다면, 자신의 대답을 단순히 무슨 일이 있었는지에 대한 특징 없는 설명에서 기억에 남을 만한 이야기로 바꿀 수 있다. "주문이 가장 몰리는 시간에 서버가 갑자기 작동하지 않아서 비용 손실이 발생했습니다"라는 대답과, "웹 사이트가 다운됐을 때 소리를 지르는 고객의 전화를 받은 적이 있습니다. 그 후 서버를 확인해 매달 1만 달러에 가까운 손실을 끼칠 수 있는 광범위한 문제를 발견했습니다"라는 대답은 큰 차이가 있다. 후자와 같이 이야기에 사건을 덧붙이는 것은 듣는 사람의 주목을 받을 수 있고, 그 영향력을 수치화하면 당신이 사실을 말하고 있음을 뒷받침한다. 다만 너무 흥분하지는

말자. 흥분해서 너무 세세한 상황까지 이야기해서는 안 된다.
- **적게 말하라.** 전체 이야기를 다 말하는 것보다 중요한 사실, 즉 자신이 한 일을 이해하는 데 핵심적인 내용과 그것이 중요한 이유만 말하는 것이 좋다. 면접관이 당신과 같이 일한 동료가 프랑스 사람이라는 것까지 알 필요가 있는가? 언어 장벽에 대한 이야기를 하려는 게 아니라면 아마 알 필요가 없을 것이다.
- **답변을 탄탄하게 구성하라.** 누군가의 이야기를 듣고 스스로에게 "도대체 무슨 얘기지?"라고 자문해 본 적이 있는가? 사람들이 말을 너무 많이 해서 일 수도 있지만 때로는 이야기 구성이 탄탄하지 않기 때문이기도 하다. 스스로 대답을 머릿속에서 대항목과 소항목으로 정리하고 말해 보자. 예를 들어 "디자인에 크게 두 가지 주요 문제가 있습니다. 하나는 우리 고객이 가격에 매우 민감하다는 것이고, 또 하나는 구현하기까지 너무 오랜 시간이 걸린다는 것입니다. 첫 번째 문제에 대해 우리는 …"과 같이 말하면 좀 더 이해하기 쉽다. 또 적절한 손짓을 사용하면 말하고자 하는 핵심을 명확하게 구분하는 데 도움이 될 수 있다.

이 모든 조언과 몸짓 언어의 80/20 규칙을 기억하라. 면접관의 주의력이 흐트러진다면 아마 그 면접관은 평소에도 그럴 것이다. 희망을 잃거나 주눅들지 말자. 하지만 거기에 대해 대응은 해야 한다.

자신감 표현

자신감은 매우 미묘한 균형 게임이다. 너무 자신만만하면 거만해 보이고, 너무 소심하면 불안정해 보인다. 자기 주장을 적극적으로 표현하면서도 어느 정도 위험을 감수할 만한 적당한 대담함을 보여줘야 한다. 또 다른 사람의 의견을 듣고 존경하는 태도를 보여줄 수 있는 딱 '적당한 수준'을 찾을 필요가 있다.

자신감이 넘치든 자신감이 부족하든 상관없이 다음 충고를 깊이 새겨듣도록 하라.

- **면접관과 시선을 맞추라**. 면접관과 시선을 맞추는 것은 지원자의 자신감을 보여준다. 똑바로 시선을 맞추는 것은 짧은 시간이면 된다. 너무 열정적으로 시선을 맞추지는 말자. 대답을 고민할 때 책상을 쳐다보거나 하늘을 올려다보는 타입이라면 시선을 차분히 면접관에게 고정시키도록 신경써야 한다.
- **목소리 크기를 맞추라**. 면접관의 목소리와 어느 정도 맞춰서 너무 공격적이거나 너무 소극적이지 않게, 적절한 목소리 크기로 말하라. 물론 너무 열정적으로 과장하지는 말자. 면접관의 목소리가 거의 들리지 않는 정도라면 스스로 편안하게 느끼는 수준에서 목소리를 부드럽게 조절해야 한다.
- **너무 논쟁에 심취하지 말라**. 가끔 동의할 수 없는 의견을 면접관이 말하면 설득하고 싶을지도 모른다. 이 때에도 자신 있지만 예의 바르게 말해야 한다. "면접관님의 의견이 흥미롭습니다. 저는 애플이 이 시장에 진입하지 않겠다고 밝혔다고 알고 있었습니다"와 같은 표현을 사용하자. 그리고 면접관이 확고히 자신의 의견을 유지한다면 "아, 그렇군요. 제가 다른 걸 생각했던 것 같습니다"라고 대답하라. 지원자가 얼마나 확실히 알고 있는지와 상관없이 면접관은 항상 지원자가 틀렸다고 생각한다는 사실을 명심하라. 그리고 중요한 것은 면접관의 견해다.

특별한 면접

이 책에서 언급한 면접에 대한 조언은 어떤 면접에도 적용할 수 있지만 특별한 면접에 좀 더 적절한 조언이 몇 가지 더 있다.

전화 면접

전화 면접은 보통 면접 과정 초반에 현장 면접에 앞서 진행된다. 어떤 회사에서는 코드나 다른 자료를 보내야 할 때는 추가적으로 메신저를 이용하거나 문서 공유 사이트를 이용하기도 한다.

준비 사항은 다음과 같다. 대부분 전화 면접은 집이나 사무실에서 진행하므로 다음에 소개하는 것들을 바로 앞에 준비하도록 하자.

- **계산기**: 얼른 계산해야 할 경우를 대비한다.
- **연필과 메모지**: 급하게 메모를 하거나 면접관에게 물어볼 만한 질문을 메모하는 데 쓴다.
- **이력서**: 면접관은 이력서를 보고 질문할 것이다. 그러므로 면접관이 읽고 있는 것과 정확히 같은 문서를 보면 도움이 될 것이다.
- **컴퓨터**: 면접관이 문서를 열어보거나 웹 사이트를 참고하라고 요구할 때를 대비하여 컴퓨터를 앞에 준비해두라. 하지만 그때까지는 컴퓨터를 꺼둔다. 컴퓨터로 면접에 대한 답변을 찾으려고 한다면 방해가 될 뿐이며 면접관을 속일 수는 없을 것이다.
- **면접 준비표**: 우리가 앞서 이야기했던 면접 준비표를 기억하는가? 전화 면접은 바로 앞에 준비표를 두고 면접을 진행하기에 매우 좋다.
- **참고 자료**: 참고가 될 만한 자료를 바로 앞에 준비해두는 것은 괜찮다. 하지만 간단하게 준비해야 한다. 한두 낱말 이상의 분량을 읽어야만 한다면, 도움보다는 방해가 될 것이다.

전화 면접을 잘하는 방법은 다음과 같다.

- **조용한 장소를 찾도록 하라**. 개가 짖거나 아기가 울면 면접에 방해가 될 뿐 아니라 전문가답지 않고 책임감이 없어 보이기도 한다. 전화 면접을 진행

하기 좋은 조용한 장소를 찾는다.
- **일정 조정을 피하라**(하지만 필요하다면 가능하다). 면접 일정을 조정하지 않는 것이 좋다. 하지만 꼭 필요하면 일정을 조정하라. 마이크는 구글에 지원했다. 면접 일정을 다시 잡으면 혹시라도 불이익이 있을까 두려워서 조정하지 않았고, 결국 면접을 붙박이장 안에서 진행해야 했다. 마이크는 결국 일자리를 얻지 못했다.
- **미소를 지으라!** 면접관이 볼 수 없어도 미소는 목소리에 반영된다(그리고 심리학 실험 결과 미소 덕분에 사람이 좀 더 행복해진다는 결과가 나왔다). 누가 쾌활한 사람과 일하고 싶지 않겠는가?

HR 심사 면접

HR 심사 면접관은 '단순' 채용 담당자라고 생각하는가? 아니다!

심사 면접은 보통 기술적인 능력을 깊이 있게 평가할 수 없는 인사팀장이나 채용 담당자가 진행하지만 이 면접을 망쳐서는 안 된다. 심사 면접은 지원자가 회사에 처음으로 주는 인상이고 모든 첫인상은 매우 중요하다!

심사 면접은 보통 채용 담당자나 다른 인사팀 담당자가 지원자의 기본적인 지원 자격을 확인하려고 전화나 다른 효과적인 방법으로 진행한다. 심사하는 사람은 기본적으로 그동안 잘해온 사람들의 배경과 지원자가 일치하는지 확인하려고 한다. 당신은 적합한 지원자인가?

단순히 학력과 경력을 보고 일치하는지 판단하기도 하지만 때로는 교과과정 이외 활동 내용을 조사하기도 한다. 예전에 한 면접관이 정말로 축구 선수를 고용하고 싶다고 말한 적이 있다. 바보 같을 수도 있지만(대부분 그럴 것이다) 그해 가장 강력한 인턴 두 명이 모두 대학 대표 축구 선수였다고 말했다. 축구 선수에게는 투지와 팀워크가 있기 때문이다. 당신도 투지가 있고 팀워크가 뛰어난 동료를 원하지 않는가?

HR 심사는 지원자의 배경이 명확하고 적합한 경우(예를 들어 마이크로소프트 개발자가 구글의 개발 직군에 지원하는 경우)에는 종종 생략하기도 한다. 첫 번째 면접이 전화 면접이라고 할지라도 HR 면접이라고 지레짐작하지는 말라. 잘 모르겠다면 면접 일정을 조정해 주는 직원에게 면접관의 직책이 무엇인지 물어 보라.

HR 심사에서는 성격, 배경, 기본적인 지적 능력을 평가하는 질문을 받을 것이다. 그리고 구체적인 기술에 대한 질문은 피상적인 수준일 것이다. 잦은 이직 등 잠재적인 위험 요소를 미리 검증할 수 있는 질문이 대부분일 것이다.

HR 심사는 보통 전화로 하지만 화상 채팅이나 컴퓨터 테스트를 통해 진행하기도 한다.

HR 심사를 잘 받는 방법을 몇 가지 소개하겠다. 면접을 위한 일반적인 가이드라인과 함께 다음과 같은 내용을 고려하라.

- **위험 요소를 확인하라.** HR 심사 면접의 가장 주된 목적은 이력서 내용 중 잠재적 위험 요소에 대한 평가다. 지난 2년간 여러 번 이직했는가? 명망 높은 일류 기업이나 잘 나가는 직급에서 덜 유명한 회사나 낮은 직책으로 옮겼는가? 친구에게 이력서를 주고 이력서의 가장 약한 부분이 무엇인지 물어 보자. 친구가 채용 담당자라면 가장 신경쓰이는 것이 무엇인가?
- **연봉에 대한 질문을 준비하라.** 좋든 싫든 HR 심사관은 원하는 연봉에 대해 질문한다. 지원자의 연봉이 너무 높은 수준은 아닌지 확인해야 하기 때문이다. 면접을 보기 전 인터넷과 인맥을 통해 연봉 범위에 대해 감을 잡아야 한다. 연봉에 대해 질문을 받았을 때 자신의 제시액이 너무 낮거나 너무 높게 책정되지 않도록 구체적인 대답을 피하는 것이 좋다. 그러나 면접관이 꼭 대답을 받아야 한다고 강요할 수도 있다. 그럴 경우를 대비해 구체적인 대답을 준비해두는 게 좋다.

점심 면접

대부분 현장 면접은 식사 시간까지 포함된다. 솔직히 지원자를 굶길 수는 없기 때문이다. 식사 시간을 활용한 면접 또한 좀 더 사교적인 시간으로 지원자의 경계심을 내려놓도록 유도할 수 있는 시간이다. 회사에서는 일상에서 지원자의 모습을 알고 싶어 한다.

점심(또는 저녁) 식사 면접은 회사에 대해 질문을 많이 할 수 있는 좋은 기회가 되기도 한다. 면접관도 좀 더 여유롭게 정직한 답변을 해줄 수 있다.

회사에 따라 다르지만 점심 식사 면접의 면접관은 '실제' 질문을 할 수도, 하지 않을 수도 있다. 그리고 면접관의 의견이 채용 결정에 반영될 수도, 반영되지 않을 수도 있다. 면접관이 피드백을 공식적으로 반영하지 않아도 겸손하게 행동하는 것이 좋다. 소문은 빠르기 때문이다.

식사 면접 대처법은 다음과 같다.

- **지저분한 음식은 주문하지 않는다.** 립, 스파게티와 같이 옷에 흔적을 남길 만한 음식은 전부 제외한다.
- **면접관으로부터 힌트를 얻는다.** 면접관이 주문한 음식과 비슷한 가격 범위 내에서 음식을 주문하라. 면접관이 휴가 같은 개인적인 주제에 대해 말한다면 개인적인 내용을 이야기해도 괜찮을 것이다. 면접관이 업무와 관련된 주제를 계속 이야기한다면 업무와 관련된 이야기를 해야 한다. 그리고 면접관과 얼마나 친해졌는지 상관없이 사회적으로 민감한 주제에 대해서는 조심해야 한다. 예를 들어 총기 휴대 권리에 대해 논쟁하지 말아야 한다. 미국총기협회 면접이 아닌 이상 적절하지 않다.
- **음료수는 많이 마시지 않는 것이 좋다.** 설명이 필요한가? 면접 내내 화장실을 왔다갔다하고 싶지는 않을 것이다.
- **식사 후 치아를 점검하라.** 이에 음식물이 끼었다는 이유로 면접에서 떨어지지는 않겠지만 그런 인상을 남기고 싶지는 않을 것이다. 화장실에 갈 수

있는 편리한 시간을 찾아서 이를 점검하자.

후속 면접

매우 드물지만 현장 면접을 다 마치고 나서 후속 면접 일정이 잡히기도 한다. 특별히 지원서에 염려되는 부분이 있다거나, 지원자의 자질을 충분히 검증하지 못했거나, 관리자가 최종 결정을 하기 전에 지원자와 추가로 이야기해 보고 싶어 하는 경우에 후속 면접을 진행하기도 한다.

후속 면접을 한다면 채용 담당자에게 이번 면접에 특별히 주의해야 하는 것이 있는지, 이것이 기본적인 절차인지 물어보는 것이 좋다. 채용 담당자가 말해 주지 않을 수도 있지만 물어본다고 해서 해가 될 것은 없다.

후속 면접에 대해 어떤 특별한 지시 사항을 받지 못했다면, 마지막 면접을 다시 한 번 돌아보는 것이 좋다. 어떤 부분이 모자랐나? 질문과 답에 차이가 있었나? 후속 면접은 한 분야에 집중해 진행될 수 있다. 하지만 예상이 정확하지 않을 수도 있다는 것을 명심하라. 특정 영역에 아주 조금 집중하는 일반적인 준비를 해야 한다.

마지막으로 추가적인 생각과 함께 회사에 대해 사전 조사했다는 것을 보여줄 수 있는 두세 가지 새로운 질문을 준비해야 한다. 앞서 면접에서 배운 것은 질문을 위해 매우 훌륭한 영감의 원천이 될 수 있다.

면접이 끝난 후

이제 의심할 여지가 없이 면접이 끝났다는 안도감이 면접을 잘 진행했는지에 대한 불안감으로 금방 대체된다. 머릿속으로 모든 면접이 재생된다. 괜찮게 진행된 걸까? 실수한 것은 없었나? 채용 담당자가 "곧 연락드리겠습니다"라고 말한 것은 무슨 의미일까? 그렇게 땀 흘리며 긴장할 필요는 없다고 말해도 아무런 소용이 없다. 대신 면접 후에 무엇을 해야 하는지에 초점을 맞추어 이야기하겠다.

'감사 편지' 보내기

많은 면접에서 면접 감사 편지가 꼭 필요한 것이긴 해도 IT 회사에서는 그리 흔하지 않은 일이다. 티모바일$^{T\text{-}mobile}$과 전 아마존 면접관인 하워드 우$^{Howard\ Wu}$는 지원자 중 10%만 감사 편지를 보낸다고 했다. 엔지니어링 지원자 중에는 이런 숫자가 아마도 1%에 가까울 것이다.

전 아마존 면접관이었던 에릭은 "IT 회사에서 감사 편지는 면접에서 양복을 입는 거나 마찬가지죠. 장소에 맞지 않고 무엇인가를 보상하기 위해 노력하는 것처럼 보여요"라는 농담을 한 적이 있다. 다른 사람들이 하워드만큼 부정적이지 않지만 감사 편지가 크게 도움이 안 된다는 점에 일반적으로 동의한다. 피드백은 보통 면접이 끝난 후에 굉장히 빠르게 반영되므로 지원자가 그 결정에 영향을 미칠 수는 없다.

하지만 면접을 진행해준 채용 담당자에게 짧은 감사 편지를 쓰는 것은 확실히 좋은 일이다. 채용 담당자와 면접관에게 감사 편지를 보내기로 했다면, 다음과 비슷한 형식을 따르는 것이 일반적이다.

존 씨께

오늘 시간 내주셔서 감사합니다. 저는 회사가 확장성과 전력 제약에 대한 문제에 곧 직면할 것이라고 이야기했던 부분에 특히 관심이 있었습니다. 예전부터 대규모 시스템 구성에 관심이 있었으며 이번 기회를 통해 좀 더 배우게 되어 무척이나 기쁩니다.

대학 시절에는 분산 시스템에 대한 여러 수업을 들었습니다. 최근 업무를 하면서 분산 시스템과 관련된 소프트웨어 디자인 분야에서 매우 유용한 기초 실력을 쌓을 수 있었고, 업무 외 남는 시간에 다양한 웹 자동화 프로젝트를 수행하면서 대규모 시스템 구성에 대해 지속적으로 공부할 수 있었습니다.

   소프트웨어 개발에 대한 제 지식과 전문성, '과외' 경험을 바탕으로 충분히 구글에 기여할 수 있을 것이라 자신합니다. 앞으로의 기회에 대해 좀 더 자세히 이야기할 수 있었으면 합니다.

   다시 한 번 감사드립니다.

   게일 드림

이 간단한 감사 편지를 참고해 직접 감사 편지를 쓰자. 다음 내용에 주의해야 한다.

- **구체성**: 예전 감사 편지를 보고 몇 가지 문장은 참조해 쓸 수 있지만 특정 내용에 대해서는 단순히 복사해서 붙여넣기 식으로 써서는 안 된다.
- **능력 강조**: 앞서 자신의 스펙에서 회사에서 요구하는 능력과 경험을 쌓아온 방법을 강조해 언급했다. 얼핏 보기에는 업무와 연관성이 없어 보이지만 (데스크톱 소프트웨어 실행) 실제로 업무와 어떻게 연관성이 있는지를 강조했다.
- **열정**: 그 업무에 흥미를 느끼는 이유를 설명했다. 구구절절 설명할 필요는 없다. 간단한 언급만으로도 충분하다.

한 회사의 여러 명에게 감사 편지를 보낸다면 감사 편지의 형식과 사용하는 낱말을 다르게 해야 한다. 소문은 빨리 퍼지게 마련이다.

채용 담당자와 후속 조치

채용 담당자는 원칙적으로 현재 채용 진행 상황을 지속적으로 알려주어야 하지만 너무 많은 지원자를 상대하므로 미처 챙기지 못하기도 한다. 면접을 진행한 후에도 채용 담당자로부터 연락을 받지 못한 채(그리고 시간 약속도 받지 못했다면) 일주일이 지났다면 현재 진행 상황을 확인하기 위해 채용 담당자에게 이메일을 보내는 것이 좋다. 다음과 같은 간단한 내용만으로도 충분하다.

제이미 씨께

안녕하세요. 지난주 면접 진행에 도움을 주셔서 감사했습니다. 그리고 현재 면접이 어떻게 진행되고 있는지 다시 한 번 확인 부탁드립니다. 언제쯤 업데이트된 결과를 받을 수 있는지 말씀해 주실 수 있을까요?
  감사합니다.

게일 드림

대답이 없다면, 근무일 3일이 지난 후 다음과 같이 짧은 이메일을 다시 보내도 좋다.

제이미 씨께

안녕하세요. 다시 한 번 확인차 연락드립니다. 아마도 다른 업무 때문에 바쁘실 텐

> 데요. 내일이나 그 다음날까지 연락이 없으시면 내일이나 그 다음날쯤 전화를 드리려고 합니다.
>
>   감사합니다.
>
> 게일 드림

물론 면접관이 기한을 정하고 업데이트를 해 주었다면 면접관이 제시한 기간 동안 기다려야 한다. 즉 면접관이 2주 안에 연락을 주겠다고 말했다면 매우 고통스럽더라도 2주는 기다려야 한다.

마지막으로 다음을 기억하라. 회사는 지원자가 면접에 떨어졌다면 그 사실을 항상 알려준다(지금까지 탈락 여부를 말해 주지 않는 회사는 한 번도 본 적이 없다). 채용 담당자가 대답해 주지 않는다면 여러 가지 이유가 있을 수 있다. 하지만 면접에서 떨어졌기 때문에 연락하지 않는 경우는 없다.

추천인에게 연락하기

추천인의 연락처 정보를 회사에 알려주기 전에 추천인에게 꼭 다시 한 번 확인을 받도록 한다. 추천인에게 본인을 추천인으로 제출한다는 것을 알려주고 허락을 다시 한 번 받는다. 그리고 허락을 받을 때 추천인에게 지원하는 업무와 추천인이 강조해 주었으면 하는 능력이 무엇인지 다시 한 번 상기시켜 주는 것이 좋다. 추천인도 무방비 상태에서 연락 받는 것을 매우 싫어한다는 점을 명심하자.

거절에 현명하게 처신하기

회사에서 채용을 한 번 진행할 때마다 평균적으로 지원자 5~10명을 떨어뜨린다. 지원자로서는 여러 번 떨어질 수 있다는 의미다. 지원하는 업무와 지원자의 조건이 맞지 않을 수도 있고, 회사에서 판단하기에 준비가 충분하지 않았거나, 단지 운이 나빴기 때문일 수도 있다.

지원한 회사에서 더 이상 채용을 제안하지 않는 좋지 않은 상황이 오더라도 그 시점에서 중요한 것은 회사와 관계를 계속 유지하는 것이다. 회사는 보통 6개월에서 1년이 지나면 재지원을 허용한다. 입사 재지원을 할 때는 채용 담당자와 긍정적인 관계가 매우 중요하다. "예. 알았습니다. 잘 되지 않아 유감입니다. 하지만 기회를 주셔서 매우 감사합니다. 매우 즐거운 경험이었습니다. 그리고 장래에 다시 한 번 방문할 수 있게 되기를 바랍니다" 와 같이 공손한 대답을 하는 게 좋다.

또 피드백을 요청할 수도 있다. 대부분 피드백을 주지는 않지만 긍정적인 방법으로 질문에 초점을 맞춘다면 피드백을 받을 수 있는 확률이 높아질 것이다. 즉 "앞으로 다시 준비하면서 초점을 어디에다 맞추는 것이 좋을지 말씀해 주실 수 있습니까?" 같은 질문은 "제가 무엇을 잘못했나요?"라는 질문보다 대답을 얻을 확률이 좀 더 높다.

질문과 대답

피하고 싶습니다

> 게일 씨께
>
> 저는 낯선 사람에게 말하는 것이 매우 긴장되고 쑥스럽습니다. 그래서 면접을 한 번도 좋아한 적이 없고 또 앞으로 봐야 할 면접이 너무 두렵습니다.
> HR에서 그날 마지막에 제게 알려준 바에 따르면 제가 진행했던 프로젝트에 대해

5분 간 짧게 이야기해야 한다고 합니다. 면접관들 전부 참석할 예정이고 그 후에 프로젝트에 대해 이야기할 기회가 있다고 합니다.

   너무 두렵습니다. 조언을 해 주실 수 있나요?

L. R. 드림

L. R. 씨께

아예 도망치는 것은 어떨까요? 농담입니다.

   먼저 어떤 프로젝트에 대해 이야기할 것인지 선택하세요. 주제에 대해 좀 더 편안하게 느낄 수 있고 덜 긴장하게 될 것입니다. 심지어 몇몇 세부사항까지 매우 단순하게 정리할 수 있을 것입니다. 조금 단순화한다고 해서 면접관이 알아차리지는 못할 것입니다.

   둘째, 줄거리를 말하세요. L. R. 씨가 직면했던 문제를 소개하고 어떻게 해결했는지 이야기하세요. 아마 파워포인트를 사용할 수 없을 테니 한 요점에서 다음 요점으로 넘어갈 때 손짓을 충분히 사용하는 것도 좋습니다.

   셋째, 면접관이 질문할 만한 질문을 미리 고민하고 대답을 준비합니다. 면접관들은 두 가지 범위에서 질문할 것입니다. (1) 면접적인 질문(가장 기억에 남는 도전 등) 또는 (2) 실질적인 질문(영향, 문제 등)입니다.

   넷째, 연습하세요! 거울이나 친구들, 또는 애완동물 앞에서 연습해도 좋습니다.

   마지막으로 L. R. 씨가 긴장했다는 것을 면접관들 앞에서 미리 인정하고 양해를 구할 수 있습니다. 면접관은 아마도 미소를 짓고 L. R. 씨가 진정할 수 있도록 신경

써줄 것입니다. 그러면 면접관도 L. R. 씨의 긴장을 풀어주려고 너무 진지하거나 전문가 같은 말투를 쓰지는 않을 것입니다.

대중 앞에서 발표하는 것에 대해 심각할 정도로 공포를 느낀다면 지원하는 업무가 본인에게 적합한 업무인지 다시 한 번 생각해 보세요. 면접 과정에서 발표 능력을 본다는 것은 지원하는 업무를 수행하는 데 필요한 능력이기 때문입니다. 연설이나 발표가 업무를 수행하기 위해 꼭 필요한 능력이라면 L. R. 씨가 업무를 잘 수행할 수 있는 준비가 되어 있다고 생각할 수 있을까요?

게일 드림

너무 많은 정보일까요, 아니면 충분할까요?

게일 씨께

저는 투렛 증후군Tourette's syndrome[1]이 있습니다. 욕을 하거나 부적절한 행동을 하지는 않지만(신에게 감사합니다) 입을 씰룩거리는데, 특히 긴장할 때는 증상이 더욱 심합니다. 채용 담당자에게 제가 투렛 증후군이 있음을 미리 알려야 할까요? 투렛 증후군이 있다는 것이 면접에 불리한 요소가 되거나 혹시라도 차별을 받을까봐 걱정입니다.

T. B. 드림

---

1 옮긴이 신경 장애로 자기도 모르게 자꾸 몸을 움직이거나 욕설 비슷한 소리를 내는 증상, 틱tic 장애라고도 한다

T. B. 씨께

이 문제에 대해서는 두 가지 조언을 드립니다. 일단 상황이 얼마나 심각한지에 따라 다르다고 생각합니다. 면접에 눈에 띄게 방해가 되는 정도인가요? 면접관이 그 사실을 안다면 T. B. 씨 마음이 좀 더 편할까요? 상황이 조금 미묘하다면(예를 들어 입을 씰룩거리는 것이 보이긴 하지만 거슬리지는 않는다면) 아무 말도 할 필요가 없을 것입니다. 이유는 다음과 같습니다.

1. 협상할 만한 거리가 없습니다. 면접관에게 좀 더 목소리를 낮춰서 이야기해 달라거나 크게 말해 달라거나 하는 요구를 할 필요가 없습니다. 요약해서 말하자면 면접관이 취해야 할 행동이 없으므로 굳이 채용 담당자가 면접관에게 알려줄 필요도 없습니다.
2. 분명히 의학적인 문제입니다. 예를 들어 최근 수술로 인해 한쪽 눈에 멍이 들었다고 가정해 봅시다. 이럴 경우에는 면접관에게 지원자가 사무실로 올라오는 길에 누군가와 싸움을 한 것으로 오해하지 않게 미리 알려줄 필요가 있습니다. 하지만 틱은 해석할 수 있는 다른 방법이 없습니다. 명확히 의학적인 문제입니다. 투렛이나 이런 증상에 신경을 쓰는 사람이 많을까요?

지금까지 내용을 고려하면, 투렛 증후군에 대해 미리 알리는 것은 득보다는 실이 많습니다. 투렛 증후군에 대해 잘 알지 못한다면 T. B. 씨가 불규칙적으로 매우 공격적인 말을 내뱉을 것이라고 추측하는 사람도 있을지도 모르고(불공평한 일이지만), 투렛 증후군이 업무에 부정적인 영향을 미치지는 않을지 염려하는 사람도 있을 수 있습니다.

하지만 상황이 설명한 것보다 심각해서 다른 절충안을 필요로 한다거나 다른 사람에게 해를 끼칠 수 있을 정도여서 이 두 가지 전제가 틀리다면, 채용 담당자에게 미리 말하는 것이 좋습니다.

게일 드림

대답을 듣기가 어렵네요

게일 씨께

2주 전 어떤 회사에서 면접을 보았습니다. 그리고 그 회사에서 아직 어떤 결정 사항도 알려주지 않았습니다. 채용 담당자에게 이메일도 보냈지만 대답이 없습니다. 떨어졌다는 의미일까요?

S. J. 드림

S. J. 씨께

한마디로 말해 대답은 "아니오"입니다. 면접이 끝난 후 떨어졌다면 항상 알려줍니다. 가끔 면접은 긍정적인 이유나 부정적인 이유, 심지어 중립적인 이유 때문에 지연되기도 합니다.

· S. J. 씨를 고용하고 싶지만 문서 작업을 한꺼번에 처리하기를 원하는 경우

- 다른 지원자를 선호하지만 다른 지원자가 결정하기를 기다리느라 S. J. 씨가 차선의 선택일 경우
- 팀이 '재구성'되어 현재 책임자가 명확하지 않을 경우
- 채용 담당자가 휴가를 갔을 경우
- 채용 팀이 '조직 개편'되고 있을 경우
- 채용 담당자가 무능하고 게으를 경우
- 면접관 중 한 명이 피드백 입력을 느리게 할 경우

　채용 담당자와 정기적으로 업데이트되는 내용을 확인해야 합니다. 하지만 최소 2~3일에 한 번 정도가 적당합니다.

게일 드림

추가 자료

추가 준비 자료와 준비표 템플릿은 www.careercup.com에서 확인할 수 있다.

8장

면접 질문

"내가 전기 기술자를 면접볼 때 어떻게 하는지 알아요?"

어느 날, 칸잠 일렉트릭$^{Canzam\ Electric}$의 CEO 콜린 재크와 마르가리타를 마시며 전기 기술자 면접에 대해 이야기를 나눈 적이 있다.

"일단 파이프를 하나 건네주고 그걸 구부려 보라고 하지."

그 얘기를 듣는 순간, 프로 레슬러 헐크 호건$^{Hulk\ Hogan}$ 같은 건장한 남자가 맨손으로 파이프를 구부리려고 노력하는 모습을 상상했다. 진심인가? 농담이겠지?

"무슨 생각을 하는 거예요? 면접에서 그 기술자가 얼마나 힘이 센지 보려는 게 아니에요."

콜린이 나를 안심시키며 말했다.

"파이프를 받았을 때 어떻게 행동하는지 보려는 거죠. 파이프를 받아 들고 나서 어디를 구부리고 싶어 하는지, 어떤 각도로 구부려야 하는지 내게 다시 확인 질문을 하는지, 아니면 그냥 구부려버리는지 말이죠. 고객이 무엇을 원하는지 모르면서 자기 맘대로 파이프를 구부려버리는 기술자들과 같이 일하면 곤란하거든요."

일리 있는 지적이다. 콜린 재크의 면접 질문처럼, 대다수 면접 질문에는 보이는 것 외에도 숨은 의도가 있다. 사람들은 대부분 정답을 말해야 한다는 스트레스에 시달린다. 마치 정답은 하나 뿐이라고 생각하는 것 같다(그렇다면 차라리 시험을 보는 것이 나을 것이다. 얼마나 시간이 절약되겠는가!). 하지만 시험을 보지 않고 면접을 보는 이유는 면접 질문에 대답하는 방법을 확인하고 싶기 때문이다. 자신의 가정을 다시 한 번 점검해 보았는가? 모든 가능한 경우를 고려하였는가? 문제를 어떻게 해결할 것인가?

일반적인 충고

마이크로소프트의 채용 담당자인 애린은 면접의 가장 큰 목적을 다음과 같이 정리하였다.

"'왜 우리 회사에서 당신을 고용해야 하는가'에 대한 답을 듣는 일이 면접의 가장 큰 목적입니다. 어떤 질문을 받더라도 면접의 기본 목적에 맞게 대답해야 합니다."

면접에서 질문에 대답하면서 자신의 논지에 대해 생각해 보라. 어떤 점이 가장 큰 강점인가? 창의성? 다재다능한 업무 능력? 의사소통 능력이나 사회성? 스스로 이 모든 것이 장점이라고 생각하더라도 한두 가지 핵심 역량에 집중해 자기 가치를 증명하는 것이 좀 더 효과적이다.

마지막으로 항상 정직해야 한다는 점을 명심하라. 일부러 말하지 않은 것도 거짓말이 될 수 있다. 정직하지 않은 동료와 일한 적이 있다면, 거짓말이 왜 탈락의 이유가 되는지 이해할 것이다. 정직하지 않은 동료는 당신의 실적을 가로채고 자기 실수를 덮으려고 하며 회사를 법적 분쟁에 휘말리게 할 수도 있다. 회사는 그런 위험을 감수하려고 하지 않는다. 하지만 자신에게 불리할 수도 있는 내용을 인정하고 솔직하게 말하는 지원자에게는 스스로 생각한 것 이상의 가산점이 보상으로 주어지는 경우도 있다. 결국 정직함이 오히려 강점으로 부각되거나 솔직함에 대해 보상받을 수도 있다. 또 자기 자신에 대해 솔직하게 인정하고 대답하는 것은 면접관에게 매우 큰 신뢰감을 심어줄 수 있다.

의사소통

지금까지 얘기한 것들이 특정 분야에 한정된 충고였다면, 의사소통은 좀 더 광범위한 영역에서 필요로 하는 역량이다. 의사소통 방식이 업무에 직간접적으로 영향을 주기 때문이다. 따라서 다음 충고를 마음속 깊이 새겨두길 바란다.

- **이야기하는 도중 끼어들지 말라.** 면접 질문을 매우 주의 깊게 듣는 것이 좋다. 이야기 도중 말을 끊고 끼어드는 것은 공격적으로 보일 뿐 아니라 의사소통 역량이 부족해 보인다. 질문을 끝까지 듣지 않는다면 질문 자체를 이해하지 못할 수도 있다.
- **애매한 부분이 있다면 명확하게 짚고 넘어가자.** 대다수 지원자는 면접에서 심한 압박을 느낀다. 그래서 생각나는 대로 대답하지만, 자신감 없는 목소리로 대답을 제대로 마무리하지 못하고 말끝을 흐리는 경우가 많다. 그런 자신감 없는 대답은 면접 세계의 어둡고 막다른 골목에 다다른 것과도 같다. 가차 없이 바로 면접관의 뇌리에서 지워진다. 예를 들어 면접관이 다음과 같이 질문한다고 하자.

"회사에서 중국에 신제품을 출시하려고 합니다. 이 결정을 어떻게 평가할 수 있을까요?"

제품이 소프트웨어인지, 서비스인지, 다른 별개 제품인지에 따라 대답은 매우 극적으로 바뀔 수 있다. 이럴 때 대부분 머릿속에서 임의로 하나를 생각하고 대답하지만, 면접관은 다른 제품을 생각하고 질문했을 수도 있다. 따라서 질문을 받았을 때 이런 식으로 모호한 부분이 있다면 명확하게 짚고 넘어갈 필요가 있다. 그러면 좀 더 좋은 대답을 할 수 있을 뿐 아니라, 면접관이 의도적으로 이런 모호한 부분을 명확하게 짚을 줄 아는 사람인지 시험하고자 했다면 좋은 인상을 남길 수도 있을 것이다. 이는 매우 중요한 의사소통 기술로서, 단지 면접뿐 아니라 실제 업무를 진행하는 데도 필수적인 역량이다.

- **크고 명확하게 말하라.** 면접 질문은 단순히 질문에 대한 정답을 듣고자 하는 것이 아니다. 대답하는 태도와 논리적인 문제 해결 능력을 확인하려는 질문이 대부분이다. 그래서 큰 목소리로 대답하는 것도 매우 중요하다. 질문을 받으면 잠시 시간을 두고 질문에 대해 생각해 보는 것이 좋다. 하지만 질문에 대답할 때는 반드시 생각의 흐름을 말로 표현해야 한다. 이렇게 하면 면접을 진행하는 동안 면접관이 올바른 방향으로 면접을 이끌도록 도움을 주고 좀 더 빠르게 질문에 맞는 대답을 할 수 있다.

실수를 했을 경우

한 번은 정말 신기할 정도로 '완벽한' 지원자를 만난 적이 있다. 새로 세운 구글 모스코바 지사에서 근무할 직원을 뽑으려고 예정에 없던 면접을 급하게 진행하게 되었는데, 면접관 여덟 명이 하루에 네 명씩 면접을 닷새 동안 진행했다. 급박했던 일정 속에 잠시 한숨을 돌리고 있을 때 마지막으로 면접을 진행해 달라는 연락을 받았다. 면접관이 미리 준비한 다섯 개 질문에 모두 완벽히 대답한 면접자가 있었던 것이다. 매우 드문 일이었고 더 이상 준비한 질문이 없어서 잠시 쉬고 있던 우리까지도 면접에 참석하게 되었다. 내가 가장 어려울 것이라 생각했던 질문조차도 그 지원자는 완벽하게 대답하였다. 그는 정말 번개 같은 속도로 내 질문을 해결하였고, 결국 그의 면접은 두 시간이나 일찍 끝났다.

그런 완벽한 지원자는 그 사람이 처음이자 마지막이었다. 즉 그를 제외하고 내가 검토한 1500명의 면접 자료를 포함해 면접을 진행한 150명의 지원자 모두 실수했다는 뜻이다.

그러니 실수했어도 긴장할 필요는 없다. 실수하면 면접관들은 꽤 정확하게 알아차리는 사람들이므로 일단 실수를 인정하는 것이 좋다. 그렇게 창피한 일이 아니다. 실수했다는 것은 그 유별나게 완벽했던 러시아 지원자와는 다르게 우리 모두와 똑같은 평범한 사람이라는 뜻일 뿐이다.

표준적인 질문에는 완벽하게 대답하라

면접에 나오는 질문은 팀, 회사, 직책에 대한 질문까지 굉장히 광범위하다. 다음과 같은 질문은 매우 자신 있게 대답할 수 있든지, 매우 껄끄럽게 생각하든지 상관없이 면접에서 꼭 받게 되는 질문들이다.

왜 여기에서 일하고 싶습니까?

마이크로소프트 채용 담당자 에린은 면접의 목적이란 "왜 회사에서 당신을 고용해야 하는지 대답하는 것"이라고 말했다. 또 금전적인 보상 이외에 무엇이 자신에게 동기를 부여하는지 이해하고 그것이 빛을 발하게 해야 한다고 덧붙였다.

즉 이 질문에 대한 열쇠는 채용 가능성을 극대화할 수 있는 차원에서 자신을 움직이는 동기와 기술이 무엇인지 생각하는 것이다. 지원한 분야나 업무에 필요한 기술에 대해 생각해 보자. 무엇이 가장 흥분되는 것인가? 사람들과 일하는 것을 좋아하는 편인가? 매우 어려운 알고리즘을 해결하는 것에 매력을 느끼는가? 사람들에게 강한 인상을 심어주고 싶은가? 이런 부분을 고려하여 지원하는 회사나 팀에 최대한 구체적으로 대답하는 것이 좋다. 경력을 강조하여 그 경력이 회사에 얼마나 잘 맞는지 알릴 수 있는 대답을 준비하는 것이 좋다. 이는 지원하는 회사에 대해 조사한 모든 것을 적절하게 활용할 수 있는 좋은 기회다.

구글 엔지니어링 부문에 지원한 응시자의 훌륭한 예를 들어 보겠다.

제가 지원한 이유는 크게 두 가지입니다. 첫째, 대규모 시스템 설계에 관심이 있습니다. 분산 시스템에 대해 많이 공부해 왔으며 이를 졸업 프로젝트로 진행했습니다. 그래서 저는 구글이 분산 시스템 분야에 대한 제 지식을 깊게 할 수 있는 최고의 회사라고 생각합니다. 둘째, 회사에서 어떤 업무를 진행하더라도 자신이 지속적으로 무엇인가 배울 수 있는 것이 중요하다고 생각합니다. 대부분의 회사에서 자신이 속한 팀이 진행하는 분야에 대해서만 지식과 경험을 쌓을 수 있는 반면, 구글에서는 팀 간 이동이 자유롭고 팀 구분 없이 여러 분야에 대해 지식을 서로 공유하며, 아키텍처에 대한 기술적인 의견을 교환할 수 있다고 들었습니다. 구글에서 가장 많은 것을 배울 수 있으리라 생각하고 지원했습니다.

이렇게 대답함으로써 학습에 대해 매우 열성적인 측면을 강조하고, 회사에 대해 많이 조사해 왔으며 핵심 기술에 대해 지식을 가지고 있다는 인상을 심어줄 수 있다.

왜 지금 일하는 직장을 떠나려고 하나요?

내가 항상 가장 처음으로 던지는 질문 한 가지는 "오늘 어떻게 오셨나요?"였다. 지원자들은 다양한 방법으로 대답한다. 지원자들은 왜 현재 직장을 떠나는지, 왜 새로운 직장이 자신에게 열정을 불러일으키는지 설명해야 한다. 좀 더 자유분방한 지원자라면 농담으로 "자동차를 타고 왔습니다"라고 대답할 수도 있다. 실제로 그렇게 대답한 지원자도 있었다.

운이 없는 한 지원자가 면접에서 현재 업무에 대한 불만을 이야기했던 적이 있었다. 그 지원자는 하고 있는 업무가 지루하고 싫증이 났으며, 동료들은 전부 부정적이고 비판적인 사람들이라고 했다. 상사는 성차별주의자여서 그녀를 승진시켜 주지 않았다. 충분히 배우지도 못했다는 불만의 토로가 계속되었다. 나는 그녀의 대답을 충실히 기록하고 기술적인 질문으로 넘어갔는데 그녀는 대강 대답했다. 나중에 면접관들과 그 지원자의 면접에 대한 피드백을 서로 논의할 때, 모든 면접관이 똑같이 부정적 의견을 기록했다는 사실을 알게 되었다.

아마도 그 지원자는 팀에서 운이 없었을 수도 있지만, 기본적으로 그런 적대감을 면접에서 호소하는 행동은 전문가답지 못하며 매우 부정적인 성향을 보여주는 결과를 얻는다. 우리는 그녀를 탈락시켰다. 회사에 독이 될 수도 있었기 때문이다.

현재 상황이 얼마나 나쁜지에 상관없이 항상 긍정적인 태도를 유지해야 한다. 새로운 업무가 가져다줄 흥분과 기대감에만 집중하자.

제 현재 위치는 어떤 면에 있어서는 매우 훌륭합니다. 이 직책에서 의사소통하는 능력, 협상하는 능력, 한 번에 많은 고객을 관리하는 방법을 배울 수 있었습니다. 하지만 회사의 가장 높은 우선순위는 새로운 고객 영입이어서 고객사와의 관계를 장기적으로 유지할 수 있는 기회가 부족했습니다. 저는 고객사와의 관계를 좀 더 장기적으로 형성할 수 있는 기회를 찾고 있습니다.

새로운 업무가 지원자가 필요하다고 생각되는 고객사와의 장기적인 관계를 형성할 수 있는 기회라면 이는 매우 훌륭한 대답이 될 것이다.

왜 우리가 당신을 고용해야 하나요?

다른 방식이나 연관된 내용으로 이와 비슷한 질문을 받을 수 있다. "자신의 능력 중 어떤 능력이 우리 회사에 도움이 되리라 생각합니까?", "자신의 역할이 무엇이라고 생각합니까?"와 같이 물어볼 수 있다. 이 질문에 대한 답은 핵심 기술이나 스스로 생각하기에 회사에 기여할 수 있는 점에 중점을 두어야 한다. 세 가지 정도로 답하는 게 가장 적당하다. 세 가지보다 적으면 없어 보이고, 그보다 많으면 면접관의 집중력을 떨어뜨린다. 각각의 항목에 대해 짧게라도 근거를 대는 것이 좋다. 예를 들면 다음과 같다.

"귀사의 핵심 과제가 서버 가동 시간 개선이라고 알고 있습니다. 세 가지 측면에서 제가 서버 가동 시간 개선에 많은 성과를 낼 수 있으리라 생각합니다. 첫째, 현재 업무를 하면서 효율적인 서버 프로그래밍에 대해 깊이 이해할 수 있었습니다. 이런 경험은 분명 서버 가동 시간 개선 프로젝트에 도움이 되는 가치 있는 경험이 될 것입니다. 둘째, 문제를 해결하려면 여러 팀과 협업이 필요한데 저는 현재 업무에서 중개자 역할을 해왔습니다. 셋째, 저는 여가 시간에 메모리 사용에 대한 다양한 오픈 소스 프로젝트 자료를 수집해 왔고, 이 경험을 통해 최적화를 위한 다양한 도구와 기술을 접할 수 있었습니다."

앞으로 5년 후에 본인이 어떤 모습일 것 같습니까?

자, 항상 정직해야 한다고 말했다. 하지만 이번 질문은 선의의 거짓말을 약간 할 필요가 있는 경우 중 하나다. 지원하는 회사에서 2~3년 이상 근무하지 않을 것이라고 생각하더라도 회사는 지원자에게 투자하는 것이 바람직한지 알고자 할 것이다.

이 질문에 대한 대답은 확고해야 한다. 5년 안에 달성할 수 있는 목표(같은 회사에서)를 제시하고 목표를 어떻게 달성할 수 있을지 구체적인 방법까지 대답할 수 있어야 한다. 목표를 너무 높게 잡는다면 면접관은 당신이 회사에 적합하지 않다고 생각할 수도 있다. 목표를 너무 낮게 잡는다면 면접관은 야망이 부족하다고 생각할 수도 있다. 딱 적정선을 찾아야 한다.

배우고 성장할 수 있는 최고의 기회를 찾을 수 있고, 새롭고 책임감 있는 업무를 맡고 싶습니다. 이 회사에서 성실하게 일한다면 5년 안에 팀장으로서 인력 관리 능력을 발전시킬 수 있을 것이라고 생각합니다. 그리고 저는 현재 위치에서 경험할 수 있는 기술적인 능력을 개선해 팀장에 적합한 사람이 되겠습니다.

대답이 위험 요소가 되지 않도록 조심하자. 대답이 "코딩하는 것을 좋아 해본 적이 단 한 번도 없으니 되도록 빨리 관리직을 맡고 싶습니다"라는 뜻으로 전달되어서는 안 된다. 야망이 독이 될 수도 있다.

당신의 장점은 무엇입니까?

아마 여러 가지 장점이 있겠지만 지원하는 업무와 최대한 연관성이 높고 증명 가능하면서도 독특한 세 가지 장점을 선택하자. 예를 들어 '지적 능력'은 아마도 증명 가능하면서도 적합한 장점이지만 너무 흔해서 특징이 없기도 하다.

의사소통 능력, 에너지, 창의력, 압박이 심한 상황에서 업무 진행하기, 다른 사람에게 동기 부여하기 등이 좀 더 나은 선택일 것이다. 이런 장점을 언급하면서 특정한 예를 들어 말하도록 하라. 다음과 같은 예를 살펴보자.

제 특별한 장점으로 세 가지를 꼽을 수 있습니다. 첫째, 예전 5년간 강사 경험으로 쌓아온 의사소통 능력이 뛰어납니다. 둘째, 매우 창의적인 사람입니다. 현재 밴드 활동을 하며 밴드에서 새로운 노래 가사를 쓰거나 참신한 인터페이스를 설계하거나 독특한 문제 해결 방법을 찾는 능력이 있습니다. 셋째, 배움에 매우 열정적입니다. 최근에 지역 대학에서 심리학 강의를 수강했고 미술학 수업을 새로 수강할 예정입니다. 업무에 직접 적용할 일은 없겠지만 새로운 것들을 배우는 것이 매우 즐겁습니다.

당신의 약점은 무엇입니까?

수년 전, 약점이 반대로 강점이 될 수 있다는 잔인한 루머가 퍼진 적이 있다.

"저의 큰 약점은 너무 열심히 일하는 것이라고 생각합니다. 한번 일을 시작하면 멈출 수가 없습니다!"

이건 정말 아니다. 이제는 그만! 약점은 말 그대로 약점이어야 한다. 하지만 비판 받을 정도로 나쁜 점이어서는 안 된다. 나는 면접을 봤을 때, 약점이 무엇이냐는 질문에 대해 실제로 (그리고 정직하게) 다음과 같이 답변했다.

세 가지 큰 약점이 있다고 생각합니다. 첫째, 때때로 세부적인 것을 꼼꼼하게 살펴보는 데 약합니다. 이런 점 때문에 업무를 빨리 처리할 수는 있지만, 간혹 부주의한 실수를 할 수도 있습니다. 단 중요한 업무의 경우, 제출하기 전에 두세 번 확인해야 한다는 것을 배웠습니다. 둘째, 매우 정량적인 사람입니다. 가끔은 의사 결정에 영향을 받는 사람이나 그 이유를 종종 잊어버리기도 합니다. 저는 의사 결정시에 모든 관련자가 어떤 사람이고 그들이 어떻게 반응할 것인지도 고려해야 한다는 것을 배웠습니다. 셋째, 저만의 아이디어나 때때로 다른 사람의 의견에까지 너무 비판적으로 대할 때가 있습니다. 집중적으로 긍정적인 피드백을 주면서 감추려고 노력해 왔지만, 제 성격을 고칠 필요가 있음을 깨달았습니다.

약점이 장점이라고 주장하지 않았지만, 면접관들이 내가 업무를 제대로 수행하지 못하리라 생각할까? 아마도 아닐 것이다. 업무가 무엇이냐에 따라 다르다고 생각할 것이다(다른 사람에게 동기를 부여해야 하는 코치 역할이 아니니 내게는 해당 사항이 없다).

약점을 개선하고 부정적인 측면을 극복하기 위해 어떻게 노력하는지도 (이를테면 업무를 두 번 이상 확인하는 것) 함께 이야기해 약점을 최소화하는 것이 좋다. 또 구체적인 예시를 들어 약점을 증명하는 것을 잊지 말라. 그럴 수 없다면 약점이 아닌 것이다.

행동에 대한 질문과 이력서 관련 질문

행동에 관한 질문들은 일반적으로 생각하는 리더십 같은 질문이 전부가 아니다. 행동에 관한 질문은 바로 자신에 대한 질문이다. 사람들에게 섬세하게 영향을 끼치는가? 결정을 내리기 전 사람들의 지지를 얻을 수 있는가?

주위 사람들에게 동기를 부여하려고 노력하는가? 아니면 스트레스를 받거나 긴장감을 퍼뜨리는 사람인가?

행동에 대한 질문에 대한 답변은 성과 뿐 아니라 어떻게 성과를 냈는지에 대한 내용도 포함되어야 한다.

회사에서 알려고 하는 것

행동에 대한 질문들은 보통 "~했던 때에 대해 말해 보세요" 형태의 질문들이다. 진행했던 구체적인 프로젝트나 업무에 대해 물어본다. 면접관은 크게 네 가지 핵심 속성을 살펴보고자 할 것이다.

1. 이력서 검증

조심성 많고 글을 잘 쓰는 사람의 이력서를 살펴보면, 엄밀히 말하면 거짓말이 아니라고 결론이 나겠지만 성과를 과장하는 경우도 있다. 그럴 경우, 예상치 못한 질문을 받을 때가 가장 위험하다. 그러므로 실제 경험에서 비롯된 성과를 예로 드는 것이 좋다.

2. 업무 해결 능력

미래 업무 성과를 예측할 수 있는 최고의 방법은 과거 업무 성과를 살펴보는 것이다. 그래서 면접관은 지원자가 맞닥뜨린 문제를 이해하고, 어떻게 해결했는지 알고자 한다. 따라서 구체적인 문제들에 대해 질문할 것이고 업무와 연관성이 높은 질문을 던질 것이다. 관리자나 팀 리더 업무에 지원했다면 리더십에 대한 질문을 받거나 고집 센 직원들과 일하는 방법에 대해 질문을 받게 될 것이다.

3. 성격과 회사 문화의 궁합

면접관은 행동에 대해 질문하고 그에 대한 답변을 통해 지원자의 성격에 대해 알 수 있다. 분석력을 바탕으로 책임감 있게 일하는 유형의 사람인지, 관계 형성을 통해 리더십을 행사하는 타입인지, 직설적인 사람인지,

신중하게 말하는 사람인지도 파악할 수 있다. 어떤 성격이 더 낫다고 할 수 없지만 회사 문화에 좀 더 적합한 요소는 있다.

4. 의사소통

'사전 준비 없이' 명확하고 일관성 있게 대답할 수 있는가? 의사소통이 체계적인가, 아니면 횡설수설하는가? 흥미롭고 호감이 가도록 말할 수 있는가?

접근 방법

S.A.R$^{Situation, Action, Result}$(상황, 행동, 결과)은 문제점이 무엇이었는지, 어떻게 대처했는지, 그 결과가 무엇인지 명확하게 설명하는 방법이다. 행동 관련 질문들에 체계적인 대답을 하는 데 도움이 되는 효과적이다. 다음과 같은 질문을 받았다고 하자.

"팀원들과 같이 일하는 데 어려웠던 점을 말해 보세요."

- **상황**^{Situation}은 문제에 대한 간략한 설명이다. 읽는 사람이 문제점이 무엇이었는지 충분히 이해할 수 있을 정도로 상세하게 설명해야 하지만 지나치게 세세해서는 안 된다.

"마지막 프로젝트를 진행할 때 저보다 훨씬 나이가 많은 사람의 일을 감독해야 하는 업무를 맡았습니다. 그는 다른 팀 동료들과 떨어져 너무 독립적으로 일했고 팀에 공유하지 않았고, 결국 업무 마찰이 많이 생겨났습니다. 그와 문제를 논의하려고 하자, 그는 매우 크게 화를 냈고 제가 태어나기도 전부터 일해 왔다고 소리지르기까지 했습니다."

- **행동**^{Action}은 취한 행동에 대한 설명이다. 전체 이야기에서 가장 중요한 부분이다.

"저는 그가 진정하도록 일단 방을 떠났고 다른 팀원과 이야기를 했습니다. 다른 팀원은 그가 매우 불안정한 사람이라고 말해 주었습니다. 다음날 다시 돌아왔을 때 그가 저를 도왔다는 부분을 인정하고 접근했습니다. 그리고 그의 업무 방식을 이해할 수 있도록 도와달라고 부탁했고, 제 업무 일부분을 진행하려면 그의 도움이 필요하다고 말했습니다. 그 다음 정기적으로 그의 업무를 확인했습니다. 또한 저의 업무 일부분에 대해 조언을 구하고 그가 문제를 어떻게 해결하는지 살펴봤습니다. 그가 특정 문제를 어떻게 처리하는지 물어보면서 그의 업무에 다시 초점을 맞출 수 있었습니다."

· **결과**Result는 무슨 일이 있었고 그로 인해 무엇을 배웠는지 설명하는 것이다.

"그가 하는 일이 잘못되었다고 말하지 않았기 때문에 그는 공격으로 받아들이지 않았습니다. 제가 헷갈릴 때마다 같이 이야기를 나누었습니다. 이런 식으로 접근해서 그가 하는 일을 계속 확인할 수 있었고 올바른 방향으로 부드럽게 이끌 수 있었습니다. 그 사람은 팀 생산성을 더는 소모시키지 않았습니다."

구체적인 상황을 얼마나 많이 건너뛰었는지 보라. 그 프로젝트가 무엇이었는지, 업무 마찰이 무엇이었는지는 설명하지 않았다. 전체 이야기에는 크게 연관이 없기 때문이다.

다섯 가지 질문 예제

1. 당신의 의견에 동의하지 않은 사람들을 대상으로 프레젠테이션을 진행했던 경험에 대해 말해 보시오.
2. 과거 진행했던 프로젝트에서 가장 큰 실수에 대해 말해 보시오.
3. 업무 성과가 나지 않는 팀원들을 다루어야만 했던 경험에 대해 말해 보시오.

4. 논란의 여지가 많은 결정을 해야만 했던 경험에 대해 말해 보시오.
5. 사람을 이끌기 위해 감성 지능$^{emotional\ intelligence}$을 사용해야만 했던 시간에 대해 말해 보시오.

이 다섯 개 질문에 대한 답변 예제는 부록 B에서 확인할 수 있다.

추산 질문

747 항공기를 탁구공으로 가득 채운다면 탁구공이 몇 개 필요할까? 해마다 미국에서 팔리는 피자는 몇 판일까? 답은 나도 모른다. 하지만 안다고 해도 이런 질문들에 대한 대답에는 큰 도움이 되지는 않을 것이다.

    이런 질문은 정확한 답을 알지 못한다면 매우 잔인한 질문처럼 보이지만, 이런 질문을 통해 알고자 하는 것은 답을 찾아가는 과정을 살펴보려는 것이다. 실제 상황과 연관성은 논쟁의 여지가 있겠지만, 이러한 질문을 지지하는 사람들은 대략적으로 계산하는 능력과 추론 능력이 어느 정도 가치가 있다고 주장한다.

회사에서 알아보고자 하는 것

평가 질문은 몇 가지 분야에 걸쳐 지원자의 능력을 확인하기 위한 질문이다.

- **수학**: 머릿 속으로 암산할 수 있는가? 숫자가 너무 커서 계산하기가 어렵다면(3,142×8,923) 근사치로 계산해 낼 수 있는가?(3,000×9,000=27,000,000)
- **가정**: 항공기의 너비 등 타당성 있는 사실을 바탕으로 가설을 세울 수 있는가? 그럴 수 있다면, (항공기 의자의 너비 등을) 구두로 설명해 사람들이 확인하게 할 수 있는가?
- **추론/사고력**: 알고 있는 사실을 이용해 논리적인 근거를 들어 대답할 수

있는가?
- **세심함**: 일반화해서는 안 되는 내용을 구분하는가? 예를 들어 미국에서 일반인이 옷에 소비하는 평균 금액을 계산한다면 성인과 아이를 별도로 구분하나?
- **직감**: 뭔가 이상하면 직감적으로 알아차릴 수 있는가? 예를 들어 미국에서 해마다 피자가 100만 개 팔린다는 결론을 내렸는데, 그 대답이 너무 낮은 수치(1년간 300명당 피자 1판을 먹는 셈이다)라는 것을 알아차릴 수 있는가?

계산 질문에 답하는 방법

계산 질문에 답변하려면 알고 있는 것에서부터 논리적으로 추론할 수 있는 능력이 필요하다. 그리고 대답에 도달하는 데는 다양한 길이 존재한다.

매년 프로그래밍 업무에 지원하는 학생들을 대상으로 하는 면접이 얼마나 많이 진행되는지 계산해 보자. 해마다 대학을 졸업하는 학생이 몇 명인지, 그중 몇 퍼센트가 컴퓨터 전공인지 그리고 각각 얼마나 많은 면접을 진행하는지 추론이 필요하다. 답변을 하기 전에 본인이 생각하는 문제 해결 과정을 면접관에게 설명하라.

- **졸업생 수**: 미국 인구는 3억 명이고, 평균 수명은 75살이다. 대략 각각의 나이에 연령이 고르게 분포되어 있다면 22살은 400만 명이다. 미국 인구의 25%가 대학을 졸업한다고 가정하면, 매해 대학 졸업생 수는 100만 명이다.
- **컴퓨터 과학 전공자 수**: 자, 얼마나 많은 수의 학생이 엔지니어링 학위를 가지고 있을까? 내가 다닌 고등학교와 내 주위 친구들을 기준으로, 75% 정도가 대학교에 진학한다고 가정하자(자유 교양 대학 대신). 정확하지 않은 추론이지만, 일단 그렇게 가정하자. 각 대학교 학생 중 20%가 공대에서 공부하고 그중 20%가 컴퓨터 과학을 전공한다. 100만×75%×20%×20%=매년

3만 명에게 컴퓨터 학위가 수여된다.
- **면접 횟수**: 컴퓨터 학위를 받는 3만 명 중 50%가 프로그래밍 업무에 종사하고자 한다고 하면, 한 사람당 평균적으로 다섯 개 회사에서 면접을 본다. 한 회사에서 평균 네 번 면접이 진행된다고 하면 30,000×50%×5×4=300,000이다. 따라서 매년 컴퓨터 과학 전공 학생들을 대상으로 30만 번 면접이 진행된다고 계산할 수 있다.

정확한 수치가 아닐 수도 있지만 대답이 꼭 정확해야만 하는 것은 아니다. 중요한 것은 문제 해결 방법이다.

다섯 개 질문 예제

1. 통학 버스에 골프공을 얼마나 많이 채울 수 있을까?
2. 뉴욕에서 피자는 하루에 몇 개나 배달될까?
3. 매년 애완동물 사료 시장 매출액은 얼마일까?
4. 뉴욕시의 모든 거리를 청소하는데 비용이 얼마나 필요할까?
5. 전 세계 패스트푸드 레스토랑에서 일하는 사람은 몇 명일까?

설계 질문

설계에 대한 질문은 평범한 수준(할 일 목록 관리 프로그램을 만들기 위해 어떻게 설계할까?)부터 비정상적인 질문들(청각 장애인을 위한 자명종은 어떻게 만들 수 있을까?)까지 매우 광범위하다. 그리고 많은 업무에 공통적으로 적용된다. 특히 프로그램/제품 매니저들은 매우 광범위한 문제를 다룬다. 프로그램/제품 매니저들은 구체적인 고객, 즉 아동, 청각 장애인, 시각 장애인 등에 초점을 맞추기도 한다.

회사에서 알고 싶어 하는 것

"우리는 지원자가 고객 중심적인 사고를 하는지 알고 싶습니다."

마이크로소프트의 프로그램 매니저인 준이 말했다.

"설계에 대한 질문의 50%는 대상 사용자가 누구인지 이해할 수 있도록 고객 입장이 되어볼 수 있는 질문이고 25%는 창의성에 대한 질문입니다. 새롭고 신선한 관점에서 생각할 수 있는지 물어보죠. 나머지 25%는 의사소통입니다."

지원자 대부분이 창의성에 너무 초점을 맞추다 보니, 말도 안 되는 새 기능이나 위젯에 대한 아이디어를 내놓곤 한다. 그것도 좋지만 실제로 자신이 정말 하려는 일인지 생각해 보자. 면접은 실제 업무 수행 능력을 반영할 수 있어야 한다는 것을 명심하라. 그리고 현실에서는 고객이 원하는 것을 알아차리고 고객이 원하는 것을 만들어야 한다.

설계에 대한 질문에 답하기 전에 면접관이 알아보려고 하는 것은 다음 네 가지임을 기억하라.

· **창의적인가?** 문제를 해결하기 위해 고정 관념을 깨고 생각할 수 있는가? 똑같은 오래된 물건에서 작은 변화를 끄집어낼 수 있는가?

· **고객 중심적인 사람인가?** 고객이 필요한 것이 무엇이고 한계가 무엇인지 생각하는가? 16세 소녀는 부모와 공통점이 많지만, 16세 소녀만이 필요한 것들이 있다.

· **모호함에 어떻게 대처하는가?** 모호한 요소들을 구별하고 그것을 명확하게 정의할 수 있는가? 모호함을 풀 수 없다면 결정을 어떻게 내리는가?

· **생각을 효과적으로 전달할 수 있는가?** 설계 관련 질문에서 밑도 끝도 없는 내용에 대해 웅얼거리면서 얼버무리기가 쉽다. 효과적인 의사소통자는 체계적인 방법으로 접근해 자신의 결론을 정리해야만 한다.

설계 관련 문제에 대처하는 방법

재미 삼아 마이크로소프트 면접에서 받았던 실제 질문을 살펴보겠다.

"16세 소녀가 쓸 자동차용 전자열쇠 key fob를 만들어 보시오."

1단계: 모호함 해결하기

차를 사는 사람은 누구인가? 소녀인가, 부모인가? 새 자동차에 쓸 것인가, 기존 자동차에 하나 더 필요한 것인가? 일반적인 자동차인가, SUV인가?

  첫 번째 질문은 고객이 누구인지 결정하는 매우 중요한 질문이다. 고객이 소녀 한 사람인가, 소녀와 부모님 둘 다인가? 두 번째 질문은 '첫 번째 사용자'가 무엇을 세팅해야 하는지를 결정하기 때문에 중요하다. 그냥 동작해야 하나, 프로그래밍이 필요한가? 세 번째 질문은 전자 열쇠에 트렁크를 여는 버튼이 필요한지 아닌지를 결정하는 요소다.

2단계: 가장 기본적인 제품의 기능은 무엇인가?

전자 열쇠에는 적어도 차를 열 수 있는 기능이 반드시 있어야 한다. 차문을 잠그고, 알람을 가동하고, 트렁크를 열 수 있어야 한다.

3단계: 고객이 필요로 하는 것은 무엇인가(고객이 누구인가)?

면접관과 논의해야 할 것은 전자 열쇠를 구매하는 의사 결정을 하는 사람이 누구인가 하는 것이다. 부모에게 의사 결정권이 있다고 가정하지만 딸이 의견을 제시하기도 한다.

  부모가 필요로 하는 것은 무엇이고 고려하는 것은 무엇인가? 가격과 안정성이 가장 큰 두 가지 요소일 것이다.

  소녀가 고려하는 것은 무엇인가? 아마 멋진 디자인을 중요하게 생각할 것이다. 내구성도 중요하다. 지갑이나 가방에 던져 넣을 것이기 때문이다.

  소녀나 부모가 고려하는 것 중에 또 다른 요소는 무엇이 있을까?

4단계: 이런 요구를 충족하는 속성은 무엇인가?

외관 면에서는 광택이 있는 다양한 색상의 아이템을 제안하고 전자 열쇠에서 키를 접어 넣을 수 있도록 한다.

내구성을 위해서는 단단한 플라스틱처럼 흠집이 나지 않고 튼튼한 재질을 사용해야 한다.

사용자의 안전을 위해 전자 열쇠에 '911' 버튼을 넣을 수 있을까? 위치 추적기$^{GPS\ Tracker}$는 어떨까? 너무 부담스러운가?

좀 더 깊게 파고들 수 있는 분야 한 가지는 구입 과정이다. 누군가가 이런 형식의 전자 열쇠로 '업그레이드'할 수 있을까? 이 시나리오를 최적화하기 위해 확장하여 고민해야 하는 것에는 무엇이 있을까?

다섯 가지 질문 예제

1. 6세 유아용 TV 리모컨을 디자인해 보라.
2. 시각 장애인용 ATM을 디자인해 보라.
3. 돈이 무한히 많다면 욕실을 어떻게 꾸밀 것인지 말해 보라.
4. 사람들은 대부분 은행 사이트를 매우 싫어한다. 은행 웹 사이트를 새로 설계해 보라.
5. 자동차용 냉난방기를 설계해 보라. 아무것도 없는 상태에서 설계를 시작한다고 가정한다. 자동차용 냉난방기를 아는 사람이 없는 것이다.

퍼즐: 왜 맨홀 뚜껑은 둥글까요?

마이크로소프트와 여타 회사에서 한때 유행이었던 퍼즐 문제는 실질적으로 인기가 많이 사그라들었다. 대신 면접관들은 점점 행동에 대한 질문이나 구체적인 능력 검증을 위한 질문을 하게 되었다. 그러나 불행히도 이런 퍼즐 질문은 지금도 툭 튀어나올 때가 있다. 정확히 무엇이 퍼즐 질문인지 정해진 것도 없고, 이런 질문이 지적 능력을 검증하기에 효과적인 방법이라고 아직도 믿는 면접관이 있기 때문이다.

다행히도 소프트웨어 엔지니어들은 이런 질문을 두려워할 필요가 없다. 소프트웨어 엔지니어 업무에 지원하는 사람 대부분은 퍼즐 질문을 하나도 받지 않을 것이다. 퍼즐 질문을 받는 엔지니어들은 컴퓨터 과학과 관련 있는 수치에 대한 질문을 받게 될 가능성이 높다.

회사에서 알고 싶어 하는 것

퍼즐 질문을 하는 면접관들은 이런 질문이 지적 능력을 측정하기에 효과적인 방법이라고 여긴다(사견이지만 이는 실수라고 생각한다). 지원자가 어려운 문제에 직면했을 때 어떻게 해결하는지, 논리적으로 답을 찾아낼 수 있는지 확인하려는 것이다.

다행히도 퍼즐 질문은 단순 '말장난'이 아니라 좀 더 논리와 추론을 통한 해결 방법을 확인하고자 하는 질문이다.

퍼즐 질문에 대처하는 방법

퍼즐 질문의 범위는 매우 광범위하다. 그래서 퍼즐 질문에 대답할 수 있는 유용하고 멋진 방법을 제시하기는 어렵다. 그러나 내가 찾은 방법 중 효과가 좋았던 방법이 몇 가지 있다. 퍼즐 질문을 준비하는 데 도움이 될 것이다.

하위 문제 해결하기

해결할 수 있는 하위 문제나 다양한 문제가 있다면, 맞는 방향으로 접근하는 중일 것이다. 그러므로 이 부분에 대해 좀 더 고민해 보고 어디로 갈 수 있는지를 보라.

- **예**: 정확히 1시간에 1개씩 타는 2개의 동아줄이 있다. 2개의 줄은 밀도가 같지 않아서 절반 정도 타는 데 30분 이상 걸릴 수도 있다. 2개의 동아줄을 활용하여 정확히 15분을 재 보자.
- **하위 문제**: 양쪽 끝 로프에 불을 붙여 정확히 30분을 잴 수 있다는 사실을 깨달았을 것이다.
- **해결 방법**: 로프 1의 양쪽 끝에 불을 붙이고, 로프 2의 한쪽 끝에 불을 붙인다. 로프 1이 완전히 타버렸을 때 30분이 지났을 것이고, 30분이 로프 2에 남아 있을 것이다. 로프 2의 다른 끝에 불을 붙이고 타이머를 시작하라. 로프 2가 다 탔을 때 타이머를 멈춘다.

규칙과 방정식을 개발하라

문제를 받았을 때 예를 통해 해결할 수 있는지를 보라. 될 수 있으면 구체적으로 발견할 수 있는 방법으로 규칙이나 방정식을 만들어내려고 노력하라.

- **예**: 100개의 사물함이 있다. 어떤 사람이 사물함을 전부 열었다. 그런 다음 두 개당 하나씩 사물함을 닫는다. 그리고 나서 네 개당 하나씩 사물함을 연다. 이런 식으로 100번을 반복하면 어떤 사물함이 열릴까?
- **규칙 1**: x 번째 사물함은 x가 y로 나뉜다면 y 실행에 따라 변한다.
- **규칙 2**: 약수 개수가 홀수면 x 번째 사물함은 100번의 동작 끝에 열린다.
- **해결 방법**: 몇 가지 예로 실험을 한다면 거의 모든 숫자가 인수 개수가 짝수임을 알아차릴 것이다. 숫자 n이 x에 의해 나뉘기 때문에 n/x에 의해서도 나뉠 수 있다(서로 짝을 이루는 것과 같다). 예를 들어, 12가 3으로도 나눌 수 있다면, 12는 또한 12/3(또는 4)로도 나눌 수 있다. 즉, 숫자들이 대부분 '짝이 있다'는 사실도 적어두자. Factors(35)={1 and 12, 2 and 6, 3 and 4}다. 인수를 홀수 개 얻기 위해 임의로 조작하는 유일한 방법으로 완전 제곱수를 골라야 한다. Factors(36)={1 and 36, 2 and 18, 3 and 12, 4 and 9, 6 and

6)이다. 게다가 열리는 사물함들의 숫자는 완전 제곱수와 동일하다. 100보다 작은 완전 제곱수는 10개가 있다. 예를 들어 1의 제곱, 2의 제곱, ⋯ 10의 제곱이다.

문제를 단순화하라
때때로 문제를 간단하게 만들거나 특정 사례에 대한 문제를 해결하면 일반적인 추이를 명확하게 정의할 수도 있다.

· **예**: 한 무리의 사람들이 섬에 있고 어느 날 밤, 몇몇 사람이 마법 모자를 받았다. 이 모자는 자기 모자를 볼 수 없는 마법에 걸려 있다. 하지만 다른 사람 모두를 볼 수 있다. 모자를 없애려면 정확히 자정에 수영을 해야만 한다(그리고 모자 없는 사람이 수영을 할 경우 다양한 벌칙이 주어진다). 사람들이 모자를 없애는 데는 시간이 얼마나 걸릴까? 주의: 최소한 한 사람 이상은 모자를 가지고 있지만, 얼마나 많은 사람이 모자를 가지고 있는지는 모른다.
· **단순화**: 한 사람이 모자 한 개만 받았다면 어떨까? 이 경우, 그 모자를 쓴 사람은 모자를 쓴 사람을 아무도 볼 수 없게 된다. 그리고 모자를 쓴 사람이 자신임을 알게 된다. 한밤중에 수영하러 갈 수도 있다. 두 명(한 명은 A, 한 명은 B라고 부르자)이 마법 모자를 받았다면? A와 B는 1개 또는 2개 이상의 모자가 있음을 알고 있다. 하지만 어떤 것인지는 알 수 없다. 하지만 그들은 모자가 하나만 있다면, 한밤중에 제거될 수 있음을 알고 있다. 둘째날이 오면, 그들은 모자가 두 개 있다는 결론을 내야만 한다. 그들은 자신이 두 번째 모자를 가졌다는 것을 안다. 그리고 둘 다 한밤중에 수영을 간다. 세 명이 모자를 가졌다면 A와 B와 C에게는 두 가지 가설이 있다. 2개의 모자와 3개의 모자. 이틀이 지나고 모든 사람이 여전히 모자를 가지고 있으면, 그들은 모자가 세 개 있음을 알게 되고 모두 수영하러 갈 것이다.
· **해결 방법**: 이를 확장하라. C개의 모자가 있다면 알 수 있을 것이고 모두

제거되는 데는 C밤이 지나야 한다. 모든 모자는 동시에 제거될 수 있다. 첫날부터 각각 모자를 가진 사람은 딱 두 가지 가능성이 있다는 것을 알 수 있다. 바로 모자가 C개이거나 (C-1)개다. (C-1)개 모자라면 (C-1) 번째 밤에 모자가 제거될 것이다. 모자가 제거되지 않았고 모든 모자를 쓴 사람이 그날 밤에 C 번째 모자가 남아 있다는 결론을 낼 수 있다.

예제

- 알약 병 열 개가 있다. 병 아홉 개는 1.0그램짜리 알약으로 가득 차 있지만 다른 약병 하나는 1.1그램 약으로 가득 차 있다. 한 번 측정해서 어떤 알약 병에 무거운 약이 들어 있는지 알아낼 수 있을까? 주의: 측정은 아주 정확한 측정값을 보여준다.
- 근무자 다섯 명이 각각 평균 급여를 계산하기로 결정했다. 연봉을 아무에게도 말하지 않고 어떻게 계산할 수 있을까?
- 100개 층으로 된 빌딩이 있다. 달걀이 n층이나 그보다 높은 층에서 떨어진다면 부서질 것이다. n층보다 아래에서 떨어진다면 부서지지 않을 것이다. 달걀이 두 개 있다. 달걀을 떨어뜨리는 실험 횟수를 최소화하면서 n층이 몇 층인지 찾을 수 있나?
- 3갤런짜리와 5갤런짜리 물주전자를 가지고 있고 무제한 물을 공급받을 수 있다. 정확히 물을 4갤런 얻으려면 어떻게 해야 하는가?
- 가로세로 8×8짜리 체스판이 있고 대각선으로 2방향의 가장자리가 잘려져 있다. 그리고 31개 도미노와 2개의 네모 칸을 채울 수 있는 도미노가 하나 주어졌다. 31개 도미노로 전체 보드를 덮을 수 있는가?

어려운 질문에 대답하기

때때로 가장 어려운 질문은 이미 알고 있지만 대답하고 싶지 않은 질문들이다. 해고 또는 이직 패턴, 갑작스런 경력 변화에 대해 질문을 받을 수도 있다. 이런 질문들을 그다지 받고 싶지 않겠지만, 그래도 대비는 해야 한다. 민감한 질문에 대한 이야기를 준비하고, 친구들 앞에서 소리 내어 크게 연습하는 것이 필요하다. 정직해 보이고 신뢰가 가는가? 면접관이 이어 질문할 수 있는 후속 질문에도 준비가 되었는가?

가장 큰 실수는 질문을 무시하는 것이다. 면접관이 대답을 들으려고 압력을 크게 가하지는 않겠지만 좋은 인상을 받지도 못할 것이다.

숨기려고 노력하는 것이 무엇이든지 정직한 태도를 유지하라. 또 너무 비난받지 않으려고 애쓰지 말라. 자기 실수를 인정하고 실수를 통해 무엇을 배웠는지, 배운 내용을 바탕으로 어떻게 성장했는지에 중점을 두도록 한다. 정직하게 대답하면 성숙함과 정직함을 보여줄 수 있을 것이다.

구조 조정

구조 조정 기간에 면접을 본다면 다른 사람들보다 좀 더 유리하다. 하지만 정기적인 구조 조정은 적신호가 될 수 있다. 어떤 사람들은 대부분 구조 조정 기간에도 직업을 유지하는데 왜 당신은 유지하지 못했는가?

이런 경우, 업무 성과가 뛰어나다는 아주 강력한 증거가 매우 중요하다.

- "이전에 다니던 회사의 경기가 매우 좋지 않았습니다. 세 차례 구조 조정에서는 살아남을 수 있었지만 네 번째 구조 조정에는 저도 포함되어 있었습니다. 솔직히 예전에 다니던 회사를 탓할 수만은 없습니다. 제 역할은 고객 서비스에 대한 것이고 대응해야 할 고객이 많이 남아 있지 않았기 때문입니다."
- "예전에 다니던 회사에서 직원의 25%를 구조 조정했습니다. 그리고 모바일 부서가 구조 조정의 주요 표적이 되었습니다. 상사가 저를 위해 매우 애써주었지만, 저는 회사에서 제시하는 새로운 방향성을 전혀 이해할 수 없

었습니다."

해고

면접관들은 해고에 대해 두 가지 면이 있음을 알고 있다. 해고를 당한 것이 자기 잘못이 아니라고 주장한다면, 면접관들은 다른 곳을 수소문해 결국 진실을 알게 될 것이다. 그러니 진실은 직접 밝히는 것이 좋다.

자신의 해고에 대한 책임을 받아들이고 그로부터 무엇을 배웠는지 보여주도록 하라.

- "제가 다녔던 회사는 1주일에 70시간 이상 근무하기를 요구했습니다. 집에 갓 태어난 아기가 있어서 일주일에 40~50시간 넘게 일할 수 없었습니다. 기본적으로 제 근무 시간보다 훨씬 오래 근무했지만, 서로 기대 수준을 조율하는 것이 매우 중요하다는 교훈을 얻은 경험이었습니다."
- "저는 제가 생산성이 떨어진다는 이유로 해고를 당했습니다. 사실은 제가 그 업무에 그리 큰 열정이 없어서 업무에 집중하지 못했기 때문입니다. 하지만 그로 인해 제가 진실로 열정을 가지고 있는 분야, 즉 기술 분야로 제 경력을 바꿀 수 있었던 점은 긍정적으로 생각합니다. 새로운 선택에 매우 흥분이 됩니다."

산뜻하게 일관적으로 대답하라. 책임을 전가하는 것처럼 보이는 말은 하지 말라. 예전 회사에 대해 부정적인 말을 하지 말라. 그리고 거짓말하지 말라.

실직

장기간 실직했다면 면접관은 실직 기간에 무엇을 했는지 알고 싶어 할 것이다. '구직 활동'은 아마도 완벽한 대답이 될 수 없을 것이다. 솔직히 구직 활동에 얼마나 많은 시간을 보내는가?

  회사를 다니지 않았던 기간에 무언가 이루어낸 성과가 있거나 새로운 기술을 터득했다면 최고의 대답이 될 것이다. 예전에 한 번, 7년간 회사를 다니지 않았던 남자를 면접한 적이 있었다. 그는 아이 둘을 키우려고 회사를 그만두었다고 했다. 그리고 아이들이 유치원을 다니기 시작하자, 몇 가지 게임과 소프트웨어를 만들면서 하루를 보냈다고 했다. 이 지원자는 초반 위험 요소인 경력의 긴 공백을 매우 큰 추가 점수로 바꾸어 버렸다. 우리 중 대부분은 돈을 받고 소프트웨어를 개발하지만, 재미를 위해 소프트웨어를 개발하는 것은 소프트웨어 개발에 대한 매우 독특한 열정을 보여주는 것이다. 그는 합격했다.

  지금 회사를 다니지 않고 있다면 생산적인 일을 찾아서 해 보길 권한다. 친구가 새로 시작하는 사업을 도울 수도 있고, 지방 대학에서 새로운 수업을 몇 가지 들을 수도 있다.

  실직 기간은 이력서를 강화할 수 있는 매우 훌륭한 시간이다.

질문과 대답

진입 장벽

> 게일 씨께
>
> 미국으로 발령받기 전까지 인도에서 쭉 살아서 영어를 말할 때 여전히 인도식 억양이 매우 강합니다. 기술적인 문제를 해결하는 데는 크게 문제가 없지만, 면접관이 행동 방식에 대해 질문할 때 대화를 지속적으로 유지하기 어렵습니다.
>
>   면접관이 인도가 아닌 다른 나라에서 온 사람이거나 미국에서 온 사람이라면, 상

황이 더욱 악화될 수도 있습니다. 면접관의 국적에 대해 특별 요청을 할 수 있는 방법이 있을까요?

G. E. 드림

G. E. 씨께

특정 국적의 면접관을 요청할 수는 없습니다. 만에 하나, 면접관에 대한 요청이 받아들여졌더라도 그것이 G. E. 씨를 특별하게 만들 수 있을까요? 특정 국적의 사람과만 일할 수 있는 사람을 고용하기 원하는 회사는 없습니다.

 대신, G. E. 씨가 어떻게 의사소통하면 좋을지 이야기해 줄 수 있습니다. 좀 더 천천히 말하고, 좀 더 간단한 단어를 사용하는 것이 이해에 도움될 것입니다.

 하지만 장기적으로 볼 때, 말하기 수업을 듣는 것을 고려하면 좋습니다. 말하기 수업으로 발음을 개선하는 데 성공한 사람이 많습니다. 구직 활동에 도움이 될 뿐 아니라 경력에도 도움될 것입니다.

게일 드림

숫자 게임

게일 씨께

계산 질문에 대해 기본적인 접근 방법을 이해하고는 있지만 항상 수학적인 실수를 많이 하는 편입니다. 단지 암산하는 실력이 좋지 않을 뿐입니다. 계산기를 요청하거나 제가 대처할 수 있는 다른 방법이 있을까요?

W. P. 드림

W. P. 씨께

계산기를 요청하기는 어렵겠지만, 문제 해결 과정을 잘 이해한다면 좀 더 잘 대처할 수 있는 방법이 있습니다.

한 번에 많은 숫자를 기억할 수 없어서 머릿 속으로 암산하는 데 어려움을 겪는 사람이 많습니다. 293이라는 숫자가 떠오르자마자 143이라는 숫자는 잊어버리게 됩니다. 먼저 계산한 숫자를 적을 수 있도록 종이를 요청하면 도움이 될 것입니다.

도움이 될 만한 또 다른 방법은 메모를 잘 구성하는 것입니다. 그 페이지의 잘못된 숫자를 주기적으로 지워야 하는데 그렇지 않으면 잘못된 계산 결과가 나올 것입니다.

마지막으로 공통적인 계산 '방정식'을 암기하는 것도 유용합니다. 12×12를 암기할 수 있는 곱셈 테이블을 앞에 두고 싶겠지만 20×20까지도 암기해야만 합니다. 그 숫자들을 정말 잘 알고 있는지 확인하십시오. 좀 더 좋은 결과를 내기 위한 쉬운 방법입니다.

게일 드림

용감한 무지

게일 씨께

최근 면접에서 좀 더 나이든 사람들을 위한 소셜 네트워크를 설계해 보라는 질문을 받았습니다. 저는 페이스북이나 기타 서비스들을 한 번도 사용해본 적이 없어서 이 질문들에 어떻게 대답해야 할지 난감했습니다. 면접관에게 이를 설명했지만 그녀는 어깨를 으쓱하더니 어쨌든 한 번 구성해 보라고 말했습니다. 불공평한 것은 아닌가요? 이런 질문들에 어떻게 대처해야 하나요?

C. R. 드림

C. R. 씨께

그런 상황이라면 면접관에게 소셜 네트워크 웹 사이트를 한 번도 사용해 본 적이 없다고 양해를 구하는 것이 좋은 방법일 것입니다. 미리 이야기해 두면, 혹시라도 C. R. 씨가 일반적이지 않은 가정을 했더라도 면접관이 이해할 수 있을 것입니다. 이 시점에서 면접관은 일단 C. R. 씨의 대답을 들어야겠다고 결정을 내릴 겁니다.

면접관은 필요한 만큼 C. R. 씨의 상황을 고려할 것입니다.

소셜 네트워크에 대해 이해도가 없다는 것은 C. R. 씨가 어떻게 설계했는지에 따라 C. R. 씨에게 도움이 될 수도, 해가 될 수도 있습니다. C. R. 씨가 발을 동동 구르며 매우 불만족스럽게 행동했다면 이는 감점 요소가 될 수 있습니다. 왜냐면 실제 업무에서도 때로는 익숙하지 않은 애플리케이션을 만들어야 할 때가 있기 때문입니다.

이 경우 어떻게 진행하는 것이 좋을까요? 일단은 필요한 것이 무엇인지 파악하는 게 우선입니다. 그리고 그것이 잠재적으로는 혜택이 되는 것입니다.

페이스북에 익숙하지 않으니 마음속에 다른 사용자들을 고려하여 만든 아이템인 뉴스피드나 이벤트, '좋아요' 버튼은 생각해내지 못할 겁니다. C. R. 씨의 경우 좀 더 나이 많은 사람들이 고려하는 것에 초점을 맞추어야 합니다. 추가로 손녀들, 건강, 몇몇 TV 프로그램과 뉴스가 고려될 수도 있습니다. 그럼 사람들에게 서로 사진을 보내기 편하게 만들어줄 수도 있습니다. 사용자와 주치의를 쉽게 연결해 주거나 TV 재방송을 보는 기능이 필요할 수도 있습니다. 간단하게 읽을 수 있도록 짧은 뉴스를 보여주는 기능도 생각할 수 있습니다.

면접에서 면접관의 질문에 대답을 쉽게 찾을 수 없을 때는 실제 상황이라고 생각하면 떠올릴 수 있을 것입니다. 결국 그것을 확인하려고 면접이 설계된 것입니다.

게일 드림

추가 자료

www.careercup.com을 방문하면 추가적인 면접 질문과 자료를 확인할 수 있다.

9장

프로그래밍 면접

소프트웨어 개발 부서에 지원하는 사람이라면 기술적인 능력을 특히 많이 준비해야 할까? 그렇다. 면접에서 코드를 작성하라는 요청을 받을 것이다. 물론 컴퓨터가 주어지지는 않는다. 화이트보드에 코드를 적거나 종이에 적기도 한다. 화이트보드에 코딩 면접을 진행하려면 몇 가지 특별한 능력이 필요하다. 코드를 매우 잘 짜는 사람도 코딩 관련 질문에 혼쭐이 날 수 있다.

일반적으로 소프트웨어 개발 면접에서 약 15분 간은 이력서와 관련한 몇 가지 질문과 그에 대한 토론으로 진행된다. 가끔은 면접관에게 질문할 수 있는 기회가 주어지기도 한다. 그리고 면접 대부분은 코딩과 알고리즘에 대한 질문으로 진행된다.

코딩에 대한 질문은 금방 끝날 수도 있지만 면접 시간 내내 코딩에 대한 질문만 받을 수도 있다. 면접관은 지원자가 흠잡을 데 없는 완벽한 코딩 실력을 지니고 있으리라 기대하지는 않는다. 질문은 대부분 최고의 능력을 지닌 지원자도 실수할 만큼 까다롭다.

마이크로소프트, 구글, 아마존, 애플의 차이점

기본적으로 면접을 진행하는 면접관은 자신이 궁금한 부분에 대해 질문할 것이므로 각 회사에서 무슨 질문을 할 것인지 단정지어 말하기는 어렵다. 하지만 각 회사에서 진행되는 면접에는 나름대로 특징이 있다.

- **구글은** 다른 회사들보다 확장성^{scalability}[1]에 대해 좀 더 질문을 집중하는 경향이 있다(예를 들어, 웹 크롤러 설계). 비트 연산에 대한 질문도 많다.
- **아마존은** 객체 지향 설계 질문을 정말 사랑한다. 말 그대로 고등학교 때 첫눈에 반한 사랑의 열병과도 같은 그런 사랑 말이다. 아마존은 객체 지향 설계에 대한 질문을 끊임없이 할 것이다. 아마존에서 면접을 본다면 객체 지향 설계에 대한 문제를 반드시 공부해야 한다. 그리고 아마존은 웹 기반 회사이므로 확장성에 대한 질문도 대비하는 것이 좋다.
- **마이크로소프트는** 모든 분야를 골고루 다룬다. 알다시피 마이크로소프트는 그동안 다양한 프로젝트를 진행해왔기 때문이다. 마이크로소프트 면접은 C와 C++에 대한 질문 비중이 좀 더 높다. 이력서에 C와 C++에 대한 내용을 적지 않았다면 아무것도 두려워할 필요가 없다. 하지만 이력서에 적어두었다면 C와 C++를 활용해 원하는 대로 코딩할 수 있을 정도로 준비되어 있어야 한다. 게다가 마이크로소프트는 다른 회사보다 테스팅과 디자인 숙련도를 좀 더 강조하므로 그런 질문에 대비해야 한다.
- **애플은** 자사의 다른 직원들과 마찬가지로 지원자가 얼마나 충실하고 열정적인 애플 팬인지 알고 싶어 한다. 그러므로 애플의 모든 제품, 특히 면접을 진행하는 팀과 관련 있는 제품들을 철저히 알고 있어야 한다. 그 제품을 만든다면 어떻게 개선시킬 것인가? 애플에는 똑똑한 사람이 많다. 그 사람들은 당신이 제안하는 것들을 이미 충분히 해 볼 수 있었을 것이다. 왜 하지 않았는지 생각해 보라.

---

[1] 옮긴이 상황에 따라 시스템이 처리할 수 있는 능력을 더 크게 확장하는 것을 뜻한다. 예를 들어 현재 운영하는 서비스에 사용자 요청에 대한 대응 폭을 넓히기 위해 서버를 추가로 투입하는 상황이 이에 해당한다.

준비하기

면접 질문에 대한 대답을 연습할 때에는 대답의 양보다 질이 더 중요하다. 구글, 마이크로소프트, 아마존 같은 회사의 면접 질문은 온라인에서 말 그대로 수천 가지 예제를 찾아볼 수 있다. 그렇지만 답을 외우려고 하지 말라. 불가능할 뿐 아니라 도움이 되지도 않을 것이다.

효과적인 준비를 위한 5단계

문제 해결에 시간을 투자하고 질문에 대한 답변 연습에 다음과 같은 접근 방법을 활용해 보라.

1. 스스로 문제를 해결해 보라.

   즉 실제로 문제를 풀어보는 노력을 하는 것이다. 면접 질문은 대부분 매우 어렵지만 원래 그런 목적이다. 문제를 풀고자 한다면 공간과 시간의 복합성을 고려하라. 공간 효율성을 줄임으로써 시간 효율성을 개선할 수 있는지 스스로 생각해 보자.

2. 종이 위에 알고리즘을 구현한 코드를 써 보자.

   평생 컴퓨터로 코딩을 하면서 컴파일러, 코드 자동 완성 등 유용한 도구를 많이 활용했을 것이다. 그러나 면접을 볼 때는 이런 것들을 하나도 활용하지 못할 것이므로 이제부터라도 익숙해질 필요가 있다. 고전적인 방식으로 코드를 작성해 보라. 모든 줄의 마지막 세미콜론까지 빼놓지 말자.

3. 자기가 짠 코드를 테스트하라.

   즉 수동으로 테스트하라. 컴퓨터로 부정행위를 해서는 안 된다!

4. 컴퓨터에 자신이 짠 코드를 그대로 입력해 보라.

   자신이 디자인한 테스트와 몇몇 새로운 코드를 재수행해 보라.

5. 실수한 모든 것의 목록을 적고 가장 많이 실수한 것이 어떤 형식인지 분

석해 보라.

특별히 자주 반복되는 실수인가?

careerup.com에서 그동안 구글, 마이크로소프트, 아마존, 기타 주요 IT 회사 면접에 나왔던 코딩 면접 질문 수천 개를 확인해 볼 수 있다.

내가 알고 있는 질문을 받는다면?

careerup.com이나 내가 쓴 다른 책 『Cracking the Coding Interview』를 보면 수천 가지 면접 질문 예제가 나온다. 면접 질문 예제를 알려준 목적은 질문과 대답을 외워 면접에서 그대로 읊으라는 의미는 아니다. 면접관은 지원자가 문제에 접근하는 방식을 확인하고 싶은 것이므로 미리 준비된 대답을 하면 크게 도움이 되지 않을 것이다.

전에 받아본 질문을 다시 받는다면 면접관에게 사실대로 말하라! 올바른 일일 뿐 아니라 현명한 태도이기도 하다. 이를 숨기거나 아는데 일부러 대답을 머뭇거리는 척 한다면 아마도 면접관이 의심할 것이다. 그리고 거짓말(진실을 숨기는 것)은 면접을 보면서 해서는 안 되는 최악의 행동이다.

하지만 이 질문을 미리 알고 있다고 정직하게 말하면 추가 점수를 받을 수 있다. 면접관은 정직한 사람을 좋아한다. 정직함이란 직접 테스트해 볼 수 있는 방법이 없는 데도 말이다.

'반드시 알아야 할' 주제들

면접관은 대부분 이진 트리 밸런싱이나 기타 복잡한 알고리즘에 대해 물어보지 않는다. 솔직히 그런 알고리즘을 기억하지도 못한다(그렇다. 『Introduction to Algorithms』[2] 책을 이제 그만 공부해도 된다는 뜻이다).

보통은 가장 기본적인 것만 알고 있으면 된다. 여기 반드시 알아야 할 주제의 목록을 적어보겠다.

물론 다음 목록이 전부는 아니다. 질문은 이 목록 밖에서 나올지도 모른다. 그저 '반드시 알아야' 할 주제 목록일 뿐이다.

데이터 구조	알고리즘	개념
링크드 리스트linked list	너비 우선 탐색breadth first search	비트 조작bit manipulation
이진 트리binary tree	깊이 우선 탐색depth first search	싱글턴 디자인 패턴singleton design pattern
트라이trie	이진 탐색binary search	팩토리 디자인 패턴factory design pattern
스택stack	병합 정렬merge sort	메모리(스택 대 힙)
큐queue	퀵 정렬quick sort	재귀recursion
벡터/배열 리스트vector/array list	트리 삽입/검색/기타tree insert/find/etc.	Big-O 시간
해시 테이블hash table		

각 주제에 대해, 어떻게 그 주제를 구현하고 사용하는지와 (그 주제를 적용할 수 있는) 공간과 시간 복합성을 확실히 알고 있어야 한다.

데이터 구조와 알고리즘 구현을 연습하자. 데이터 구조와 알고리즘을 직접 구현하거나 수정하라는 질문을 받을 수도 있다. 어떠한 질문이든 구현에 익숙해지면 대답하기 좋을 것이다.

메모리 사용량

데이터 구조를 재검토하는 동안 데이터 구조나 알고리즘의 메모리 사용량을 계산해야 한다는 것을 기억하라. 메모리를 얼마나 차지할 것인지 면접관

---

2 옮긴이 지은이 네 명의 이름(Thomas H. Cormen, Charles E. Leiserson, Ronald L. Rivest, Clifford Stein) 머릿글자를 따서 'CLRS 책'이라고도 부른다.

이 직접 질문할 수도 있고, 문제를 해결하는 데 대용량 데이터 활용이 필요하다면 스스로 계산할 필요가 있다.

- **데이터 구조**: 다른 데이터를 가리키는 포인터를 (계산에) 포함하는 것을 잊지 말라. 예를 들어 정수^{integer} 1000개를 담은 이중 링크드 리스트는 메모리를 약 12KB 사용한다(데이터에 4바이트, 이전 포인터에 4바이트, 다음 포인터에 4바이트). 이는 단일 링크드 리스트를 이중 링크드 리스트로 만들면 메모리 사용량이 급증할 수 있다는 의미다.
- **알고리즘**: 재귀 알고리즘은 반복 알고리즘보다 좀 더 많은 공간을 차지하기도 한다. 예를 들어 단일 링크드 리스트의 가장 마지막 요소에서 j 번째를 계산하는 알고리즘을 생각해 보자. 각각의 요소를 정렬하는 데 배열을 사용하는 접근 방법은 순환 알고리즘보다 나은 점이 없을지도 모른다. 두 가지 방법 모두 O(n) 메모리를 사용한다(최선의 해결책은 포인터를 두 개 사용하는 것으로 하나는 j가 있는 곳으로부터 얼마나 떨어져 있는지 가리키게 하는 것이다)!

알고리즘을 오로지 한 가지 차원, 즉 시간 차원에서만 생각하는 지원자가 많은데 공간도 고려해야 할 중요한 요소다. 시간과 공간을 절충해야 할 때가 있기도 하지만 가끔은 메모리 사용량을 줄이려고 시간 효율성을 희생하기도 한다.

코딩 질문

면접은 어려운 것이 정상이다. 전체 또는 몇 가지 질문에 즉시 대답하지 못해도 괜찮다. 내 경험에 따르면 직접 면접을 진행했던 150명 이상의 지원자 중에서 질문을 받았을 때 알고리즘에 대해 즉시 대답한 사람은 겨우 열 명에 불과했다. 그리고 한 명을 빼고는 모두가 나중에 코딩을 하면서 실수를 했다.

그러니 어려운 질문을 받아도 당황하지 말라. 그냥 문제 해결 방법을 큰 목소리로 말하기 시작하면 된다.

그리고 면접관이 됐다고 할 때까지는 끝난 것이 아님을 명심하라. 알고리즘을 생각해 냈다면 거기서 끝이 아니라 그 알고리즘에 수반되는 문제를 생각하기 시작하라. 코드를 쓸 때 버그를 찾기 시작하라. 내가 면접했던 지원자 110명도 몇 가지 실수를 했다는 것을 명심하라. 일반적으로 지원자는 대부분 실수한다.

1. 명확하지 않은 부분은 면접관에게 질문해 해결하라.
2. 알고리즘을 디자인하라.
3. 먼저 의사 코드$^{pesudo\text{-}code}$를 작성하자. 하지만 면접관에게 의사 코드를 쓰고 있다고 말하는 것을 잊지 말자. 그렇지 않으면 면접관은 아마 '실제' 코드를 작성할 생각이 없다고 여길 것이다. 그리고 많은 면접관이 당신의 대답을 잠시 중단시킬 것이다.
4. 너무 느리지도 너무 빠르지도 않게 코드를 작성하라.
5. 코드를 테스트하고 실수한 것이 있다면 신중하게 수정하라.

위 항목들에 대해 좀 더 상세하게 이야기해 보자.

1단계: 질문하기

기술적인 문제는 보이는 것만큼 명확하지 않은 경우가 많으니, 명확하게 이해되지 않는 점이 있다면 물어보라. 결국 처음에 간단하다고 생각했던 것보다 매우 다르거나, 훨씬 수월하게 해결할 수 있는 문제일 수도 있다. 사실 많은 면접관(특히 마이크로소프트)이 면접 동안 지원자가 좋은 질문을 하는지도 확인한다.

좋은 질문은 다음과 같다. '데이터 형식은 무엇인가요?', '데이터는 얼마나 많은가요?', '이 문제를 푸는 데 필요한 가정은 무엇인가요?', '사용자가 누구인가요?' 등이 있다. 리스트를 정렬하는 알고리즘 디자인을 예로 들어 보자.

- **질문**: 정렬해야 할 리스트는 무엇인가요? 배열인가요, 링크드 리스트인가요?
- **대답**: 배열입니다.
- **질문**: 그 배열의 요소는 무엇인가요? 숫자인가요, 글자인가요, 문자열인가요?
- **대답**: 숫자입니다.
- **질문**: 숫자들은 정수인가요?
- **대답**: 예.
- **질문**: 그 숫자들은 어디서 온 숫자들인가요? ID인가요, 무엇의 번호들인가요?
- **대답**: 고객의 나이입니다.
- **질문**: 얼마나 많은 고객이 있나요?
- **대답**: 약 100만 명입니다.

이제 매우 다른 문제가 됐다. 0~130 범위의(아마도 130세 넘게 사는 사람은 없을 것이다. 그렇지 않은가?) 100만 개 정수를 포함한 배열을 정렬하는 것이다. 어떻게 이 문제를 해결할 것인가? 단순히 요소가 130개인 배열을 만들고 각각의 값에 있는 나이의 숫자를 세면 된다.

2단계: 알고리즘 디자인

알고리즘을 디자인하는 것은 어려울 수 있지만 알고리즘에 대한 다섯 가지 접근 방법이 도움될 것이다. 자신만의 알고리즘을 디자인하면서 다음 내용을 고려해야 한다.

- 공간과 시간 복잡성이란 무엇인가?
- 데이터가 많아지면 무슨 일이 생길까?
- 자신이 만든 알고리즘이 다른 문제점을 야기하지는 않는가(예를 들어 이진 탐색 트리의 수정된 버전을 만들었다면, 삽입/검색/삭제에 걸리는 시간에 대한 영향을 고려하였는가)?
- 다른 문제점이 있다면 적절하게 절충했는가?
- 구체적인 데이터가 주어졌다면(예를 들어, 앞서 언급한 것처럼 데이터가 연령이거나 정렬된 주문 번호이거나) 그 정보를 활용했는가? 데이터가 주어진 데에는 아마도 이유가 있을 것이다.

3단계: 의사 코드

우선 의사 코드를 작성하면 생각을 명확하게 정리해 개요를 작성할 수 있고 실수를 줄이는 데 도움이 된다. 하지만 의사 코드 작성에 앞서 면접관에게는 의사 코드를 먼저 작성하고 나서 '실제' 코드를 작성한다는 것을 분명하게 밝혀야 한다. 많은 지원자가 실제 코드 작성을 '피하려고' 의사 코드를 사용하는데, 그런 지원자들과 같은 지원자로 기억되고 싶지는 않을 테니 말이다.

4단계: 코드

코드를 급하게 작성할 필요는 없다. 너무 급하게 작업한 코드는 오히려 해가 된다. 천천히 꼼꼼하게 코드 작업을 시작하고 다음 충고를 기억하라.

- **데이터 구조를 아낌없이 사용하라.** 연관성이 있다면 좋은 데이터 구조나 스스로 정의한 데이터 구조를 활용하라. 예를 들어 어떤 그룹의 최연소자

를 찾으라는 과제를 받았다고 하면, 사람을 나타내는 데이터 구조를 정의하는 것부터 시작하자. 이를 통해 면접관에게 좋은 객체 지향 설계를 고려하는 모습을 보여줄 수 있다.

- **코드를 너무 빽빽하게 쓰지 말라.** 많은 지원자들이 화이트보드 중간부터 코드를 쓰기 시작한다. 처음 몇 줄을 쓸 때까지는 아무런 문제가 없다. 하지만 화이트보드는 그리 크지 않다. 얼마 못가 면접관에게 코드의 다음 줄을 알려주려고 그린 화살표들로 꽉 채워질 것이다. 면접관들이 중간에 막지 않겠지만, 화이트보드 위에 정신 없이 화살표들이 보인다면 신경은 쓰일 것이다.

5단계: 테스트
당연히 코드를 시험해 볼 필요가 있다. 다음 테스트를 고려하자.

- 극단적인 경우: 0, 음수, null, 최대치, 기타
- 사용자 에러: 사용자가 null이나 음수 값을 넘겨준다면 무슨 일이 생기는가?
- 일반적인 경우: 정상 경우에 대한 테스트

알고리즘이 복잡하거나 수치와 연관성이 높다라면(비트 변환, 연산 등) 코드 작성이 끝날 때가 아니라 작성하는 도중에 테스트해 보는 것도 필요하다.

실수를 발견했더라도(아마 실수가 있을 것이다) 너무 긴장하지 말라. 버그 없는 코드를 작성할 수 있는 사람은 거의 없다. 중요한 것은 그 실수에 대응하는 방식이다. 실수를 잡아내 왜 그 버그가 발생했는지 신중하게 분석하라. 0이라는 값을 넘겼거나 다른 경우에도 그렇게 대응한 적은 없는가?

예전에 이진 탐색 트리의 getSize() 메서드를 구현했던 한 지원자가 있었다. 그 지원자는 자신이 구현한 메서드가 두 개 요소밖에 없는 트리에서 '3'을 반환한다는 것을 발견하자, 얼른 반환문에 '+1'을 덧붙였다. 아마도 내가

눈치채지 못했으리라 생각했을 것이다. 잠시 후 그는 자기 알고리즘이 어떤 경우에는 오른쪽으로 분기하는 대신 왼쪽으로 분기한다는 사실을 발견하였다. 그래서 그는 왼쪽과 오른쪽을 뒤집어 바꾸었다. 얼마 지나지 않아 그 코드는 이런 식의 작은 변경 때문에 알아볼 수 없을 정도로 어지러워졌고 처음부터 다시 시작해야만 했다.

대다수 지원자가 이런 접근 방법을 쓰는데 이는 마치 방 안에 문자 퍼즐 scrabble letter을 던져 놓았을 때, 여러 개 퍼즐 조각을 모아 한 낱말을 완성하려고 노력하는 것과 비슷하게 보이기도 한다. 물론 완벽한 낱말을 만들 수는 있지만 그렇다고 철자법에 능한 사람으로 보이지는 않을 것이다.

알고리즘 질문: 알고리즘을 만드는 다섯 가지 방법

까다로운 알고리즘 문제를 푸는 확실한 방법은 없다. 하지만 다음에 나오는 접근 방법들이 유용하게 쓰일 것이다. 좀 더 많은 문제를 연습할수록 어떤 접근 방법이 유용할지 구분하기 더 쉬워진다.

또 다섯 가지 접근 방법을 '목적에 맞게 짜 맞춰' 써도 된다. 즉 한 번 '단순화와 일반화'를 적용했으면, 그 다음에는 패턴 매칭을 수행할 수도 있을 것이다.

접근 방법 1. 예증
일단 예증으로 시작해 보자. 예증은 아마도 가장 잘 알려진 방법일 것이다 (이름이 아니라 방법 자체로 많이 알려졌을 것이다). 간단히 말해 예증은 문제의 구체적인 예를 써내려가면서 일반적인 규칙을 알아낼 수 있는지를 보는 방법이다.

예를 하나 들어 보자. 주어진 시간, 시계의 시침과 분침 사이의 각도를 계산하라.

3시 27분과 같은 예로 시작하자. 시계 그림을 그려 3시를 나타내는 시침과 27분을 나타내는 분침이 위치하는 곳을 선택하자. 시침은 지속적으로 움직이는 것이다. 시간이 바뀔 때 갑자기 이동하지 않는다는 점에 주의하자.

예를 가지고 생각해 보면 규칙을 찾을 수 있다.

· 분당 각도(12시로부터): 360 × 시간 / 60
· 시침 각도(12시로부터): 360 × (시간 % 12) / 12 + 360 × (분 / 60) × (1 / 12)
· 시침과 분침 사이 각도: (시침 각도 - 분침 각도) % 360

간단한 계산으로 30 × 시간 - 5.5 × 분으로 줄일 수 있다.

접근 방법 2. 패턴 매칭

패턴 매칭은 어떤 문제를 비슷한 문제와 연관시켜 보고 기존에 존재하는 해결 방법을 새로운 문제를 푸는 방법으로 수정할 수 있는지 알아 보는 것이다. 많은 문제를 연습하는 것이 중요한 이유 중 하나다. 더 많은 문제를 접할수록 더 나아질 것이다.

예를 들어 보자. 정렬된 배열이 순환하면 배열 요소는 3 4 5 6 7 1 2 같은 순서로 나타날 수 있다. 이 중 최소치를 어떻게 찾을 것인가?

이 질문은 두 가지 형태로 잘 알려진 문제와 가장 비슷하다.

· 정렬되지 않은 배열에서 최소치를 찾으라.
· 배열에서 특정 요소를 찾으라(예를 들면 이진 탐색 같은).

정렬되지 않은 배열에서 최소치를 찾는 것은 특별히 흥미로운 알고리즘이 아닐 뿐 아니라(모든 요소를 순회할 수도 있다) 주어진 정보를 활용할 필요도 없다(배열이 정렬된 방식). 면접에 특별히 유용해 보이진 않는다.

하지만 이진 탐색은 제법 고려할 만하다. 배열이 정렬되어 있지만 순환되었다는 것을 알고 있다. 따라서 배열은 반드시 증가 순서에 따라 처리되며, 그러다 '재설정' 후 다시 증가 순서대로 처리된다. 최소치는 '재설정' 지점이다.

첫 번째와 중간 요소(3과 6)를 비교한다면 그 범위는 여전히 증가한다는 것을 알 수 있다. 리셋 지점이 6 이후(3이 최소치라면 그 배열은 순환되지 않은 것이다)라는 의미다. 이진 탐색 원리를 계속 적용하면서 해당 구간의 왼쪽 값이 오른쪽 값보다 큰지 살펴봄으로써 리셋 지점을 정확히 찾을 수 있다. 특정 지점을 살펴봤을 때, 왼쪽 값이 오른쪽 값보다 작다면 그 구간에는 리셋 지점이 없는 것이다. 왼쪽 값이 오른쪽 값보다 크다면 그 지점이 바로 리셋 지점이다.

접근 방법 3. 단순화와 일반화

단순화와 일반화 원리에 따라 우리는 제약 사항(데이터 형식, 크기 등)을 변경해 문제를 단순하게 만들고 나서 해결하려 한다. 일단 '단순해진' 문제에 대한 알고리즘을 가진다면, 문제를 다시 원래 형태로 일반화할 수 있다. 지금 배운 내용을 적용할 수 있겠는가?

예를 살펴보자. 몸값 요구 편지는 잡지에서 낱말을 오려내 새 문장을 만들기도 한다. 몸값 요구 편지(문자열)가 주어진 잡지(문자열)에서 만들어진 것인지 알아낼 수 있는가?

다음과 같이 문제를 간단히 할 수 있다. 낱말을 활용해 문제를 푸는 대신, 글자들을 사용해 문제를 풀 수도 있다. 즉 몸값 요구 편지를 만들기 위해 잡지에서 글자를 하나씩 잘라낸다고 상상해 보자.

단지 배열을 만들고 문자를 세는 것으로 몸값 편지 문제를 단순화해 풀 수 있다. 배열 인덱스는 한 글자에 대응된다. 먼저 몸값 요구 편지에 나타난 각각의 글자 수를 세고, 그런 글자가 전부 나오는지 잡지를 훑어보라.

알고리즘을 일반화하면 매우 비슷한 것들을 할 수 있다. 글자 개수로 배열을 만드는 것 외에도 낱말에 대한 해시 테이블을 만들 수 있는데, 각 낱말은 해당 낱말이 나타난 개수와 매핑될 것이다.

접근 방법 4. 기본적인 케이스와 빌드

기본 케이스^{Base Case}와 빌드^{Build}에서는 먼저 기본 케이스(예를 들면 단지 한 요소)에 대한 알고리즘을 설계한다. 그런 다음 요소 하나에 대한 답을 얻었다면 요소 하나와 요소 둘에 대해 적용하여 문제를 해결해 본다. 요소 하나와 둘에 대한 답을 얻었다면 이제는 요소 하나, 둘, 셋을 해결해 본다.

기본 케이스와 빌드 알고리즘은 종종 재귀 알고리즘으로 이어지는 것을 볼 수 있을 것이다.

예를 들어 보자. 문자열의 모든 순열을 프린트하는 알고리즘을 설계해 보라. 간단하게 만들기 위해 중복되는 글자는 없다고 가정하자.

abcdefg라는 문자열을 보자.

· Case "a" -> {a}
· Case "ab" -> {ab, ba}
· Case "abc" -> ?

첫 번째 '흥미로운' 경우다. P("ab")에 대한 답을 알고 있다면, P("abc")의 답은 어떻게 알 수 있을까? 자, 추가된 글자는 'c'다. 그러므로 가능한 지점에 전부 c를 붙일 수 있다. 즉 다음과 같다.

· merge(c, ab) -> cab, acb, abc
· merge(c, ba) -> cba, bca, bac

재귀 알고리즘을 이 문제를 푸는 데 사용할 수 있다. 우선 문자열의 마지막

글자를 잘라내고 s[1 ... n-1]에 대한 순열을 생성함으로써 해당 문자열에 대한 모든 순열을 만든다. 그리고 s[n]을 문자열의 모든 위치에 삽입하라.

접근 방법 5. 데이터 구조 브레인스톰

데이터 구조 브레인스톰 data structure brainstorm 접근 방법은 다소 비전문가적인 방법으로 여겨지기도 하지만 유용할 때도 있다. 이 접근 방법으로 데이터 구조 리스트를 돌려보고 각각 적용을 시도할 수 있다. 일단 딱 맞는 데이터 구조를 찾기만 하면 많은 알고리즘이 매우 간단해지므로 유용한 방법이다.

예를 들면 다음과 같다. 숫자들은 비규칙적으로 생성되고 (확장되는) 배열로 저장된다. 중간 값을 계속 추적하는 방법은 무엇인가?

데이터 구조를 브레인스토밍하자.

- 링크드 리스트? 아마도 아닐 것이다. 링크드 리스트는 숫자에 접근해 숫자를 정렬하는 데에는 거의 사용되지 않는다.
- 배열? 될지도 모른다. 하지만 이미 배열은 있다. 어떻게든 요소들을 정렬할 수 있겠는가? 그건 아마도 비용이 클 것이다. 잠시 보류해두고 필요해지면 다시 고려해 보자.
- 이진 트리? 가능성이 있다. 이진 트리가 순서 정리에 아주 적합하다. 이진 트리가 완벽하게 균형을 이루고 있다면 사실 최상단 값이 중간 값이다. 그런데 주의해야 할 부분이 있다. 요소의 개수가 짝수라면 중간 값은 사실상 가운데 두 요소의 평균값이다. 가운데 두 요소는 둘 다 최상단 값이 될 수 없다. 이진 트리 알고리즘은 아마 작동하겠지만, 다시 한 번 되돌아오자.
- 힙은 어떨까? 힙은 기본적인 정렬과 최대치/최소치 추적에는 정말 좋다. 이는 매우 흥미로운 부분이다. 어떤 요소들에 대해 힙이 두 개 존재한다고 가정하고, 요소들을 두 부분으로 나눴을 때 한 힙은 큰 쪽을 추적하고 다른 힙은 작은 쪽을 추적한다고 하자. 어떤 요소들에 대해 큰 쪽의 절반과 작은

쪽의 절반을 추적하는 두 개의 힙이 있다고 하자. 큰 쪽은 min 힙에 유지되는데, 큰 쪽 요소 중 가장 작은 값이 min 힙의 루트가 된다. 작은 쪽은 max 힙에 유지되고, 작은 쪽 요소 중 가장 큰 값이 max 힙의 루트가 된다. 이제 이러한 데이터 구조를 활용하면 잠재적 중간 값을 얻을 수 있고, 중간 값은 두 루트 중 하나다. 힙 크기가 더는 같지 않으면 한 힙에서 요소 하나를 꺼내 다른 힙에 넣음으로써 재빨리 힙 사이에 '다시 균형을' 맞출 수 있다.

좀 더 많은 문제를 해결할수록 적용하기에 적합한 데이터 구조에 대한 직관력을 향상시킬 수 있다는 점을 명심하자. 해시 테이블, 트리^{tree}, 트리^{trie}, 힙은 문제를 해결하는 데 최고의 데이터 구조들이다.

객체 지향 설계

객체 지향 설계(object-oriented design, 이하 OOD) 질문은 두 가지 형태다. 소프트웨어의 일부로서 OOD와 실제 목표를 위한 OOD다. 이 두 가지 형태에는 매우 커다란 차이점이 있지만 접근 방법은 서로 일치하는 부분이 많다.

1. **목적이 무엇인가?**

    예를 들어 일반적인 카드 팩을 디자인하는 업무를 받았다고 상상해 보자. 카드 종류는 무엇인가? 일반적으로 가지고 노는 카드인가? 우노^{UNO} 카드[3]인가, 아니면 다른 종류의 카드인가? 단지 '일반적'이라는 말이 무엇을 뜻하는가?

2. **핵심 객체가 무엇인가?**

    예를 들어 레스토랑을 ODD한다면 핵심 객체는 Restaurant, Patron,

---

3 옮긴이 1971년 개발된 동명 카드 게임에 쓰이는 카드

Party, Host, Server, Busser, Table 등일 것이다. 이것들 각각이 한 클래스가 될 것이다.

3. 객체들이 각각 서로 어떤 관계가 있는가?

Restaurant이 단 하나만 있다면 싱글턴 클래스^{singleton class}[4]가 될 수 있다. Restaurant은 많은 Server와 한 Host(주인), 많은 Busser(그릇 치우는 사람), 많은 Table, 많은 Party(파티), 많은 Patron(고객)을 가질 수 있다(주의: 이는 단지 가정일 뿐이다. 면접관과 이에 대해 논의해 보라). 각각의 Table은 Server 한 명과 Party 하나를 가진다. 불필요한 부분을 찾아 제거하라. 이를테면 Restaurant은 Patron 명단을 가지고 있을 필요가 없다. Parton 명단은 Party 목록에서 구할 수 있기 때문이다.

4. 그 객체들이 어떻게 상호 작용하는가?

레스토랑에서 일어날 수 있는 주요 행동이 무엇인지 생각해 보라. 예를 들어 Host가 Party를 Reservation(예약)을 한다. Host는 Party를 열고 Server를 Table에 배정한다. 이런 각각의 작업은 일반적으로 하나 또는 그 이상의 메서드에 해당한다. 이런 메서드들을 탐색하면서 몇 가지 객체를 놓치고 있다거나 설계가 정확하지 않다는 것을 발견할 수도 있다. 괜찮다. 이제 놓친 부분들을 보완할 시간이다.

5. 다른 까다로운 알고리즘이 있는가?

가끔 설계에 영향을 미치는 알고리즘이 있을 수도 있다. 예를 들어 findNextReservation(int partySize)를 구현하면 예약 정보를 참조하는 방식을 조금 변경해야 할지도 모른다. 이런 자세한 부분은 면접관과 이야기해 보라.

객체 지향적 설계에 대해 질문할 때는 설계가 얼마나 유연하고 어떻게 균형

---

[4] 옮긴이 인스턴스가 하나만 있는 클래스

있게 취사선택할 것인지 면접관과 의사소통을 많이 해야 한다. 객체 지향 설계 질문에 '정답'은 없다.

확장성 질문

구글에 지원하고 면접을 봤을 때 당시 나는 대규모 시스템에 대해 전혀 알지 못했다. 물론 분산 컴퓨팅 수업을 들으면서 선출 알고리즘을 비롯해 이것저것 공부하기는 했지만, 내가 받은 질문과는 아무런 연관성이 없었다. 100만 개 숫자를 정렬하라? 웹 크롤러를 설계하라? 경악할 만했다!

매우 더듬거리며 문제를 풀었지만 그럭저럭 큰 문제없이 마무리 지을 수 있었다. 문제를 어떻게 풀어야 할지 전혀 갈피를 잡지 못했지만, 침착하게 문제에 집중하고 나니, 내가 대용량 데이터의 주요 복합성과 복합적인 시스템을 다루는 법을 실제로 이해하고 있다는 것을 깨달았다.

나에게 필요했던 것은 차근차근 단계를 밟아가는 과정이었다. 예를 들어 우리가 100만 개 아이템(사용자, 파일 등)을 위한 가상 시스템 X를 개발한다고 상상해 보자.

1. 아이템 수가 적으면 이 문제를 어떻게 해결할 것인가? 적은 수의 아이템을 해결하는 경우에 맞는 알고리즘을 개발하면 된다. 매우 간단하다.
2. 그 알고리즘을 구현해 수백만 개 아이템을 다루려고 하면 무슨 일이 일어날까? 컴퓨터 용량이 모자랄 경우가 많다. 그러니 파일을 여러 컴퓨터에 분산하자.
   - 많은 기계에 데이터를 어떻게 분산하는가? 즉 같은 컴퓨터에 첫 100개 아이템이 나타나는가? 아니면, 아이템의 해시 값을 100으로 나눴을 때 나머지 값이 동일한 아이템들이 같은 컴퓨터에 나타나는가?
   - 얼마나 많은 컴퓨터가 필요할까? 이를 추정하려면 각 아이템이 얼마나

큰지 물어보고 일반적인 컴퓨터의 용량은 얼마인지 추측하라(아니면 면접관에게 질문하라).
3. 이제 많은 컴퓨터를 사용할 때 발생하는 문제를 고쳐 보자. 다음 질문에 확실히 대답할 수 있어야 한다.
   - 어떤 컴퓨터가 데이터를 찾기 위해 어느 컴퓨터에 접속해야 하는지 어떻게 알 수 있는가?
   - 컴퓨터 간에 데이터가 동기화 상태에서 벗어날 수 있는가? 그런 경우 어떻게 대처하는가?
   - 컴퓨터 사이에서 읽기 비용을 최소화하려면 어떻게 할 수 있는가?

테스팅 면접

테스터들은 많은 이름을 가지고 있다. 테스터, 테스트 소프트웨어 디자인 엔지니어, 소프트웨어 테스트 엔지니어, QA$^{\text{quality assurance}}$, '이봐, 이게 왜 작동하지 않는지 알아?' 등이다. 회사에 따라 차이가 약간 있을 수 있다. 하지만 어떻게 부르든지 테스터들은 어떻게 보면 부당한 대우를 받는다. 코드 질문을 완벽하게 숙지해야 할 뿐 아니라 테스트 질문에도 완벽하게 대답할 수 있어야 하기 때문이다. 따라서 테스터들은 일반적인 테스트 문제에다가 코딩, 알고리즘, 데이터 구조 등도 전부 연습해야만 한다. 자신이 테스터라면 열심히 코딩 연습을 해야 한다. 연습만이 자신을 돋보이게 하는 최고의 방법이다. 실제 테스트 질문은 보통 다음 세 가지 카테고리 중 하나다.

1. 이 실제 객체들을 어떻게 테스트할 수 있는가?
2. 컴퓨터 소프트웨어의 그 부분을 어떻게 테스트할 것인지 설명해 보라.
3. 메서드를 테스트하라(아마 자신이 방금 작성한 것을 테스트하게 될 것이다).

현실 세계 객체 테스트

책갈피와 펜이 오피스와 지메일을 테스트하는 것과 무슨 연관성이 있을까? 아마 그리 많지는 않겠지만 면접관은 연관성이 확실히 있다고 생각한다. 면접관은 이 질문으로 지원자가 모호함을 처리하는 능력을 테스트하고, 예측되는 행동과 예측되지 않은 행동에 대해 생각하는 지원자의 능력을 이해하고, 언제나 그렇듯 생각을 구성하고 의사소통하는 지원자의 능력을 살펴보는 것이다.

다음과 같은 권장 접근 방법을 통해 예제를 풀어 보자. 펜 테스트다.

1. 질문을 해서 객체가 무엇인지 이해한다.

   펜은 명확해 보이지만 사실은 모호한 객체다. 펜은 만년필부터 다양한 색깔이 있는 아동용 마커, 우주 비행사용 펜까지 어떤 것이든 해당될 수 있다. 면접관에게 질문을 해서 이런 모호함을 해결하라. 사용자가 누구이며 이 펜이 무슨 목적으로 쓰이는지 확인하라.

2. 누가 쓰며, 그 펜으로 무엇을 하는가?

   손재주가 없는 어린이가 펜으로 그림을 그리려면 예쁘고 두꺼워야 할 것이다. 아이들은 대부분이 마룻바닥 위에 종이를 놓고 그림을 그리지만 결국 바닥에도 그림을 그릴 수 있어야 한다는 의미다.

3. 예상하지 못한 용도는 뭐가 있을까?

   먹는다. 아이들은 입에 아무거나 집어넣는다. 다른 아이들 몸이나 벽에다 그림을 그릴 수 있다(언젠가 어머니가 친구 집을 방문하셨을 때 내 여동생이 이른 바 "2층 전체에 선 하나를 그을 수 있을까?"라는 아주 재미있는 게임을 하고 있는 것을 어머니 친구 분이 말리는 모습을 보신 적이 있다). 발로 밟을 수도 있고 던질 수도 있다.

4. 스트레스가 가해지는 경우가 추가로 있는가?

   더운 날씨, 추운 날씨 등을 생각해 보자. 물론 이런 요소들이 모든 문제에 적용되지는 않는다.

5. **실패의 영향을 줄일 수 있을까?**

   이상적으로는 펜이 절대로 부서지지 않기를 기대한다. 하지만 부서진다면 잉크가 흘러나오지 않게 할 수 있을까?

6. **테스트 케이스로는 무엇이 있는가?**

   이 시점에서는 최소한 다음 요소들을 테스트해야 할 것이다.

   - 무독성: 유해한 요소를 조절할 수 있는 방법을 논의할 수 있다. 필요하다면 좀 더 구체적인 테스트를 제안할 수도 있다.
   - 물로 닦아낼 수 있나? 바닥, 벽, 옷, 피부 위에 테스트 삼아 그림을 그려 보자.
   - 두께: 몇 가지 테스트로 어느 정도 두께가 아이들에게 불편한지 이해하고, 추가로 프로토타입 펜에 '실제 테스트'를 해 보자.
   - 부드러움/가벼움: 펜으로 맞았을 때 많이 다치지 않도록 재료는 가벼운 플라스틱이어야 한다.
   - 내구성: 펜은 쉽게 부러져서는 안 된다. 면접관과 함께 펜이 어느 정도 압력까지 견뎌낼 수 있는지 사전 측정에 대해 논의해야 한다.
   - 누출: 펜이 부러지더라도 잉크가 새지 않아야 한다.

테스트가 설계에 어떻게 들어맞는지 주목했을 것이다. 이는 예상되는 바이다. 결국 테스터들은 객체가 디자인 요구에 맞는지 분석해야 한다.

소프트웨어 조각 테스트하기

가장 어려운 질문들이 더는 방해가 되지 않도록 검토했다. 이제 소프트웨어 조각 테스트는 끔찍하게 어려운 일이 아니다. 사실 '현실 세계 객체'와 거의 같은 방식으로 접근해야 한다.

예제를 보자. 이메일 클라이언트를 테스트하는 방법을 설명하라.

1. 질문을 해서 모호함을 해결하라.

    이메일 클라이언트가 모두 같지는 않다. 회사 이메일 클라이언트인가? 개인 이메일 클라이언트인가? 웹 기반, 아니면 데스크톱 기반 클라이언트인가?

2. 누가 사용하는가?

    기업 사용자는 보안, 저장, 유지 보수 등의 측면에서 개인 사용자와 사용 방식이 매우 다르다.

3. 무엇이 특징인가?

    몇 가지 기능(이메일 확인, 발송 등)은 예측할 수 있지만 다른 기능들에 대해서는 좀 더 많은 대화가 필요하다. 메일이 서버에 저장되는가? 암호화되는가?

4. 예상치 못한 사용처나 스트레스가 가해지는 경우가 있는가?

    이메일 클라이언트에 이메일 개수가 너무 많아지거나 첨부 파일 용량이 크거나 하는 경우에 그러하다.

5. 실패한다면 적절하게 실패하는가?

    이메일 클라이언트에서 다루기에 파일이 너무 크다면 적절하게 실패하는지 확인하고 싶을 것이다. 즉 클라이언트는 파일이 첨부되지 않더라도 영원히 멈춰서는 안 된다.

6. 자동화할 수 있는 것은 무엇이고 수동으로 테스트해야만 하는 것은 무엇인가?

    테스트 세트는 거의 무한히 있다. 하지만 회사에서는 전체 팀이 이 업무를 하고 있다. 중요한 것은 가장 큰(또는 가장 흥미 있는) 아이템에 초점을 맞추고 그것을 어떻게 테스트할지 논의하는 것이다. 자동으로 테스트할 수 있는 부분과 반드시 수동으로 테스트해야 하는 부분은 각각 어디인가?

메서드 테스트

코드를 작성한 후 코드를 테스트하라거나 아마도 테스트 케이스를 만들라는 요구를 받을 수도 있다. 테스트 케이스를 만들 때는 다음 사항을 명심하라.

예를 보자. 배열을 정렬하는 메서드를 테스트하라.

1. **항상 그렇듯 모호함을 질문으로 해결하라.**

   배열이 오름차순인가, 내림차순인가? 시간, 메모리 사용량 등에 따라 기대되는 것은 무엇인가? 배열이 가지는(또는 가져야 하는) 데이터 형식은 무엇인가?

2. **테스트하는 데 무엇이 필요한가?**

   확인할 필요가 있는 목록을 전부 작성하라. 많은 경우에 이 목록이 결과가 될 수도 있다(예를 들어 배열이 정렬되었는가?). 하지만 다른 경우에 추가로 부작용을 확인할 필요가 있을지도 모른다(예를 들어 메모리 사용량, 그 외 데이터 변화 등).

3. **예상되는 경우를 작성하라.**

   이는 쉬운 일이다. 테스트 케이스 중 하나는 단순히 정렬되지 않은 배열일 것이다.

4. **극단적인 경우를 적도록 하라.**

   null, 빈 배열, 거대한 배열, 이미 정렬된 배열 등을 확인하라.

예제

1. 틱택토 tic-tac-toe [5]에서 이긴 사람을 확인하는 알고리즘을 설계하라.

---

[5] 옮긴이 3목두기(두 사람이 아홉 개 칸 속에 번갈아 가며 O나 X를 그려 나가는 게임으로 연달아 O나 X를 세 개 먼저 그리는 사람이 이긴다.)

2. N×N 매트릭스에 의해 표시되는 이미지가 있고 이미지의 각각의 픽셀이 4바이트일 때, 90도로 이미지를 회전시키는 방법을 쓰시오. 주어진 공간에서 이미지를 회전할 수 있는가?

3. 링크드 리스트로 표현되는 수가 두 개 있고, 링크드 리스트에서 각 노드가 숫자 하나를 가진다. 그 수는 역순으로 저장되는데 1의 자리가 리스트의 제일 앞에 오는 식이다. 두 수를 더하고, 그 결과를 링크드 리스트로 반환하는 함수를 작성하라.

입력: (3 ->1 -> 5) 1 (5 ->9 -> 2)
출력: 8 -> 0 -> 8[6]

양수와 음수를 모두 포함하는 정수 배열이 주어졌다. 이 배열 내에서 합계 값이 가장 큰 연속 시퀀스를 찾으라. 합계만 반환하라.

입력: {2, -8, 3, -2, 4, -10}
출력: 5.(즉 {3, -2, 4}).

4. MyQueue 클래스를 구현하되 스택 두 개로 큐를 구현하라.

5. 각 노드가 상위 노드로 연결되는 이진 탐색 트리에서 주어진 노드의 '다음' 노드(이를 테면 중위 후속자)를 찾는 알고리즘을 작성하라.

6. 카드 덱을 OOD로 설계하라. Shuffle() 메서드를 어떻게 구현할지 설명하라.

7. 숫자가 10억 개 주어졌을 때 그중 가장 큰 숫자 100만 개를 찾는 알고리즘을 기술하라. 컴퓨터의 메모리는 숫자 10억 개만 보관할 수 있다고 가정한다.

8. 사전에서 길이가 같은 낱말 두 개가 주어졌을 때, 한 번에 글자 하나만 바꿔 한 낱말을 다른 낱말로 변환하는 메서드를 짜라. 각 단계에서 얻어지는 새로운 낱말은 반드시 사전 안에 있는 낱말이어야 한다.

---

6 옮긴이 3-)1-)5는 513, 5-)9-)2는 295이며 이 둘을 더한 값은 808이다. 따라서 결과도 8-)0-)8이어야 한다.

```
입력: DAMP, LIKE
출력: DAMP -> LAMP -> LIME -> LIKE
```

9. 양수, 음수의 N×N 매트릭스가 있다. 가장 큰 가능한 합계의 부분 행렬을 찾는 코드를 작성하라.

질문과 대답

너무 많은 준비, 너무 적은 시간

> 게일 씨께
>
> 저는 컨설팅 회사에서 소프트웨어 프로그래머로 수년간 근무해 왔습니다, 하지만 제 업무는 지루하고 대부분 코드를 유지 보수하는 일입니다. 제가 작성한 얼마 안 되는 코드는 C이고 객체 지향 프로그래밍은 해 보지도 못했습니다. 무엇인가를 배우고 있는 것 같지도 않고, 이곳에서는 성장하지 못하고 있다고 생각합니다.
>
> 제 꿈은 마이크로소프트 같은 대기업에서 일하는 것입니다. 하지만 면접을 준비하려면 적어도 몇 달 걸릴 것 같습니다. 지금 회사를 그만두고 준비에 집중하는 것이 좋을까요?
>
> R. H. 드림

R. H. 씨께

솔직하게 말씀드리겠습니다. 면접을 준비하려고 지금 다니는 직장을 그만두는 것은 좋지 않다고 생각합니다. 우선 마이크로소프트 같은 회사들은 지원자 중 5% 미만 정도만 합격합니다. 준비를 많이 해도 합격 가능성은 높지 않습니다. 둘째, 면접관에게 왜 직장을 그만두었는지 설명해야 합니다. 그리고 "귀사에 지원 준비를 하려고 회사를 그만두었습니다"는 좋은 이유가 아닙니다(그런 대답은 마치 처음 데이트하는 여자에게 이 밤을 위해 일주일 내내 준비했다고 말하는 것과 같습니다. 약간 지나치다고 생각되지 않나요?). 셋째, 집중이 지니는 가치, 장기간 준비는 R. H. 씨가 약한 부분이 무엇인지에 따라 다릅니다. 앞서 언급한 내용 중 약점은 객체 지향 설계 프로그래밍에 대한 지식 부족입니다. 그리고 객체 지향 프로그램 설계에 대해 배우는 데는 3개월 이상 걸리지 않을 것입니다.

몇 가지 질문을 드리겠습니다. "그렇다"라는 대답이 많으면 직장을 그만두는 편이 좋을 것입니다. (1) 마이크로소프트 말고도 별다른 준비 없이도 현재 직장만큼 좋은 직장을 찾을 수 있다고 생각한다. (2) 근무를 하면서 동시에 준비를 할 수 없다. (3) 준비하는 데 오랜 시간이 걸릴 것이다.

회사를 그만두기로 결정했다면, R. H. 씨 시간을 활용해 무엇인가 좀 더 의미 있는 일을 하는 편이 좋습니다. 단지 면접 준비만 하는 것보다 회사에서 할 수 있을 만한 것을 만드는 데 시간을 보내는 것이 좋습니다. 소프트웨어나 웹 사이트를 구축해 보고 이를 주요하게 활용해 필요하다고 생각하는 공부(예를 들어 객체 지향 설계 프로그래밍)를 하는 것이 좋습니다.

이렇게 하면 면접관이 면접에서 회사를 그만두고 나서 무엇을 했는지 물어볼 때 좀 더 좋은 대답을 할 수 있다는 이점이 있습니다. 회사를 시작하려고 노력했지만 창업이 본인에게는 적합하지 않았다고 면접관에게 말할 수 있습니다(좀 더 큰 팀과 일하는 것이 자신에게 더 맞다든지). 그리고 면접관에게 경험과 근무 기간의 공백을 충분히 보완하며, 이력서에 분명하게 적을 수 있는 활동을 이야기하는 것이 좋습니다.

게일 드림

다 알아야 하나요?

게일 씨께

구글 면접을 준비하면서 제가 수강했던 컴퓨터 과학 수업 내용을 다 복습했습니다. 대부분의 시간을 알고리즘에 활용했고 특히 동적 프로그래밍과 트리 밸런싱에 투자했습니다. 그렇지만 면접에서 이 문제들을 완벽하게 소화할 수 있을지 자신이 없습니다. '복잡한 알고리즘 + 많은 코드 = 너무 많은 시간'인 셈입니다.
  성공한 지원자들은 이 문제를 어떻게 해결했나요?

K. T. 드림

K. T. 씨께

한 발자국 나아가 면접관 위치에서 생각해 봅시다. 면접관은 우리가 똑똑하고 코드를 쓸 수 있는지 알고 싶어 합니다. 특정 지식을 아는 것은 그다지 중요하지 않습니다. (1) 업무에서 매우 큰 성과를 낼 필요가 있거나 (2) 기초 CS 교육 과정 필수 내용이라서 엔지니어라는 사람이 이 정보를 모르고는 존경 받을 수 없는 경우가 아니면요. 트리에 구성 요소를 삽입하는 것은 (2)에 해당합니다. 트리는 실제로 업계에서 자주 쓰이지는 않지만 가장 기본적인 내용이라 모르는 사람은 거의 없습니다.

하지만 트리 밸런싱은 다릅니다. 트리 밸런싱이 있다는 것을 알아야 하고 그것이 어떻게 작동하는지는 알아야 합니다(트리 양측이 고르지 않게 되었을 때의 순환). 하지만 아주 구체적인 세부 사항까지는 굳이 알 필요는 없습니다. 생략해도 되는 부분입니다.

동적 프로그래밍은 보통 면접에서 물어보기에는 너무나 복잡합니다. 질문하기도 하지만 드물고 그것을 준비하는 데 시간을 쓴다면 시간을 낭비하는 일입니다. 게다가 면접 의도에 맞지 않습니다. 결과를 캐싱함으로써 알고리즘을 최적화할 수 있다는 점만 알면 됩니다.

또 면접에서 코드는 매우 짧아야 한다는 것을 기억하세요. 대개 스무 줄 넘게 쓰지 않습니다. 알고리즘을 설계하고 코드를 테스트하며 실수를 수정하려면 그보다 많은 코드를 쓸 만큼 시간이 충분하지 않습니다.

그러니 긴장을 푸세요. 일반적인 범위에서 45분 내에 해결할 수 있는 종류의 질문을 위주로 준비하면 됩니다.

게일 드림

잘못된 정보

게일 씨께

저는 마이크로소프트에서 면접을 보았고 매우 어려운 질문을 받았습니다. 저는 무차별 대입(brute force)[7] 방법을 생각하기 시작했고 면접관도 괜찮다고 말했습니다. 코드를 쓰기 시작했지만 끝내기도 전에 면접관이 질문을 쏟아냈습니다. 면접관의 질문들 덕분에 좀 더 나은 해결책을 만들 수 있었습니다. 또 코드 버그와 다른 실수들을 나중에 발견했지만 크게 중요한 것들은 아니었습니다.

   면접관이 제 첫 솔루션이 괜찮았다고 말해 잘못된 방향으로 저를 이끌었다는 느낌을 받았습니다. 그리고 그 결과 면접에 통과하지 못했습니다. 이런 부분에 대해 이의를 제기할 수 있을까요?

D. W. 드림

D. W. 씨께

많은 경우가 있을 수 있습니다. 따라서 정리를 해 보겠습니다.

1. 무차별 대입 방법이 괜찮다고(실제로 그렇지 않으면서) 말하면서 면접관이 잘못된 방향으로 D. W. 씨를 유도했나요?

---

7 옮긴이 모든 값을 한 번씩 대입해서 결과를 이끌어내는 방법이다. 예를 들어 패스워드를 크래킹할 때 사전에 나오는 모든 낱말을 패스워드 란에 입력하는 방법이 대표적이다.

D. W. 씨를 적절하게 이끌어주지 못한 나쁜 면접관을 만났을 가능성이 있습니다. 실력 없는 면접관도 있습니다. 최고의 회사라고 해도 말이죠. 면접관은 아마 D. W. 씨가 좀 더 최적화된 해결책을 찾아내는지 보려고 했던 것은 아니었을지 생각해봅니다. 아니면 D. W. 씨가 '제법 괜찮은' 해결책만으로 만족하는지 말이죠. D. W. 씨의 면접에서 얼마나 진도가 나갔는지에 따라 면접관은 또한 "좋아, 시간이 충분하지 않고 이 지원자의 코드를 보고 싶으니 여기서 이 지원자의 용기를 좀 더 북돋워 주자"라고 생각했을지도 모릅니다.

2. 이것이 면접에서 통과하지 못한 이유입니까?
다시 말하지만 이것이 떨어진 실제 이유라고 말하기는 매우 어렵습니다. 첫째, 전형적으로 각 단계에서 약 75%의 지원자가 탈락하므로 면접에 통과하려면 정말 제대로 정확한 답변을 해야만 합니다. 둘째, 탈락시켰다고 문제가 될 것 같지도 않습니다. D. W 씨는 몇 가지 버그를 만들고 다른 실수들을 했습니다. 저는 면접관이 이렇게 생각했을 것이라고 생각합니다. "음, 이 사람 마음에 드는군. 하지만 해결책이 그리 좋지는 않았고 코드에 버그도 있고 다른 실수들도 있네."

3. 이의를 제기할 수 있을까요?
없습니다. 고등학교 시절 선생님이 무엇인가를 잘못했을 때 교장 선생님에게 이의를 제기해본 적이 있습니까? 교장 선생님이 D. W. 씨 편을 들어주던가요? 선생님의 행동이 지독하지 않은 이상, 교장 선생님은 대부분 거의 선생님 편입니다. 면접도 마찬가지입니다. 아무리 채용 담당자에게 말해본다 하더라도, 채용 담당자는 면접관 편입니다. 오히려 자신의 품위 있는 이미지를 망칠 가능성이 높습니다. 그리고 그럴 만한 가치가 없습니다.

 면접관의 행동에 대해 침묵하고 있으면 안 되는 경우도 분명 존재합니다. 면접관이 공격적인 일이나 말을 했다면 큰소리로 말하십시오! 또는 면접관이 D. W. 씨의 피드백을 요청한다면 얼마든지 의견을 제시해도 좋습니다.

  일이 잘 되지 않아서 유감스럽습니다만, D. W. 씨만 면접을 통과하지 못한 것은 아닙니다. 면접은 매우 어려운 과정이며 불행히도 '복불복'이기도 합니다. 구글에서 일하는 제 동료들도 대부분 한 번이 아닌 재면접을 보고 통과하리라는 것을 생각하지 못했다는 점을 인정하고 있습니다. 다행히도 대다수 회사들은 면접이 어렵고 복불복이라는 것을 이해하고 있어서 6개월에서 1년 사이 재도전을 허용합니다.

게일 드림

추가 자료

면접 질문과 답변을 좀 더 찾아보고 싶다면 www.careercup.com을 방문하라.

10장

게임 회사에
취업하기

한 번은 팝캡 게임$^{PopCap\ Games}$ 회사가 있는 층의 엘리베이터에서 내린 적이 있다. 엘리베이터에서 내리자마자 대학교 때 추억이 떠올랐다. 엔지니어 두 명이 전형적인 엔지니어 패션 스타일인 청바지와 반팔 티셔츠를 입고 클래식 게임 비쥬얼드^{Bejeweled}의 거대 버전을 플레이하고 있었다. 화면은 사람 몸의 절반 이상 크기였고 엔지니어들이 온 손을 이용해 보석을 움직일 때마다 큰 소리로 효과음이 들렸다. 나는 서둘러 자리를 피했다. 대학교 시절 여러 개 과제에서 낙제점을 받았는데 그 원인이 바로 비쥬얼드였다. 비쥬얼드의 유혹에 또 빠져들고 싶지는 않았다.

초대형 화면, 형형색색의 벽, 탁구대로 꾸며진 방, 이것이 게임 회사의 전형적인 모습이다. IT 회사 중에서도 게임 회사는 매우 열정적인 에너지가 넘치는 환경이 단연 돋보인다. 게임 회사는 새로운 '닷컴'이고 전 세계 모든 벤처 투자자는 게임 회사가 예전 벤처 거품과 같은 운명의 길을 걷지 않기를 두 손 모아 기도한다.

문화: 모든 것이 재미와 게임을 위한 것?

게임 헤드헌팅 전문 회사인 본처치^{VonChurch}에서 근무하는 알레산드라는 축제적인 분위기가 게임 업계에서는 필수 불가결한 요소라고 말한다.

"게임은 창의력과 기술의 결합을 의미합니다. IT 회사들은 이미 충분히 젊고 재미있는 환경을 조성하고 있습니다. 그런 환경이 대단히 창조적인 일과 결합될 때 비로소 게임이 탄생합니다."

알레산드라의 동료인 케이티 하딕스는 그 의견에 동의하면서, 게임 회사는 열심히 노는 만큼 열심히 일해야 하는 분위기라고 주의를 주었다.

"의자에 앉아 하루에 열 시간에서 열두 시간 동안 일하는 경우가 대부분입니다. 게다가 가끔 주말 근무가 필요하기도 합니다."

캐주얼 게임casual game 세계에서 근무 시간은 매우 긴 편이다. 캐주얼 게임은 기획에서 출시까지 2개월 정도가 걸린다. 마감 전에 프로젝트를 마무리하는 것은 항상 숨 가쁜 경주와 같다. 게임 업계에서는 항상 데드라인이 코앞에 닥치기 마련이다. 절대로 멈추지 않는다.

게다가 게임은 하루 24시간 동안 서비스되고 페이스북처럼 늘 동작 중이며 변화하는 플랫폼에서도 돌아가기도 한다. 언제라도 문제가 생길 수 있기 때문에 항상 모니터하는 사람이 있어야만 한다.

콘솔 게임은 출시 주기가 좀 더 길어서 스트레스 수준이 조금 낮지만, 여전히 긴장감이 높은 분야다. 게임 업계는 전체적으로 경쟁이 매우 심하다.

그러므로 게임 업계는 진정 게임에 대한 열정이 있는 사람들을 위한 분야다. 친목회나 테이블 축구 토너먼트 등 재미있는 행사로 보완되더라도 긴 근무 시간에 대해 마음의 준비가 되어 있지 않다면 게임 업계는 자신에게 맞는 분야가 아니다.

업무: 무엇을 할 수 있는가?

게임 제작은 개발자, 프로듀서, 디자이너, 아티스트의 총 네 가지 핵심 업무로 나뉜다. 마케팅부터 QA까지 게임 제작, 출시, 출시 후 작업을 돕는 업무가 추가로 존재한다. 이번 절에서는 게임 업계 업무 중 각각의 업무를 수행하기 위해 갖추어야 할 자격과 능력을 알아 보자.

소프트웨어 엔지니어링

게임 회사의 소프트웨어 엔지니어 채용은 다른 IT 회사들과 비슷하다.

"마이크로소프트나 기타 IT 회사에서와 마찬가지로 지원자가 실력 있는 사람인지 검증합니다. 우리도 다른 IT 회사와 마찬가지입니다. 똑똑하고 코딩을 할 수 있는 사람이 필요합니다."

팝캡 프로듀서인 벤 아로니Ben Ahroni가 말했다.

게임 회사는 매우 빠르게 움직여서 지원자들이 게임 회사의 기술 발전 속도를 따라잡기까지 기다릴 수 없는 경우가 많다. 따라서 회사에서 주로 쓰는 언어에 정통한 지원자가 채용 과정에서 훨씬 더 주목받을 수 있다.

빅 피시 게임Big Fish Games의 채용 담당자 오드라 올라보Audra Aulabaugh는 게임에 관심 있는 대학생이라면 관련 수업을 듣는 것이 좋다고 덧붙였다.

"우리는 대학에서도 바로 채용을 진행합니다. 게임에 대한 배경 지식이 없어도 게임에 대한 흥미가 있음을 증명하고, 게임에 대한 배경 지식을 일정 부분 가지고 있음을 증명한다면 차별화된 경쟁력을 지닐 것입니다."

제작 production

프로듀서는 IT 회사의 프로그램 매니저 역할과 비슷하다. 사전 배포 일정부터 사후 출시 성과까지 게임의 전체 제작을 관리하는 자리다. 벤 아로니는 이렇게 말했다.

"프로듀서는 리더여야 합니다. 어려운 일이 닥쳤을 때 팀의 사기를 북돋울 수 있어야 합니다."

빅 카인드 게임Big Kind Games의 BJ 비글리Bigley는 좀 더 직설적으로 말했다.

"프로듀서는 사교계의 명사와 같습니다. 결과가 나올 때까지 모든 사람을 행복하게 만들 수 있어야 합니다. 프로듀서는 궁극적으로는 외교관입니다."

프로듀서가 코드를 쓸 수 있다면 훌륭하겠지만, 엄밀히 말해 꼭 필요한 요소는 아니다. 프로듀서에게 좀 더 중요한 것은 엔지니어링에서 경제적인 부분까지 어떤 분야라도 분석적이고 정량적으로 접근하는 능력이다. 게임 출시 이후에 프로듀서는 뭐가 좋고 나쁜지를 이해하기 위한 수치 데이터를 매우 빠르게 처리해야 한다. 다운로드 전환 수치는 어떠한가? 사람들이 구매하는 비율이 각 레벨별로 어떻게 증가하는가? 그리고 게임 지속률에 어떤 영향을 미치는가?

프로듀서는 대부분 다음 두 가지 역할로부터 채용된다.

- **QA/테스트**: QA 업무에서 시작한 프로듀서가 많다. 그리고 특히 '스모크 테스트smoke test'[1]에서 시작하는 경우가 많다. 이 업무를 맡으면 전체 게임 라이프 사이클을 볼 수 있고, 자연스럽게 제작 업무로 연결될 수 있다. 프로듀서는 또 자동 테스트나 핵심 소프트웨어 개발 업무에서 채용되기도 한다. 하지만 코더는 코더로 남는 것을 선호해서 굉장히 드문 경우라 할 수 있다.

- **컨설팅**: 예전 컨설턴트로 근무했던 경험을 지닌 사람들이 프로듀서로 채용되는 경우가 많다. 특히 맥킨지McKinsey, 베인Bain, BCGBoston Consulting Group 같은 최고의 컨설팅 회사에서 근무했던 컨설턴트라면 매우 훌륭한 프로듀서가 될 수 있다. 게임 산업에 대한 배경 지식이 부족하다고 하더라도 컨설팅 업무에서 이미 유용한 능력을 보유한 것이 증명됐다. 컨설턴트의 역할은 문제 해결에 분석적인 접근 방법을 개발하고, 사람들의 다양성을 이해하고 의사소통에 능하며, 문제에 빠르게 대응하는 것이다.

---

1 옮긴이 본격적인 테스트 수행에 앞서 시스템, 컴포넌트, 소프트웨어 프로그램 등 테스트 대상이나 제품 빌드(제품 설치 패키지)가 구축된 테스트 환경에서 테스트 가능 여부를 판단하려고 주요 모듈이나 시스템을 간단하게 테스트하는 것

프로듀서가 되고 싶은 꿈이 있지만 앞서 언급한 자격보다 부족하다고 초조해 하지 말라.

"데이터 분석 역할이나 온라인 광고 같은 분야의 경험도 프로듀서에게 필요한 자질이 될 수 있습니다."

본처치의 알레산드라가 말했다.

아트

아티스트들은 전통적인 예술 배경을 가지고 있는 사람이 대부분이다. 예술계에서 바로 채용되기도 한다. 지원자들은 포트폴리오를 제출해야 하며, 포트폴리오를 자기 웹 사이트에 올리는 것이 좋다.

채용은 대단히 주관적일 수 있다. 채용에 있어서는 최고로 그림을 잘 그리는 사람이 항상 최선의 선택일 아닐 수도 있다. 오히려 팀을 위해 최고의 그림을 그리는 사람이 낫다. 앞으로 일하고 싶은 회사의 디자인 스타일을 이해하는 것이 스스로 발전에 도움이 될 수 있다.

"지원자가 용 꼬리를 그리는 스타일을 팀에서 마음에 들어 하지 않는다면, 실제로 매우 훌륭한 실력이라도 채용되지 못할 것입니다."

본처치의 제프가 설명했다.

코드를 쓸 줄 아는 아티스트는 게임 업계에서 탐내는 인재다. 자동화 기술은 모형을 만들거나 다른 업무에 매우 큰 도움이 되기 때문이다.

디자이너

이름이 말해 주듯이 디자이너는 구상, 줄거리, 게임 규칙을 만들어낸다. 디자인 업무는 세계 디자인, 게임 작가, 레벨 디자인을 비롯해 다양한 하위 업무로 나뉜다. 일단 게임 핵심 요소가 정해지면, 몇몇 디자이너 직군은 엔지니어처럼 그 인원이 두 배로 늘어난다.

디자이너들은 특별히 예술적인 배경 지식이 있어야 할 필요는 없지만, 매우 창조적이어야 한다. 채용 담당자는 전형적인 전문 코더가 아니더라도 개발 배경이 있는 사람을 선호한다. 많은 학교에서 게임 디자인 분야에 대한 프로그램과 수업을 진행하고 있으며 학교에서 바로 회사에 채용되기도 한다.

기타 업무

게임 제작에 관여하는 그 밖의 업무로 개발, 제작, 아트, 디자인 영역이 있으며, 기타 핵심 지원 역할도 상당수 존재한다. 다음에 언급하는 항목이 가장 잘 알려진 역할들이다.

- **QA**: 기능 테스트$^{functional\ test}$, 인증 테스트$^{certification\ test}$, 자동화 테스트$^{automation\ test}$ 세 가지 유형으로 나뉜다. 자동화 테스터가 보통 4년제 정규 과정 대학을 졸업하고 컴퓨터 과학 학위를 받은 사람을 필요로 하는 반면, 다른 두 가지 테스트 업무는 2년제 대학 학위만으로도 충분히 지원할 수 있다. 테스터들은 대단히 꼼꼼해야 하므로, 테스터에 지원할 때는 이력서에 자신의 꼼꼼함을 강조해야 한다(철자나 문법 실수는 매우 치명적이다). 테스터들은 단계별 시퀀스 순열이 어떻게 다른지, 테스트 케이스를 개발할 때 어떤 부분에 집중해야 하는지 이해해야 한다. 따라서 소프트웨어에 대해 이해도가 높으면 매우 유리하다. QA는 회전율이 매우 높은 분야다. 게임 회사에 들어가는 쉬운 방법이면서 다른 역할로 진입하기에도 멋진 방법이다.
- **고객 지원**: 고객 지원 업무에 필요한 자질로는 학문적이나 전문적인 자격보다는 그 사람의 '타고난' 기술에 좀 더 집중되어 있다. 대학 졸업장이 꼭 필요하지 않은 회사도 많다. 하지만 지원자들은 구두나 서면 작성에 매우 뛰어난 의사소통 능력이 있어야 하고 꼼꼼해야 한다. 다양한 언어를 자유자재로 구사하는 것도 큰 도움이 된다. 빅 피시 게임의 오드라 올라보는 지원자들에게 회사에 입사하는 방법으로 고객 지원 업무도 고려할 것을 충고한다.

"게임 회사에서도 고객 지원 업무만 영원히 담당할 사람을 원하지는 않습니다. 입사 후 장기적인 관점으로 회사의 고객과 제품에 대해 배우고, 조직 내에서 다른 업무에 대해 조사하는 것도 한 가지 방법입니다."

고객 지원 업무는 QA, 파트너 관계, 제작 보조 같은 역할로 업무를 바꿀 수 있다.

- **마케팅**: 마케팅 채용은 매우 다른 배경이 요구되며 다양한 학문 분야에서 채용이 진행된다. 인게임 마케터는 입소문이 어떻게 퍼지는지 이해해야 한다. 게임이 어떻게 소문이 나는가? 게임을 유명하게 만든 것은 무엇인가? 성공적인 지원자는 경력을 수치화할 수 있는 경우가 많다. 비즈니스 개발 마케터는 게임을 성공적으로 출시하는 데 필요한 파트너 관계를 만든다. 이 분야에 지원하는 사람들은 MBA 출신인 경우가 많다. 또 모바일과 온라인 마케팅 경력이 있다면 매우 유용하다.

신선한 젊음: 대학 졸업생을 위한 충고

구글 동료 중 '괴짜들의 구식 셔츠 Geek's Throwback Jersey(1986년 마이크로소프트 인턴 셔츠였다)'라 불린 사람이 있었다. 특별히 나이가 많지는 않았지만 경험이 많았기 때문이었다. 나보다 훨씬, 아주 훨씬 경험이 많았다.

소셜 게임은 최근 졸업하는 지원자들에게는 매우 좋은 기회다. 소셜 게임 분야에서는 1986년 인턴십 셔츠를 가지고 있지 않다. 소셜 게임 분야는 2005년 이전까지 거의 알려지지 않은 분야였다. 신생 업계는 급속도로 성장이 가능하고 승진 기회가 아주 많다. 그런 의미에서 급속도로 성장하는 게임 분야에 뛰어들려고 하는 대학생들을 위한 조언을 몇 가지 더 하려고 한다.

자신을 낮춰 들어가는 것을 두려워하지 말라

고객 지원 업무는 경제학 학위를 화려하게 활용할 수 있는 역할은 아니지만, 빠르게 성장하는 회사에 진입할 수 있는 매우 훌륭한 방법이다. 영어 전공자라면 카피라이터로 입사해 추후 마케팅 업무로의 이직을 생각할 수도 있다. 금전적으로도 전문적으로도 회사를 업무보다 우선시하여 생각하는 것도 방법이다.

사실 최근 대학 졸업자들은 소셜 게임 회사에서 매우 잘 해낼 수 있는 잠재적인 능력을 지니고 있다.

"막 대학을 졸업한 사람은 이미 경험이 쌓인 직원보다 목표 시장의 연령대에 훨씬 더 가깝고, 사용자와 가까이 있어야 하는 업무를 매우 훌륭하게 수행할 수 있습니다."

알레산드라가 설명했다.

어떠한 업무라도 일단 게임 회사에 들어가면 업계에 대한 통찰을 키울 수 있고 분야에서 인맥을 쌓는 데 도움이 될 것이다. 그런 다음에는 새로운 역할로 '승진'하는 데 필요한 신용과 인맥을 형성할 수 있을 것이다.

틈새시장을 찾으라

게임 산업에 열광하는 졸업생들은 자신이 입사할 수 있는 수준에 맞는 게임 회사에 입사해야 하며, 입사 후 될 수 있으면 빨리 전문성을 개발하려고 노력해야 한다. 본처치의 제프는 지원자들에게 이렇게 충고한다.

"너무 오랫동안 자신이 원하는 직책보다 낮은 위치에 묶여 있어서는 안 됩니다. 몸을 낮추어 입사한 시점에 업무에 대해 알아보고 옮기고 싶은 업무를 찾는 노력을 시작해야 합니다."

자신만의 전문성을 개발한 사람은 장기적으로 좀 더 훌륭하게 역할을 해낼 것이다.

"모두 자신의 브랜드를 구축하는 것입니다."

제프가 말했다.

"자신의 가치를 높이면 회사에서는 그 전문성을 인정하고 고용할 것입니다. 추후 전문 분야를 바꿀 수 없다는 의미는 아닙니다. 하지만 사람들은 자신만의 틈새시장에 머무르려는 경향이 있습니다."

자기 포트폴리오를 위한 웹 사이트를 만들라

거의 대부분 포트폴리오나 웹 사이트에서 혜택을 보는데 특히 아티스트와 개발자에게는 중요하다. 포트폴리오나 웹 사이트는 이력서에 포함되어야 하고 지금껏 해 왔던 프로젝트들(스크린샷을 포함해)도 이력서에 들어 있어야 한다. 회사 근무 경력이 없더라도 훌륭한 포트폴리오가 있다면 취업문 안으로 한 발짝 들어가는 데 도움이 된다. 이력서에 포트폴리오 웹 사이트 링크를 포함해 제출하고 회사에서 확인하기를 기대해 보자.

행동으로 옮기도록 하라

결론적으로 많은 소규모 게임사가 대학 채용 진행 시스템을 갖추고 있지 않기 때문에, 자기 가치를 높이고자 노력하려는 지원자는 되려 중요한 기회로 활용할 수 있다. 인맥 형성을 시작하라. 페이스북과 Meetup.com을 시작하고 그 세션에 참석하라. 인턴십과 아르바이트를 하라. 어떠한 이유로든 일자리를 찾을 수 없다면 게임 연구에 직접 몰두해 보라.

인맥을 넓히고 뛰어들라

"회사 내부에 연락이 닿는 사람을 알고 있는 것이 입사하기에 최고로 좋은 방법입니다."

　본처치의 제프가 한마디로 말했다. IT 회사에서도 통하는 방법이지만 좀 더 작은 게임 회사에서는 특히 더 유용하다. 마이크로소프트, 구글, 페이스북 같은 소프트웨어 회사에서는 채용 담당자들이 전국 방방곡곡을 다니며 채용 박람회에 참여하고 지역별로 지원자들을 만난다. 하지만 비교적 작은 캐주얼 게임 회사들은 대체로 그럴 만한 여유가 없다. 성공적으로 입사하는 데 큰 영향을 줄 수 있는 중요한 인맥은 다음 세 가지 형태로 형성되는 경향이 있다.

대학과 전문적인 채용

몇몇 큰 회사는 일류 대학에서 캠퍼스 채용 활동을 진행하기도 한다. 캠퍼스 채용 활동을 진행하는 학교에 다니지 않더라도 잠깐 들를 수는 있을 것이다. 자신이 다니는 대학에서 채용을 진행하지 않는다고 해서 채용을 고려할 의사가 없다는 뜻은 아니다. 단지 회사가 모든 곳에서 채용을 진행할 여력이 없다는 쪽이 더 가깝다.

그 대신 전문적인 경험이 있는 지원자라면 좀 더 전문적인 헤드헌팅 회사와 손잡는 것을 고려할 수 있다. 규모가 작은 게임 회사가 많으니 미처 보지 못했던 기회가 있을지도 모른다. 전문적인 헤드헌팅 회사에서는 그런 기회까지 발견해 연결해줄 수도 있다.

온라인 네트워크

링크드인의 토론 그룹은 채용을 준비하는 데 활용할 수 있는 훌륭한 방법이다. 하지만 페이스북도 간과해서는 안 된다. 결국 전부는 아니라도 지원하려는 회사 중 대부분이 소셜 게임 회사일 것이다. 소셜 게임 회사는 말 그대로 페이스북에 생사가 걸려 있다. 게임과 관련된 페이스북 토론 그룹이나 회사 페이지에서 활발하게 활동하는 것은 주목받기 좋은 방법이다. 단순히 일자리를 구하는 것보다 자신의 가치를 증명하는 것을 최우선으로 하라. 여러 활동으로 업계에 대한 통찰과 피드백을 제공함으로써 취업문 앞에서 매달려 있는 다른 지원자보다 한 걸음 앞서나갈 수 있다.

또 게임 개발자 웹 사이트와 포럼에서도 활발하게 활동하라. 다른 사람들을 도와주는 사람으로 이름이 알려진다면, 똑똑하고 능력 있으며 모든 사람이 원하는 동료로 알려질 것이다. 채용 담당자들은 이런 포럼에서 훌륭한 지원자를 찾아 헤맨다.

행사

다양한 행사에 참가하는 것도 네트워크를 형성할 수 있는 효과적인 방법 중 하나다. 채용 담당자는 지원자가 어떻게 의사소통하는지, 어떻게 행동하는지 미리 검증할 수 있고 이름과 얼굴을 기억할 수 있다. 얼굴과 이름을 기억하는 것은 (바라건대) 매우 긍정적인 일이다.

게임 개발자 컨퍼런스Game Developers Conference(http://www.gdconf.com)는 산업에 대해 배우고 네트워크를 형성할 수 있는 매우 훌륭한 기회다. 채용 담당자는 게임 개발자 컨퍼런스에 몰려들고 이를 거대한 채용 행사로도 생각한다. 그러므로 자신만의 비장의 무기와 명함을 준비하라. 등록비는 비싼 편이지만 대학생은 특별 할인을 받을 수 있다.

그 외에도 페이스북과 트위터에서 회사 정보를 팔로우한다면, 회사에서 주최하는 공개 참관 행사, 댄스파티, 친목 시간에 대해서도 알 수 있다. 이런 행사들은 회사에 대해 배우고, 현재 직원들을 만나보고, 다른 게임 회사에서 일하는 직원들과 관계를 형성할 수 있는 매우 훌륭한 방법이다.

개성과 적성

전 세계 괴짜들은 자신의 독특한 개성이 게임 회사에서는 큰 문제가 되지 않는다는 소식을 들으면 매우 흥분할 것이다. 헤드헌터와 채용 담당자는 사회성이 부족한 개발자를 감수한다. 단지 이 분야가 그런 것이다. 지원자가 오만하지 않고 팀원들이 경멸하지 않는 한, 개성적인 측면에서 '충분히 괜찮은' 사람이 될 것이다. 하지만 사회성이 딱히 요구되지 않더라도, "대화를 통해 업무를 진행할 수 있는 엔지니어가 좀 더 환영받을 것"이라고 본처치 채용 담당자인 케이티 하딕스가 말했다.

다른 업무에서는 적성이 좀 더 중요하다. 개발 이외 업무들은 동료, 협력사, 사용자와 접하는 일이 좀 더 많다. 그리고 개발자와는 다르게 회사에서 개인적인 적성을 좀 더 중요하게 생각할 수도 있다. 다음 다섯 가지 적성은 면접관이 평가하는 공통적인 필요 요소 중 일부분이다. 정직함과 융통성 같은 몇몇 다른 요소도 중요하지만 면접관이 평가하기에는 매우 어렵다. 하지만 정직함과 융통성이 부족함을 드러낸다면, 취업 제안을 받기가 어렵다는 것은 확실하다.

가슴 속 젊음

"저는 회사에서 10대들과 일하고 있습니다."

본처치의 채용 담당자인 제프가 말했다.

"물론 엄밀히 말하면 모두 마흔 살이겠지만 그들은 여전히 10대입니다."

실제로 캐주얼 게임 업계는 젊다. 직원 뿐 아니라 업계도 그렇다. 이런 젊음은 높은 에너지를 생산한다. '오늘 거하게 한잔 합시다!' 같은 열정적인 분위기다. 빅 피시에서 일하는 오드라 울라보는 덧붙였다.

"업무 결과물이 캐주얼 게임입니다. 우리는 잘 노는 사람을 원합니다. 그런 사람이야말로 정말 재미있는 것을 만들 수 있기 때문입니다."

정장과 넥타이는 게임 회사와는 맞지 않는다. 콘솔 게임 회사의 분위기는 좀 더 어른스럽지만, 여전히 가슴속 깊이 젊음을 간직한 문화를 고수하고 있다.

호감

캐주얼 게임 회사에서 일하는 사람들은 거의 매달 게임 출시 일정을 지키기 위해 다른 직원들과 회사 동료 이상으로 가깝게 지낸다. 그리고 흔히 말하는 '상한 사과[2]'는 팀 분위기를 해칠 수 있다. 더 중요한 것은 일단 기본적으로 근무 시간이 길고 일하지 않을 때에는 술집에 가거나 친목 시간에 참석하기도 한다. 그렇기 때문에 동료들과 어울리는 것은 매우 중요한 일이다.

자신감은 좋다. 하지만 자기 자존심을 잠시 내려놓는 것도 고려할 가치가 있다. 스스로가 얼마나 우월한지 말하고 싶어 안달 난 동료보다 나쁜 것은 없다. 모두가 그런 유형의 사람을 만나본 적이 있을 것이다.

창의력/상상력

예술적인 능력을 요구하지 않는 업무를 담당하더라도 게임 회사 직원 중에는 좀 더 창의적이고 상상력이 풍부한 사람이 많다. 공상 과학 소설과 판타지에 대한 숨길 수 없는 애정부터 문제를 해결하는 방식에 이르기까지 모든 것에 반영되어 있다. 게임 회사에서는 창의력이 게임을 만드는 연료이니만큼 직원이 상상하고 있는 것이 무엇인지 알고 싶어 할 것이다.

업무 윤리

오래된 명언을 반복하는 것은 참 멋진 일이다.

"자기 업무를 해내는 이상 얼마나 많은 시간 동안 일하는지는 상관없다."

하지만 그 업무라는 것은 절대로 끝나지 않는다. 게임 회사는 직원들에게 근면성실함을 여가 시간에도 발동할 것을 요구한다. 그러므로 게임 회사에서는 특히나 게임에 대한 열정과 동기 부여가 매우 중요하다. 업무 시간 외에 여유 시간까지도 헌신할 의지가 있어야 한다.

뛰어난 의사소통 능력

빠르게 게임을 완성시키려면 다양한 기능 조직과의 협업이 매우 중요하다.

---

2 옮긴이 흔히 사과 상자 안에 상한 사과가 있으면 같은 상자 안의 다른 사과들도 금방 상하므로, 여기에서는 팀 분위기에 어울리지 못하고 불협화음을 내는 사람을 칭하는 의미로 쓰였다.

따라서 게임 회사에서는 뛰어난 의사소통 능력이 요구된다. 면접관들은 지원자가 업무를 명확하게 정의하고 설명할 수 있는지 알고 싶어 한다. 또 다른 사람의 관점을 얼마나 이해하고 잘 듣는지도 알고 싶어 한다. 면접관은 기술적인 능력을 검증하는 것만큼 의사소통 능력을 검증하기 위해 날카로운 질문을 던질 것이다. 그런데 질문에 대한 대답 외에도 면접의 모든 대답에서 의사소통 능력을 평가하고 있을 것이라 장담한다. 리더나 관리 업무로 옮기고 싶다면 특히 중요한 능력이다.

게임 면접을 완벽하게 준비하기 위한 세 가지 팁

모든 기본적인 면접 조언들이 게임에도 동등하게 적용된다(일관성을 유지하라, 질문을 준비하라 등). 그 중에서도 좀 더 게임 분야에 특화된 내용도 있다. 다음 세 가지 팁은 일반적인 면접에도 적용되지만 특히 게임 면접에서 중요하게 생각해야 할 점들이다.

게임을 플레이하라

아마도 게임 회사에서 진행되는 면접에서 가장 재미있는 부분은 회사 주력 게임의 최종 버전을 깨는 것처럼 게임을 플레이하면서 면접을 준비해야 한다는 것이다. 결국 면접을 보기 전에 회사에 대해 조사를 진행해야 한다. 그 회사의 게임을 플레이해 보는 것보다 좋은 방법이 무엇이 있겠는가? 지원하는 회사의 게임들을 플레이하면서 다음 질문을 반드시 생각해 보자.

- 어떤 점이 가장 인상 깊은가?
- 어떤 점이 재미있는가?
- 다음 버전을 출시한다면 무엇을 바꾸고 싶은가?

이 질문들에 대답하면서 지원하고자 하는 직책과 관련 깊은 질문에 특별히 집중하자.

자신감을 가지도록 하라(하지만 너무 자신만만한 것은 좋지 않다)

게임 회사는 매우 빠르게 움직이므로 지원자가 자신의 능력을 확실히 파악하고 그것을 어떻게 발휘할 수 있는지를 이해하는 것이 매우 중요하다.

"지원자는 자신이 A, B, C를 해왔고 D를 할 수 있다는 것을 알고 있어야 합니다."

본처치 헤드헌터인 케이티 하딕스가 말했다. 스스로 새로운 것을 해낼 수 있다는 것을 알고 있을 정도로 충분한 자신감이 있어야 하지만, 동료를 적으로 돌릴 정도로 넘치는 자신감은 금물이다.

호감 있는 사람이 되라

게임 회사 직원은 함께 근무하는 시간이 길기 때문에 기본적으로 호감이 있는 사람이어야 한다. 말이 없는 사람이라고 하더라도 자신의 사회성을 좀 더 키울 수 있는 몇 가지 비법을 소개한다.

- **미소**: 전화 면접이라도 미소는 목소리에 묻어난다. 사실 미소는 좀 더 행복한 사람으로 보이게 할 뿐 아니라 실제로 스스로 행복해진다.
- **웃음**: 면접관은 웃음을 보고 지원자가 즐거운 시간을 보내고 있고, 주위 사람들에게도 즐거운 사람이라는 것을 알 수 있다. 면접관의 행동에 주의를 기울이고 면접관을 흉내내 보자. 면접관이 좀 더 진지한 사람이라면 아마도 그가 이끄는 대로 따르는 것이 좋을 것이다.
- **상대방의 말에 동의하라**: 추진력이 매우 강한 불도저 같은 성격은 면접에서는 크게 도움되지 않는다. 동시에 논쟁을 좋아하는 스타일로 보이고 싶지는 않을 것이다. 면접관 말을 들으면서도 의견을 주장할 수 있어야 한다.

명심하라. 면접관은 항상 옳다. 고집 있는 지원자들은 이 요소가 겉으로 드러나지 않도록 특히 노력해야 할 것이다.

하지만 호감도와 사회성이 중요하다고 해도 전문가답지 못한 행동은 변명이 될 수 없다. 저속한 언사는 면접에서 허락되지 않는다.

질문과 대답

도약하기

> 게일 씨께
>
> 저는 마이크로소프트에서 몇 년간 백엔드 서버 개발 업무를 해 왔습니다. 게임 분야에는 전혀 경험이 없습니다. 그래도 게임 회사로 정말 이직하고 싶습니다. 게임에 대한 경험 부족이 이직에 지장을 줄까요? 제가 할 수 있을까요?
>
> S. L. 드림

> S. L. 씨께
>
> 물론 지장이 있습니다. 최소한 다른 모든 조건이 동등하다는 가정하에 게임 프로그래밍 실력이 좋아야 합니다. 하지만 S. L. 씨가 관련 기술을 가지고 있다는 사실을 잊어서는 안 됩니다. 캐주얼 게임 회사들은 서버와 연관된 코딩 작업이 필요하고 이

는 S. L. 씨가 전문성을 가지고 있는 분야입니다. 그 부분을 간과해서는 안 됩니다.

하지만 좀 더 가능성을 높이려면 다음에 언급하는 두 가지 준비를 하는 것이 좋습니다.

1. 필요한 프로그래밍 언어를 배우세요. 회사에 지원할 때 지원하는 회사에서 주로 사용하는 언어 목록이 있을 것입니다. 회사에서 알려주지 않는다면 어떤 언어를 사용하는지 온라인에서 정보를 찾아보고 그 언어를 배워두세요.
2. 게임을 만드세요. 1~2주를 투자해 게임을 만들어 보세요. 매우 탄탄한 경험이 될 것입니다. 게임에 대한 열정을 증명할 수도 있고 면접에서 인정받을 수 있을 만한 능력을 키울 수 있을 것입니다. 회사에서 S. L. 씨가 만든 게임을 찾아볼 수 있도록 이력서에 링크나 정보를 써 넣으세요.

그리고 S. L. 씨가 가장 가고 싶어 하는 회사에서 주로 활용하는 언어로 게임을 만들었다면 일석이조가 될 것입니다.

게일 드림

가치를 더하기

게일 씨께

인맥을 형성하려고 게임 회사에서 주최하는 몇몇 행사에 참여했습니다. 그런데 행사에 참여했지만 별다른 인맥을 쌓을 수 없었습니다.

문제는 사람들을 만나서 무슨 말을 해야 할지 모른다는 것입니다. 제 스스로를 '알리는' 것이 너무 어색했습니다. 결국 제가 누구이고 무엇에 흥미 있는지를 알고 싶어 하는 사람을 아무도 찾을 수 없었습니다.

어떻게 하면 제 시간을 좀 더 유용하게 활용할 수 있을까요?

B. R. 드림

B. R. 씨께

도움이 될지 모르지만 행사를 단순히 인맥을 형성하는 기회로만 생각하지 않도록 노력하시길 바랍니다. 배우는 기회로 생각하고 행사에 참여한다면 인맥은 자연스럽게 형성될 것입니다.

행사에서 만날 사람들에게 물어볼 질문을 준비하세요. 해당 분야에 대해 잘 모른다면 스트레스를 받을 수도 있지만 배움에 관심을 기울여야 합니다. 적당한 시점에 자신의 경험을 공유할 수 있는 질문이 나온다면 대답하는 것이 좋습니다.

B. L.: 회사에서 게임을 출시하는 주기가 어떻게 되나요?

사람들: 6~8주마다 하나씩 게임을 출시하려고 하지만 출시 일정이 늦어질 때도 있습니다. 사용자 경험이 출시할 만한 수준이 아니라고 생각한다면 일정에 상관없이 바로 다시 고민을 시작합니다.

B. L.: 아, 흥미롭네요. 저는 어도비에서 일하고 있습니다. 저희는 필요하다면 보통 몇 가지 요소를 제외하고 마감을 맞추는 경우가 많습니다. 특정 마감 날짜를 지

켜야 하는 사업적인 계약 조건이 없다면, 말씀하신 접근 방법이 게임 업계에서는 좀 더 적합하다는 생각이 듭니다. 그렇게 게임이 자주 출시되면 소프트웨어 업데이트는 어떻게 대응하나요? 버그가 수정될 때까지 업데이트하지 않나요?

   이런 대화가 진행될수록 대화 상대는 B. L. 씨가 하는 일에 대해 알게 될 것이고 B. L. 씨의 간단한 신상 명세에 대해 질문할 수도 있습니다.

   좀 더 깊은 관계로 발전하려면 나중에 연락할 수 있는 이유를 만드는 것이 좋습니다(예를 들어 "지금 일하시는 업계에 대해 좀 더 여쭤보고 싶은데요. 혹시 연락처를 알려주실 수 있을까요?"). 그리고 이렇게 연락처를 받았다면 연락을 하는 것이 좋습니다. 빈말은 별로 도움이 되지 않습니다.

게일 드림

실제로 매우 사소한 것이 통한다

게일 씨께

왜 게임 회사에서 일하고 싶은지 제게 물어본다면 어떻게 대답해야 할지 모르겠습니다. "게임을 무척 좋아하기 때문입니다"라는 대답은 매우 진부한 것 같습니다.
  이 질문에 어떻게 대답하는 것이 좋을까요?

A. S. 드림

A. S. 씨께

핵심은 자세히 설명하는 데 있습니다. 하지만 우선 한 발자국 물러서 봅시다. 회사에서는 왜 이 질문을 할까요?

두 가지 이유가 있습니다. (1) A. S. 씨가 충분히 조사했는지 확인하고 싶은 경우, (2) A. S. 씨가 게임에 흥미가 있고 헌신적인지 알고 싶은 경우입니다. 그렇다면 이 두 가지 목적 모두에 대한 답이 될 수 있도록 답변을 해야 합니다.

그런 관점에서 A. S. 씨의 대답을 살펴봅시다. 충분히 사전 조사를 했는지 드러나나요? 전혀 아닙니다. A. S. 씨가 게임에 흥미가 있고 헌신적임을 알려줄 수 있습니까? 아닙니다. A. S. 씨가 보여준 사실로는 더는 알 수 없습니다.

그러니 어떻게 대답하는 것이 좋을까요? 이런 대답은 어떨까요.

저는 항상 제 창의력을 중시해 왔습니다. 그렇기 때문에 게임은 멋진 것을 만들고자 하는 제 추진력과 창의력에 자연스럽게 꼭 맞는 분야입니다. 저는 재미와 배움의 기회를 한데 녹일 수 있는 접근 방법을 매우 좋아해서 귀사에 특별히 관심이 있었습니다. 관계가 아이들의 학습에 미치는 영향에 대한 귀사 CEO의 TED 강연을 매우 흥미롭게 보았습니다. 그리고 그 강의가 매우 진실하게 들렸습니다.

'열정 + 사전 조사 = 매우 훌륭한 대답'입니다.

게일 드림

11장

취업 제안

술 한 잔 하며 취업 제안에 대해 의논하려고 취업을 제안한 데이비드와 만났다. 이번이 세 번째 협상이었다. 나는 좀 더 사교적인 분위기에서 상황이 여유로워지리라 생각했다. 하지만 계획했던 대로 일이 잘 풀리지는 않았다. 데이비드는 단지 물 한 잔만 주문했다. 와인 바에서 말이다! 그리고 나는 음료를 선택할 때 그의 검소함을 엿보고, 왜 데이비드의 제안이 상대적으로 낮은 수준인지 조금은 짐작할 수 있었다. 물론 당신이 데이비드와 이야기한다면 데이비드는 그 제안이 매우 후한 제안이라고 말할 것이다.

우리는 둘 다 각각 자문 위원에게 자문을 구하고 있었다. 데이비드의 자문 위원은 회사 투자자와 인터넷이었고, 내 자문 위원은 가족의 슈퍼 CEO인 어머니였다. 벤처 투자자들은 그냥 어깨를 으쓱하고 데이비드가 결정할 문제라고 말했고, 인터넷에서는 일반적으로 엔지니어들이 받는 편리하면서도 결정적인 경제적 범위를 찾아볼 수 있었다. 내 어머니는 "일반적인" 범위는 의미가 없다고 말씀하셨다. 연봉, 주식, 회사의 연금 수령권vesting schedule[1], 수익, 일자리를 옮겼을 때 기대되는 수익 등 다양한 요소 사이에서 복잡한 절충이라고 하셨다.

---

1 옮긴이 회사의 연금 수령권

"정확히 네가 연봉으로 1년에 100만 달러를 받는다면 회사 주식이 필요하지 않겠구나."

와인은 자기에게 너무 비싸다고 생각하는 데이비드는 반박할 수 있겠지만, 나는 엄마의 논리에 반박하지 못했다.

어쨌거나 내게는 협상 카드가 하나 있었고, 데이비드에게는 없었다. 바로 "아니오"라는 대답이다. 나는 전직 구글·마이크로소프트·애플 직원이라는 브랜드 덕분에 데이비드의 제안을 거절하더라도 새로우면서도 매우 흥미롭고 신나는 제안을 많이 받을 수 있었다. 하지만 데이비드는 벤처 투자가들로부터 이미 투자를 받았고 회사를 정상적으로 운영하려면 도움이 절박한 상황이었다.

두 번의 만남과 두 잔의 와인을 마신 후(물론 다 내가 마셨다) 우리는 마침내 서로 충분히 만족하는 계약 조건으로 협의를 마무리할 수 있었다.

일자리 제안을 평가하는 방법

어머니 말씀에 따르면 취업 제안은 복잡한 것이다. 제안 조건은 연봉, 보너스, 연봉 인상, 휴가 일수, 의료 보험 등을 모두 포함한다. 게다가 앞에 나열한 요소는 단순히 재정적인 부분일 뿐이다. 그 외에도 추후 경력을 발전시킬 수 있는 방향과 회사 문화, 미래의 팀 동료들, 그리고 잠재적으로 배우자나 특별히 관련 있는 다른 사람들의 기분도 고려해야 한다. 이런 모든 조건이 혼란스러운 상황에서 당신은 평가에 필요한 정보를 전부 알지는 못할 것이다(얼마나 많은 시간을 근무해야 하는지, 매년 연봉 인상률은 얼마인지 등).

취업 제안의 복합성은 보통 다음과 같은 범주로 분류될 수 있다.

· **경력 개발**: 경력에 적합한 결정인가? 이력서에 도움이 되는 업무인가? 경력을 발전시키는 데 도움이 되는 경력인가?

- **경제적인 조건**: 얼마를 지급하는가? 어느 정도 수준의 복지(의료 보험, 스톡 옵션 등)를 제공하는가?
- **행복**: 즐겁게 일할 수 있을까? 팀원들과 잘 어울릴 수 있을 것인가? 회사가 위치한 지역이 살고 싶은 곳인가?

무엇이 올바른 결정인지 말해줄 수는 없지만, 스스로 올바른 결정을 내릴 수 있도록 취업 제안 내용을 분석하는 데 도움을 줄 수는 있다.

경력 개발

새로운 지원자는 같은 이야기를 한다. 즉, "나는 아무개 회사에서 취업 제안을 받아들였고 매우 훌륭한 기회라고 생각했다. 물론 처음에는 정말로 훌륭한 기회였다. 하지만 5년 후에도 여전히 같은 일을 하고 있었고 그동안 내가 얻은 것이 무엇인지 스스로에게 질문을 던지게 되었다. 그리고 나는 새롭거나 색다른 것들을 해 볼 수 있었지만 대신 현재 직장에 머무르며 여태껏 해왔던 똑같은 업무를 계속하는 것을 선택했다."

특히 IT 회사에는 이런 사람이 많다. 마이크로소프트나 구글 같은 회사는 일하기가 너무나 좋아서 자신이 어디로 가고 있는지 쉽게 잊어버리기에 딱 좋은 곳이다. 그리고 결국 안전한 배에서 뛰어내리기는 쉽지 않다.

일자리 제안을 받아들이기 전에 자신의 경력을 어떻게 쌓을 것인지 미리 그려보기를 강력하게 추천한다. 자신이 스스로 무슨 일을 하고 싶은지를 알아야 하며, 자신의 목적을 달성하는 데 어떤 방법이 도움이 되는지를 알아야 한다. 제안 받은 업무가 자신에게 적합한지, 어떻게 성공할 수 있는지 이해하는 데 도움이 될 것이다.

학습과 개발

어떤 회사는 다른 회사에 비해 훈련 과정이 좀 더 엄격하다. 예를 들어 구글은 신규 입사자들이 2주간 '누글러 트레이닝$^{Noogler\ Training}$' 기간을 거치도록 한다. 누글러 트레이닝은 직원들에게 구글이란 회사에 대해 알려주고, 실무에 필요한 내용을 매우 깊게 공부하도록 한다. 엔지니어라면 빅테이블^{BigTable}, 맵리듀스^{MapReduce}와 기타 도구에 대해 배울 것이다. 이런 과정을 거쳐 직원은 자신이 속한 팀 외의 팀원과 동료들이 하는 일을 이해할 수 있다.

몇몇 회사에서는 신규 직원 훈련 외에도 직원들이 지속적으로 능력을 계발하게끔 회사 내에서나 지역 대학에서 추가 수업을 듣도록 지원하기도 한다. 매우 가치 있는 수업일 수도, 단순히 직원을 달래는 방법일 수도 있다. 혹은 회사에서 직원들이 학교에 다시 다니는 것을 지원한다고 했더라도 실제로 회사에 일단 입사하면 그다지 권장하지 않기도 한다. 회사에서 말하는 바를 있는 그대로 받아들여서는 안 된다. 회사에서 제공하는 기회를 활용했던 직원들과 이야기하고 질문해 보라.

책임과 의사 결정

정규 교육도 중요하지만 대부분은 실제로 업무를 수행하면서 배우게 된다. 업무를 맡으면 그에 따른 상당히 중요한 책임감도 주어진다. 물론 실수를 할 수도 있다. 실수를 통해 좀 더 실질적인 교훈을 배울 수 있을 것이다.

구글 소프트웨어 엔지니어인 피터는 근무를 시작하고 나서 2년간 인턴을 관리하는 업무를 맡아서 핵심 요소에 대한 문서를 준비했다. 기획, 전략 수립에 참여하고 팀의 방향을 구성하는 것을 도왔다. 이 모든 업무는 코더로서 맡는 일반적인 업무 이외의 일이었다. 피터는 신생 회사에 입사하려고 구글을 떠났고, 소프트웨어 엔지니어링이나 프로그램 관리 업무 관련 면접 기회를 얻는 데 전혀 문제가 없었다. 피터는 필요한 기술적인 능력 뿐 아니라 의사소통력과 기획 능력까지 개발해 왔기 때문이다.

가장 최선의 방법으로 자신의 위치를 찾으려면, 실제 맡았던 업무나 책임 이상을 할 수 있을 만한 팀을 찾아 보라. 언젠가 관리자가 되기를 원한다면 '단지' 인턴일지라도 누군가를 관리하거나 지도할 수 있는 팀을 찾아 보라. 테스트에서 개발로 옮기길 원한다면 자동화된 코드를 짜고 주기적으로 버그를 고칠 수 있는 업무를 찾아 보라.

그 외에도 의사 결정 방법에 대해 확실하게 이해할 필요가 있다. 많은 회사에서 "물론 우리는 팀으로 일합니다"라고 말하는 것을 좋아하지만 그런 경우는 거의 없다. 누구에게 의사 결정권이 있는가? 충돌이 있을 때는 어떤 경우인가? 자신이 의사 결정을 내리고 책임질 수 있는 사항에는 무엇이 있는가? 그리고 자신이 피드백을 제공할 수 있는 의사 결정에는 어떤 것이 있는가?

승진

내게는 규칙이 있다. 항상 성장하는 회사(또는 팀)에서 일하는 것이다. 성장하는 회사는 신입 사원이 많고 그들에게 무슨 일을 해야 하는지 말해줄 누군가가 필요하지 않은가? 그 사람이 바로 내가 될 수 있다. 심지어 좀 더 정체된 회사에서조차 승진하기 위한 사람의 능력에는 다양한 범위가 있을 수 있다. 다음에 대해 물어 보자.

- **근무 기간**: '신입' 사원으로 생각되는 시기는 얼마 동안인가? 좀 더 젊은 회사에서는 1~2년 간 근무하고도 오래 근무했다고 생각하는 사람도 있다. 마이크로소프트에서는 1~2년 간 근무한 사람은 신입 사원이라고 생각한다. 일반적으로 회사 직원들의 평균 근무 기간이 짧을수록 좀 더 많은 기회가 존재한다.
- **성장률**: 해마다 회사가 채용하는 인원수에 현혹되지 말자. 마이크로소프트 같은 대기업은 1년에 수천 명을 고용하지만 회사가 그만큼 성장한다는 의

미는 아니다. 중요한 숫자는 성장률(%)이다. 대기업에서 좀 더 직접적인 관련이 있는 것은 팀의 성장률일 것이다. 윈도 관련 부서에서 근무하고 있다면 검색 엔진인 빙Bing 서비스가 얼마나 성장했는지 누가 신경 쓰겠는가?

· **내부 승진**: 내부 직원을 대상으로 승진시키는 회사도 있고, 외부 인사를 간부로 채용하기를 좋아하는 회사도 있다. 예를 들어 인텔은 내부적으로 승진시키는 전통이 있고, 구글은 초창기에 관리자 대부분을 외부에서 채용했다. 구글은 회사가 너무 급속도로 성장해서 별다른 선택의 여지가 없었다. 그리고 실무 직원들은 관리 업무를 충분히 수행해낼 만큼 빨리 준비하지 못했다.

이력서와 평판

좀 더 좋은 기회일 수도, 나쁜 기회일 수도 있겠지만 이력서에 대기업 이름을 적을 수 있다면 취업 기회가 주어지기도 한다. 자신이 가장 많이 배우거나 가장 많은 업무를 해 왔던 곳은 아닐지도 모른다(그랬다고 생각만 할 수도 있다). 그럼에도 이름이 거의 알려지지 않은 회사에서 제공하지 못하는 높은 신뢰도를 얻을 수 있다. 이력서에 "나는 최소한 이 회사에 다닐 정도로 실력이 좋은 사람이야"라고 표시된 도장을 찍은 것과 같다.

이처럼 취업 제안을 고려한다면 회사 평판도 고려해야 함을 명심하라.

· **회사 브랜드**: 이 회사가 얼마나 잘 알려져 있는가? 명성은 전 세계적으로 일반적이지는 않다는 것을 명심하라. 자기 분야에서는 매우 잘 알려진 회사라도 다른 분야에서는 잘 알려져 있지 않거나 그 반대 경우도 있다. 예를 들어 세계 최고의 광고 회사에서 일한 경력이라도 광고에 대해 많이 알지 못하는 채용 담당자가 이력서를 검토할 때에는 그리 큰 도움이 되지 않을 수 있다.

· **위치와 직책**: 어떤 회사는 직책을 부풀리고, 어떤 회사는 직책을 깎아내리기도 하고, 어떤 회사는 업무에 적절하지 않거나 업무를 적절히 묘사할 수 없는 직책을 주기도 한다. 작은 회사에서 공식적으로는 '테스터' 업무를 했던 지원자 몇 명과 이야기를 나누어본 적이 있다. 그들은 실제로 제품 수준 코드를 작성하는 데 시간을 대부분 투자했다. 그 지원자들은 부분적으로 이력서에 공식적인 직책과 비공식적인 직책을 모두 기입함으로써 적절한 평가를 받을 수 있다. 분명히 개발자로 시작한 이력서보다는 좋은 평가를 받을 것이다.

회사의 미래와 안정성

지원자들은 이런 질문을 자주 한다.

"마이크로소프트는 안정적인가요? 다시 한 번 정리 해고를 하지는 않을까요?"

그럴 때면 나는 지원자들에게 오히려 질문을 던진다.

"그렇다면 어떻게 할 건가요?"

나는 대부분의 지원자들이 회사의 안정성을 지나치게 중시한다고 생각한다.

스스로 회사의 안정성에 대해 분석한다면, (현실에서 있을 법한) 자신에게 일어날 수 있는 최악의 상황이 무엇인지 생각해 보자. 일자리를 찾을 수 없거나 아파트에서 쫓겨나거나 '일자리 구함, 코딩 가능'이라고 적혀진 피켓을 들고 샌프란시스코 거리에 앉아 구걸하는 모습을 상상하게 될 것이다. 정말 그렇게 되기보다는 실업 수당을 몇 개월 간 받아서 그 수당을 다 쓰기도 전에 새로운 일자리를 찾는 상황이 있을 수 있을 것이다.

직업 안정성은 어떤 특별한 경우에는 매우 중요할 수 있다. 비자가 필요하거나 영주권을 신청하려고 한다면 해고는 삶에 심각한 위협이 된다. 대신에 매우 특별한 기술이나 자격이 있다면 자신에게 적합한 새로운 일을 찾는 것도 도전 의식을 증명할 수 있는 방법이다. 해고로 인해 잠시 무직인 상태가 생활에 얼마나 많은 문제가 되는지는 오로지 자신이 결정할 문제다.

위치

아미트는 곧 박사가 될 졸업 예정자로 난관에 빠져 있었다. 아미트는 산타 클라라$^{Santa\ Clara}$에 위치한 인텔과 버지니아 주 덜레스^{Dulles}에 위치한 AOL에서 취업 제안을 받아서 어디로 취업할지 결정해야 했다. 아미트는 금전적인 부분, 팀, 성장 가능성을 분석했지만 지역적인 부분을 간과했다.

내가 물었다.

"아미트, 그 회사에 얼마나 오랫동안 다닐 예정인가요?"

아미트는 몇 년 후에 회사를 떠날지도 모르겠다고 대답했다.

"좋습니다. 그러면 어디로 갈 예정인가요? 같은 지역에서 선택할 수 있는 여지가 있나요?"

아미트에게는 세 살 된 아들과 네 살짜리 딸이 있었다. 아미트가 AOL을 그만둔다면 버지니아 덜레스는 기술 혁신의 중심지가 아니라서 그쪽 지역에서 새로운 일을 찾기가 어려울 것이다. AOL을 그만둔다면 이사를 해야 하고 아미트의 두 아이는 학기 중간에 전학가야 한다. 동시에 모든 친구와 헤어져야 한다는 것을 의미한다. 아미트는 우는 아이 둘을 다독이면서 새 일자리를 찾는 것이 쉽지 않은 일이라고 생각해 인텔을 선택했다.

앞으로 자신의 미래 취업 기회를 분석하려면 지역적인 요소도 반드시 고려해야 한다는 것을 아미트의 교훈에서 배우자. 선택의 여지도 없이 회사에 옴짝달싹 못하고 갇혀 있는 것은 즐거운 경험이 절대 아니다.

금전적 보상

"돈이 인생의 전부는 아니다"라는 진부한 표현을 모두 알 것이다. 그러나 이런 말이 마음에 조금도 변화를 일으키지는 않을 것이다. 돈이 얼마나 중요한지는 각자 기준에 따라 다르기 때문이다.

분명히 돈은 복잡한 문제다. 우선 단기적인 연봉 차이는 경력 측면에서는 매우 비중이 작다. 회사에서 많이 배운다면 앞으로 좀 더 높은 연봉을 받을 수도 있다. 게다가 어떤 제안이 최고의 보수인지 이해하기가 미묘할 수도 있다.

2005년 이런 세심하고도 어려운 결정을 내려야 했던 상황을 맞이한 적이 있었다. 구글, 마이크로소프트, 아니면 아마존, 어디에 가야 할까? 각각의 회사에서 제시한 금액 때문에 매우 혼란스러웠고, 어떤 회사에서 가장 많은 급여를 제시하는 것인지 전혀 알 수 없었다.

아마존에서 제시한 급여는 가장 낮았지만, 추가 보너스와 주식도 제안했다. 마이크로소프트에서 제시한 급여가 가장 높았지만, 휴가는 2주뿐이었고 사실상 받는 주식은 없었다. 구글에서 제시한 급여와 옵션은 중간 수준이었다. 이런 제안들이 어느 정도 가치가 있는지 누가 알겠는가(불행히도 모든 회사가 이미 상장된 후였다)?

그리고 이 외에도 여러 가지 복지와 혜택도 고려해야 한다. 의료 보험, 공짜 음료나 점심 등 복지와 혜택도 받을 수 있는가? 금전적으로는 어느 정도 가치가 있는가?

이런 질문들에 대답할 수 있는 정확한 공식은 없지만 참고할 수 있는 일반적인 가이드라인은 있다.

제안 조건

IT 회사에서 제안하는 취업 조건은 연봉 외에도 주식, 보너스, 기타 재정적 보상을 포함하는 경우가 많다. 여러 개 매트릭스에 걸쳐진 다양한 조건을 어떻게 비교할 수 있을까? 모든 조건에 가격표를 붙이고 앞으로 회사에서 근무할 기간으로 나누는 것이다.

예를 들어 아마존이 연봉 7만 달러에, 2만 달러 계약 보너스를 제안하고, 구글이 연봉 7만 5000달러, 계약 보너스 4000달러를 제안한다고 가정해 보자. 어느 회사의 조건이 더 나은가? 얼마나 오래 회사에 근무하느냐에 따라 다르다. 2년 안에 회사를 그만 둘 예정이라면 아마존의 조건이 더 낫다(8만 달러 대 7만 7000달러).

이는 회사에 오래 머무를수록 일회성 복지는 그리 가치가 크지 않다는 뜻이다.

회사가 지급하는 재정적 보상을 이해하려면 회사에서 제시한 조건과 포함되어 있지 않은 조건까지 전부 살펴볼 필요가 있다. 다음과 같은 내용이 조건에 포함됐는지 확인하자.

주요 제안 조건	다른 금전적 보상
연봉	일반적인 연간 보너스
계약 보너스	일반적인 연간 연봉 인상률
재배치	직원 주식 구매 계획
스톡옵션	401K 퇴직 연금(기여율과 최대 기여에 따른 보상)[2]
주식 보상제	의료 보험, 치과 지원, 안과 지원
휴가	추가 복지 혜택, 공짜 음식 등

앞서 언급한 것 중 연간 보너스와 연간 연봉 인상률 같은 요소는 정확한 정보를 알아내기 어렵다. 회사에서 이런 정보를 제공하는 것을 꺼려하기 때문이다. 하지만 실제로 회사에 다니는 사람을 알고 있다면 좋은 조건인지, 평범한 조건인지 알아낼 수도 있다.

---

2 옮긴이 401K 퇴직 연금은 미국에서 가장 많이 활용되는 개인연금 제도다.

위치

가상의 취업 제안 두 가지를 살펴보자. 제이슨은 마이크로소프트(워싱턴 주 시애틀 소재)에서 연봉 7만 5000달러를, 구글(캘리포니아 주, 마운틴 뷰 소재)에서 연봉 8만 달러를 제안 받았다. 구글의 연봉이 더 높지 않은가? 결코 그렇지 않다! 워싱턴은 소득세가 0%인 반면, 캘리포니아는 10% 소득세가 있다. 구글에서 제안한 8만 달러 연봉은 실제로 7만 2000달러 연봉과 마찬가지다. 그리고 무엇보다도 Payscale.com에 따르면 마운틴 뷰는 시애틀보다 물가가 25% 정도 더 높다.

어떤 지역에서는 1달러 가치가 좀 더 높을 수도 있다. 취업 제안을 비교할 때에는 Payscale.com 같은 사이트에서 실제 거주 비용을 계산하고 회사 위치도 염두에 두고 계산기를 두들겨봐야 한다.

행복 요소

취업 제안 편지에 적힌 큰 숫자들을 보고 "이 정도면 몇 년간 계속 회사에 다닐 수 있겠다. 그렇지?"라고 말하기는 쉽지만, 실제로 회사에서 그만큼 버티기는 쉽지 않다. 행복하지 않은 직원들은 일반적인 직원들보다 적게 일하고 생산력이 떨어지며 회사를 좀 더 일찍 그만둔다.

행복하지 않을 것이라 의심되는 일을 수락하기 전에 정말 감당할 수 있을지 곰곰이 생각해봐야 한다. 그렇다. 업무와 팀원이 마음에 든다면 긴 근무 시간은 참을 수 있다. 팀원들이 재미있고 함께 하는 시간이 끔찍하지 않다면 즐겁지 않은 업무도 처리할 수 있을 것이다. 하지만 업무는 지루하고, 근무 시간은 길고, 동료들은 답답하고, 나쁜 관리자까지 있다면? 악몽이다. 그러면 금세 회사를 그만두거나 업무 성과가 좋지 않아서 큰 성공을 거두기는 어려울 것이다.

원하는 업무에 지원하기 전에(또는 최소한 취업 제안을 받아들이기 전에) 다음 내용을 알아야 할 필요가 있다. 무엇 때문에 행복한가? 함께 일하는 사람들인가, 지적 자극인가, 성취감인가? 아니면 사람들의 삶에 영향을 미치는 것인가? 이런 모든 질문에 "그렇다"라고 대답하기는 쉽다. 그래서 이전 직업들과 비교하여 대답해야 한다. 왜 행복했고 불행했는가?

다음 요소들은 많은 사람이 중요하다고 생각하는 것이다.

- **관리자**: 관리자와의 관계가 즐겁게 일할 수 있는 환경 형성에 매우 강력한 영향력을 행사할 때가 많다. 미래의 상사와 꼭 한 번 이상 대화를 하라. 그리고 다음과 같은 질문을 던져 보라. 회사의 성공을 위해 무엇을 해야 하는가? 앞서 같이 일했던 직원들이 어떤 경력 경로를 밟아갔는가? 가능하다면 앞서 상사와 일했던 직원들에게 연락해 보라.
- **팀원들**: 성과 도둑(다른 사람의 업무 성과를 자기 것으로 가로채는 사람)부터 완전히 끔찍한 팀원들까지 적대적인 동료들은 회사 구석구석에 숨어 있다. 그런 사람들은 당신의 행복에 해로운 존재다. 근무 시간의 절반 이상을 왜 비참하게 보내야 하는가? 취업 제안을 받아들이기 전에 '질문'할 것이 있다고 말하고 같이 일할 팀과 점심 식사를 하는 시간을 마련해 보라. 자신이 팀원들을 평가한다는 것을 굳이 알릴 필요는 없다.
- **문화와 근무 환경**: 모든 회사가 "우리는 직원이 단지 재미있게 일하길 원합니다"라거나 "기업 문화가 혁신적입니다"라고 말하기를 좋아한다. 하지만 생각해 보자. 그런 말들은 상대적이어서 모든 회사를 묘사할 수는 없다. 장래 동료들이 회사 문화를 어떻게 생각하는지 질문해 보고 그런 예시들을 물어 보라. 팀원들이 명확한 예를 들어 말하지 못한다면, 그들도 단지 회사의 말을 그대로 되뇐다는 표시다.
- **근무 시간**: 인생의 어느 지점에 와 있는지에 따라, 그리고 일반적인 우선순위에 따라 근무 시간이 길다면 자신에게 맞을 수도, 혹은 맞지 않을 수도 있다. 그것과 상관없이 스스로 어떤 곳에 뛰어드는지를 아는 일이 중요하

다. 상사와 팀원들에게 보통 언제 출근하고 퇴근하는지 물어보라. 그리고 어떤 경우에 야근이나 주말 근무를 하는지 이야기해 보라. 야근이나 주말 근무를 해야 하는 시기가 주요 제품 출시 바로 전인가, 아니면 정기적으로 있는 일인가?

취업 제안, 어떻게 협상할 것인가?

철저히 준비해 왔다. 달변으로 이력서 흠잡기를 통과했고 주어진 어려운 문제를 모두 해결했다. 마침내 취업 제안을 받았는데 입이 떡 벌어졌다. 연봉이 기대했던 것보다 수천 달러가 낮다. 어떻게 할 것인가?

무엇을 협상하느냐에 따라 다르다. 그리고 금액에 따라서도 다르다. 5만 5000달러에서 8만 달러로 연봉을 올려달라고 요구할 수는 없겠지만, 7만 5000달러에서 경쟁 회사와 같은 수준인 7만 8000달러로 연봉을 올려달라고 설득할 수는 있을 것이다.

협상해야만 하는가?

대다수 지원자들, 특히 최근 졸업자들은 취업 제안을 협상하지 않는다. 이유가 궁금한가? 대부분 긴장해서다. 최근에 졸업한 사람들은 취업을 하려고 매우 열심히 노력해 왔고 이 기회를 놓치고 싶지 않기 때문이다.

페이스북 채용 담당자인 리처드는 걱정할 필요가 없다고 말한다.

"일단 채용을 하기로 결정했다면 우리는 최대한 노력할 것입니다. 그러니 사소한 협상은 채용에 방해가 되지 않을 것입니다."

그러므로 머뭇거리지 말고 자신이 염려하는 것을 앞으로 다닐 회사와 의논해 보라. 예의 바르게 채용 담당자의 시간을 존중한다면, 그 누구도 협상한다고 나무라지 않을 것이다.

무엇을 협상할 수 있는가?

사실상 지원자가 받은 제안은 모든 것이 협상의 대상이 된다. 결국 규칙이란 깨라고 있는 것이다. 하지만 어떤 부분은 다른 것보다 협상하기가 훨씬 어렵다. 예를 들어 휴가 기간은 보통 엄격하게 지켜진다. 명확히 눈에 보이기 때문이다. 매년 회사에서 보내는 근무 연수에 따라 휴가 기간을 얼마나 쓸 수 있는지를 회사에서 명확하게 밝히고 있다면, 아무리 특별한 지원자라고 하더라도 휴가 정책을 바꾸기는 매우 어렵다.

그나마 제일 쉬운(그리고 가장 일반적으로 협상 가능한) 조건은 연봉, 스톡옵션, 보조금, 재배치, 계약 보너스 등의 항목이다. 가장 유연한 협상 대상은 스톡옵션이다. 스톡옵션은 정확한 가치를 수치로 환산하기가 비교적 어려운 경우가 많고, 엄격하게 HR 가이드를 잡기에는 너무 변동이 많기 때문이다. 지원자 에이미는 2004년에 구글을 설득해 스톡옵션을 두 배로 받았다. 당시에는 스톡옵션 가치가 정확히 어느 정도인지 몰랐지만, 몇 개월 후 회사가 신규 상장[IPO]을 마쳤을 때 그 결과에 매우 감사하게 되었다.

가끔은 절대적인 의미에서 조건을 정말 바꾸는 게 아니라, 회사에서는 손해볼 것이 없지만 자신에게는 유리한 조건으로 계약 조건을 바꾸기 위해 협상할 수도 있다. 예를 들어 마이크로소프트에서는 입사자가 시애틀로 옮긴다면 이사 담당자들이 모든 물건을 포장해 새로 배치된 곳에 그대로 옮겨주는 포장 이사 서비스를 제공한다. 멋진 서비스이긴 하지만 실제로 이사를 도와줄 친한 친구들을 불러 이사하고 비용을 대신 돈으로 받을 수도 있다. 많은 대학 지원자가 이사비를 돈으로 받았고 5000달러 정도 추가 수입을 올렸다. 아마 맥주 얼룩이 있는 오래된 방석까지 보관하기는 원치 않았을 것이다.

협상에서 이기는 일곱 가지 팁

취업 제안을 받았을 때 가장 먼저 해야 할 일은 회사에 감사의 말을 전하는 것이다. 그동안 회사에서 투자한 시간에 감사하고 훌륭하게 업무를 수행할 수 있다는 자신감을 거듭 보여준다. 그 다음 해야 할 일은 협상을 시작하는 것이다. 다음에 소개하는 팁들을 활용하면 좀 더 긍정적인 결과를 얻을 수 있을 것이다.

1. 먼저 숫자를 정하지 말라.

숫자를 먼저 정하는 사람은 너무 큰 숫자를 불러서 다른 사람들의 협상 가능성마저 뺏을 수 있다("그 사람이 이만큼 제안했어? 이야기해 볼 여지조차 없잖아!"). 더 나쁜 경우에는 스스로를 저평가할 수 있다. 가능하다면 업무에 대해 평가할 수 있는 요소가 너무 많아서 연봉 범위를 정하기가 어렵다고 말해, 채용 담당자에게 연봉 범위를 제시하는 것을 피하라. 예전 회사에서 연봉 공개를 허락하지 않는다고 말해 예전 연봉 수준을 재치 있게 공개하지 않을 수도 있다.

2. 선택 가능한 대안을 찾으라.

동생 회사의 시스템을 관리하는 일에도 아주 관심이 있다고 말할 수도 있지만 구글은 아마 믿지 않을 것이다. 하지만 마이크로소프트에서 구글보다 5000달러 높은 조건을 제안했다고 하면 구글에서는 지원자를 뺏길 수도 있다는 생각에 조바심이 날 것이다. 회사 위치도 계산에 넣어야 한다. 구글이 마이크로소프트보다 연봉이 1000달러 높다고 말할지라도 실제 생활 물가를 감안하면 훨씬 낮은 금액이라고 구글을 설득할 수 있는 합리적인 이유가 된다.

3. 사전 조사를 하라.

업계 연봉과 자기 회사에서 비슷한 수준의 지원자들에게 제시하는 조건을 미리 알아 보자. 그에 대한 데이터를 확인함으로써 회사에 무엇을 요구하고 무엇을 요구해서는 안 되는지 좀 더 합리적인 기준을 세울 수 있다. Glassdoor.com 같은 웹 사이트에서 연봉 범위를 사전 조사하라.

4. 구체적으로 '요구'하라.

채용 담당자에게 "좀 더 높은 연봉"이라고 요구한다면, 채용 담당자들은 무의미한 수치로 연봉을 조절할 수도 있다. 그렇게 되면 협상 요구를 또 해야 하는 매우 불편한 상황에 놓인다. 그러므로 채용 담당자에게 '~달러 연봉 인상, ~달러 보너스' 같은 구체적인 요구를 해야만 한다.

5. 과감하게 요구하라.

지원자가 요구하는 연봉은 최대 상한선이 된다. 회사들은 대부분 지원자가 회사의 제안을 받아들이도록 연봉을 지급할 것이다. 채용 담당자는 대부분 최초의 제안과 지원자가 요구하는 금액 사이의 금액을 제시한다. 그러므로 조금은 과감할 필요가 있다. 하지만 너무 지나쳐서는 안 된다. 대학 졸업 후 근무 첫 해에 20만 달러 연봉을 요구하는 것은 정도를 벗어나는 일이다. 비합리적으로 보일 뿐이다.

6. 최선의 매체를 사용하라.

많은 사람이 전화로도 협상할 수 있다고 말한다. 전화 협상이 편하다면 아무렴 어떤가. 전화기를 들고 채용 담당자에게 전화하라. 하지만 보통 수준 이하의 제안을 받아들이도록 압박을 받을 경우를 생각한다면 모든 낱말을 하나하나 짚어볼 수 있도록 이메일을 주고 받는 게 좋을 것이다.

7. 스스로 가치를 높이라.

제안을 받았다고 하더라도 스스로 가치를 계속 높일 필요가 있다. 당신을 채용하려는 담당자는 비용에 대해 배아파 하기보다는, 당신과 같이 일하고 싶어 하며 당신의 성격을 좋아하고 당신이 진정으로 회사에 가치를 더할 것이라고 생각할 것이다.

그리고 명심하라. 회사가 지원자의 조건에 동의하면(또는 지원자가 회사의 조건에 동의하면) 협상은 끝이 난다. 협상을 다시 뒤집을 수도, 더 많은 것을 요구할 수도 없다. 이제 회사에 입사하게 되어 얼마나 신나는지를 말해 주고, 제안에 대해서는 언제나 서면으로 문의하는 것이 좋다.

민감한 문제: 마감, 기간 연장, 제안 거절

채용 담당자나 관리자와의 의사소통은 자신의 전문성을 보여줄 수 있는 기회다. 회사에서 채용에 들이는 시간과 노력을 알고 있는가? 아니면 채용 과정이 전부 자신을 위한 것이라고 생각하는가? 아직 결정하지 못한 다른 채용 제안과 업무에 대한 생각을 채용 담당자와 공유함으로써 채용 담당자의 태만함을 확인하고 또 피할 수 있다. 채용 담당자들은 깜짝 놀랄 상황이나 부정적인 결과를 매우 싫어한다.

마감과 기간 연장

제일 먼저 아마존에서 취업 제안을 받았을 때 1주일간 고민할 시간이 있었다. 문제는 이미 구글과 마이크로소프트 면접이 진행되는 도중이었다는 것이다. 있는 사실 그대로 아마존에 설명했다. 내 앞에 놓인 조건을 다 고려하지 않고는 결정을 내릴 수 없었다. 그리고 무슨 일이 있었을까? 아마존은 4주를 기다렸고 결국 나는 아마존을 거절하고 구글을 선택했다.

회사들이 마감을 정하는 것은 나름대로 이유가 있다. 회사에서는 자리를 비워놓은 채 지원자들을 효과적으로 면접할 수 없다. 결정을 너무 오래 미루기를 원하지 않는다. 그렇지만 적절한 이유가 있다면 마감 기간 연장에 대해 협상할 수 있다.

기간 연장이 필요하다면 채용 담당자에게 이유를 말하면 된다. 채용 담당자에게 왜 기간 연장이 필요한지, 다른 회사 면접이 어느 정도까지 진행되었는지, 언제까지 결정할 수 있는지 설명하라.

> 사만다 씨, 안녕하세요.
>
> 제안 내용에 대해 이달 16일까지 결정해야 한다고 말씀하셨는데요. 그 기간 안에 결정을 내리기 어려울 것 같습니다. 마이크로소프트에 입사할 수 있는 매우 훌륭한 기회이기도 하지만 결정을 내리기 전에 제 앞에 놓인 모든 조건을 검토하는 것도 매우 중요하다고 생각합니다. 분명 이해해 주시리라 생각합니다.
>   제가 최근에 구글 면접을 보고 있고 채용 담당자에게 연락해 될 수 있으면 빨리 결정해달라고 요청했습니다. 14일에 구글 면접을 볼 것이고 20일까지는 결과를 받을 수 있으리라 기대합니다. 그 후에는 빨리 결정을 내릴 수 있습니다.
>   그러니 기한을 25일까지 미룰 수 있을까요?
>   감사합니다.
>
> 게일 드림

기간 연장이 필요하다고만 말하지 않고 채용 담당자에게 구글 면접 진행 상황도 밝혔다는 점에 주목하라. 그렇게 한 이유는 내 채용 담당자가 구글 채용 과정에 대해 나보다 훨씬 더 많이 알 수도 있기 때문이다. 예를 들어 구글에서 1주일 내에 결정을 내리기가 어렵다는 점을 알 수도 있다.

   소규모이거나 특정 직무가 공석인 회사는 마감을 넉넉하게 연장하기 어렵다. 구글이나 페이스북처럼 특정 팀에서 채용을 진행하지 않는 회사는 기간을 좀 더 연장해 줄 가능성이 높다(따라서 자신이 그 회사의 채용을 방해하는 것은 아니다).

협의 사항을 깨는 것

공통적인 충고는 "절대 협의 내용을 어기지 말라"다. 이 문제로 논쟁하기는 싫다. 거의 맞는 말이다. 협의 사항을 어기는 것은 비윤리적이고, 솔직히 지원자가 협의 사항을 어기는 경우는 거의 없다. 일단 취업 제안을 받아들이고 난 후에는 면접 요청을 모두 거절해야만 한다. 심지어 흥미를 가져서도 안 된다.

하지만 항상 예상하지 못한 경우가 있기 마련이다. 가끔 앞서 자신을 거절했던 회사에서 즉흥적인 제안을 다시 하는 경우도 있다. 그리고 거절하기에는 무척 아까운 조건이다. 그러면 어떻게 할 것인가? 그런 경우에는 결정을 내리기 매우 어렵다.

사실 내게도 일어났던 일이다. 대학교 4학년이 되기 전에 애플과 IBM에서 인턴직 면접을 봤다. 애플은 나를 거절했고 나는 IBM의 제안을 받아들였다. IBM에 그다지 열정이 없었지만 다시 마이크로소프트에서 4학년 여름을 보내고 싶지는 않아서 IBM에서 인턴직을 하기로 결정했다. 그로부터 3개월 후 애플로부터 다시 인턴직 제안을 받았다. 애플 지원자 한 명이 인턴직을 거절했는데 내가 두 번째 후보였던 것이다.

아마 애플의 제안을 거절하고 '쉬운 길'을 택하는 것이 올바른 일이었을 것이다. 하지만 그러기에는 애플의 제안이 너무나 마음에 들었다. 내 IBM 채용 담당자는 분노했다(아마도 할머니가 편찮으시다는 설득력 없는 변명을 듣고 나서는 더 분노했을 것이다). 하지만 IBM은 곧 대체할 사람을 찾았다. 그 사람은 다른 회사와의 협상을 깨고 IBM을 선택한 여자 지원자였다. 이 협상 파기의 고리가 어디까지 연결될지는 아무도 모를 것이다.

애플과의 협상을 깬 남자 지원자는(마이크로소프트를 선택했다) 훨씬 더 정직한 접근법을 택했다. 그는 애플에 마이크로소프트의 제안 사실을 솔직히 말했고(보통보다 훨씬 좋은 조건이었다고 한다) 애플은 그 사람이 다른 제안을 받아들였다는 것을 인정했다. 그 남자 지원자는 몇 년 후 애플 면접을 다시 보게 되었지만 큰 걱정을 할 필요는 없었다. 애플에서 이미 상황을 모두 알고 있었기 때문이었다.

운명의 장난인지 나는 3년 후 구글 면접실에서 이 남자를 만나게 되었다. 이전에 그의 이름을 알지 못했지만 그 지원자가 이야기한 '자신이 마이크로소프트에 입사한 방법'이 내가 아는 이야기와 너무나도 비슷해서 알아차릴 수 있었다.

그러므로 나는 협상의 파기가 항상, 그리고 절대적으로 잘못된 일이라고 생각하지 않는다. 결국 그 결정은 회사보다 자신에게 더 큰 영향을 미치기 때문이다. 하지만 제안은 매우 진지하게 받아들여야 한다. 자신의 명성, 학교의 명성, 아니면 누군가가 자신을 추천했다면 그 친구의 명성에 흠이 될 수도 있다. 물론 회사에도 손해다. 그러므로 협상을 깨기 전에는 심사숙고해서 결정해야 한다. 그리고 일단 제안을 받아들였다면 더 이상의 면접은 피하라.

제안을 거절하기(그리고 관계를 유지하기)

제안을 거절하는 것이 연락을 끊으라는 뜻은 아니다. '다음을 기약하자'라는 의미를 좀 더 전달해야 한다. 이런 식으로 생각해 보자. 이 모든 채용 프로세스에 참여할 만큼 충분히 회사에 입사하고 싶었고 회사도 채용 제안을 할 만큼 당신을 마음에 들어 한다. 이런 관계는 분명 계속 유지해야 할 가치가 있다.

그동안 의사소통해 왔던 매체로 가장 많이 이야기를 나누었던 사람에게 거절의 뜻을 밝히는 것이 좋다. 즉 채용 담당자가 정기적으로 당신에게 전화를 해 왔다면, 그에게 전화를 걸어 제안을 거절하는 것이다. 전화가 아니라 매니저와 이메일로 의사소통했다면, 매니저에게 제일 먼저 이메일로 자신의 뜻을 밝혀야 한다. 짧고 간단한 이메일이나 전화로 자주 이야기를 나눴던 사람에게 의사를 전해야 한다.

이메일이나 전화를 할 때 다음과 같은 팁을 활용해 관계가 흔들리는 것을 피하고 오히려 관계를 강화시켜 보자.

- **정중하고 전문가답게 대응하라.** 사전 협상이 얼마나 긴장감 있었는지와 상관없이 채용 담당자를 정중하게 존중하는 태도를 보여야 한다. 어떤 사람들은 지원자에게 많은 시간과 비용을 투자했는데 제안을 거절당하면 화를 내기도 한다. 하지만 크게 신경쓸 필요는 없다. 열린 마음과 이해심을 가지도록 하라. 그러면서도 자신의 결정을 꿋꿋이 지켜야 한다.
- **부정적이지 않으면서 협상의 여지가 없는 이유를 대라.** 회사가 "너무 관료적"이라고 말하는 것은 모욕이지만, "지금은 좀 더 작은 회사에서 근무하고 싶다"라고 말하는 것은 모욕이 아니다. 이유는 회사에서 제공할 수 있는 조건이 아니어야 한다(회사가 오로지 한곳에만 사무실이 있다면 다른 지역에서 일하고 싶다든지). 그렇지 않으면 회사에서 제공할 수 있는 조건인 경우 재협의를 준비해야 할 것이다. 전화로 거절 의사를 밝힐 때에는 자신이 이미 받아들인 제안의 내용과 이유를 설명할 준비가 되어 있어야 한다.
- **계속 연락할 것이라고 말하고 진심을 담으라.** 채용 담당자와 매니저에게 쓰는 마무리 이메일에 계속해서 연락하고 싶다는 의지를 표현하라. 링크드인을 활용하여 하루 이틀 후에 다시 연락을 취할 수 있다. 거절한 업무에 관심이 있을 법한 동료나 친구를 알고 있다면 추천해도 괜찮은지 채용 담당자에게 물어 보라. 친구와 채용 담당자의 고민 모두를 해결하는 방법이 될 수도 있다. 모든 사람이 행복해질 수 있는 훌륭한 방법이다.

질문과 대답

취업 전 휴가 문제는 어떻게

게일 씨께

3주 간의 유럽 여행을 1년 넘게 계획해 왔습니다. 날짜도 정했고 비행기 표도 예약을 마쳤습니다. 문제는 현재 새 직장을 알아보고 있고 취업이 된다면 여행 예정일 6주 전부터 출근해야 합니다. 유럽 여행을 가는 데 필요한 충분한 휴가 기간을 확보할 수 없을 겁니다. 이 문제를 어떻게 해결해야 할까요?

T. K. 드림

T. K. 씨께

미리 계획한 휴가에 대해 회사에 알리기 적절한 때는 제안을 받기 전후가 아니라, 제안을 받았을 때입니다.

   제안을 받기 전에 여행에 대해 언급했다면 회사가 다른 지원자들과 비교하여 T. K. 씨를 쉽게 제외할 수도 있으므로 위험 부담이 높습니다.

   제안을 받아들인 후 여행에 대해 이야기한다면 회사 입장에서는 제안을 받아들이기가 어렵거나 휴가 기간을 거부하거나 최소한 출근 첫날부터 불이익을 줄 가능성도 있습니다.

이런 경우는 예상보다 자주 일어나서 회사에서 쉽게 편의를 봐주기도 합니다. 제안을 받아들이기 바로 전에 담당자에게 상황을 설명할 수 있는 다음과 같은 이메일을 보내세요.

회사에 입사할 수 있어서 매우 영광입니다.

제안을 받아들이기 전에 잠재적으로 복잡한 문제를 알려드려야겠습니다. 3주 간 (~부터 ~까지) 유럽 여행을 1년 넘게 계획하고 있었습니다. 출근 요청일이 여행 일정 6주 전으로 잡힌 것을 알았습니다. 그런데 불행히도 여행 일정을 바꾸기가 어렵습니다.

일정을 조정할 수 있는 방법이 있을까요? 무급 휴가라든지, '내년 휴가'를 당겨서 미리 다녀온다든지, 최선의 방법을 알려주시면 매우 감사하겠습니다.

감사합니다!

대부분 그렇듯이 회사는 그냥 내년 휴가를 쓰라고 할 것이고 T. K. 씨가 다음 해 휴가를 다시 즐기려면 매우 조심스러울 것입니다. 일단 담당자와 이 부분을 해결하고 난 후 계약서에 서명하는 것이 좋습니다. 그리고 알아야 할 필요가 있는 사람들에게는 반드시 알려야 합니다. T. K. 씨 상사가 T. K. 씨가 출근했을 때가 돼서야 여행에 대해 알게 된다면 매우 불쾌할 것입니다.

회사가 T. K. 씨의 휴가 기간을 조절하기를 거절한다면, 두 번째로 협상이 가능한 담당자에게 다시 한 번 이야기해 볼 수는 있습니다(가능하다면).

게일 드림

대표하는 대표자들

게일 씨께

사람들은 항상 "회사에서 너를 면접하는 만큼 너도 회사를 면접해야 한다"라고 말합니다. 바로 그 부분이 궁금합니다.

　모든 온라인 면접을 마쳤고 온라인 면접 진행 경험은 매우 즐거웠습니다. 앞으로 같이 일할 가능성이 있는 동료들도 충분히 멋지고 똑똑해 보였습니다. 문제는 HR 사람들이 좋지 않다는 점입니다.

　첫 번째 전화 면접은 HR 부서의 한 여성이었습니다. 그녀는 기본적으로 준비된 대본을 읽고 있었고 제 대답을 대부분 거의 귀담아 듣지 않는 것 같았습니다. 제가 하는 모든 말에는 그냥 "알겠습니다"라고 말했고, 그 외에 다른 말을 할 때는 제 의견에 이의를 제기할 때뿐이었습니다. 그래도 충분히 잘 했다고 생각하고 계속 진행했습니다.

　현장 면접에서는 HR 부서의 다른 사람을 만나게 됐습니다. 이번에는 남자였습니다. 그리고 어느 정도 적대적이라는 느낌을 다시 한 번 받았습니다. 그동안 만나 보았던 채용 담당자들과는 다르게 친절함이라고는 전혀 찾아볼 수 없었습니다. 그 사람과는 약 5분 간 이야기해본 것이 전부입니다. 제 첫 번째 면접관이 와서 저를 데리고 가기 전까지 그의 사무실 바깥 의자에 저를 30분 이상 그냥 앉혀두기만 했습니다. 물 한잔 마실 수 있는 곳이 어디냐고 물어보았을 때, 그 사람은 자신의 소중한 시간을 방해받은 것처럼 매우 짜증나 보였습니다.

　그래도 좋은 직장이고 저는 실제 함께 일할 동료들이 좋아 보입니다. 채용 담당자들 태도에 크게 신경을 써야 할까요?

E. B. 드림

E. B. 씨께

그 상황을 좀 더 깊게 생각해 볼 필요가 있습니다. 몇 가지 위험 요소가 보였기 때문입니다. 하지만 그에 맞는 설명이 있긴 합니다.

1. 운이 없는 경우입니다. 아마도 전체 30명이 넘는 채용 담당자들 중에서 실력 없는 사람 두 명이 섞여 있었을지도 모릅니다. 그리고 어쩌다 보니 그런 사람들을 만나게 된 것입니다.
2. 나쁜 기업 문화의 상징적인 증거일 경우입니다. E. B. 씨가 회사 사람들을 '무척 좋아한다고' 말하지는 않았습니다. 단지 괜찮아 보인다고 말했습니다. 아마도 회사 내부는 실제로 좋지 않을 수도 있습니다.
3. 채용 담당자가 너무 바빠서입니다. E. B. 씨가 말한 채용 담당자 두 명의 행동은 HR 부서 인원이 매우 부족해 생길 수도 있는 행동입니다.

· 대본을 읽듯이 → 피곤해서 그랬을지도 모릅니다.
· 반응이 없다 → 어딘가에 정신이 팔려 있었을 것입니다.
· 논쟁 → 약간의 논쟁은 괜찮습니다.
· 30분 이상 기다리게 만들었다 → 바빴을 겁니다.

정말 이런 이유일 수 있으니 어느 정도 조사가 필요하다는 의미입니다.

   E. B. 씨가 앞으로 일할 팀에 대해 좀 더 알아보세요. 같이 점심을 먹거나 전화로 이야기해 보세요. 여러 명과 이야기해 보는 것이 중요합니다. 팀원 한 명만 좋아한다면 대표성과는 거리가 있습니다. 한 사람과 좀 더 친밀한 관계를 형성한다면, 주제를 세밀하게 꺼낼 수 있습니다("여기 있는 사람들을 점점 알아가는 것이 매우 즐겁습니다. 하지만 솔직히 말해 조금 걱정되는 것이 있는데요. 채용 과정에서 이러저러한 일이 있었기 때문입

니다. 하지만 저는 그 후로는 매우 긍정적으로 대화를 나누었습니다."). 그들이 이 주제에 대해 덥석 문다면 상황을 좀 더 이해할 수 있을 것입니다. 어떤 특정 사람을 탓하는 것은 피해야 함을 명심하세요.

대안으로(또는 추가로) 다른 소스를 찾을 수도 있습니다. 회사에 아는 사람이 있는지 친구들에게 물어보거나, 꽤 큰 회사라면 회사 문화에 대한 정보를 온라인으로 찾을 수 있을 것입니다. 그렇다 하더라도 명심해야 할 것은 비주류 의견이 있고 그것들은 대부분 부정적이라는 것입니다. 감안하여 듣는 것이 좋습니다.

게일 드림

큰 회사와 작은 회사 선택 문제

게일 씨께

경력에 관한 조언이 필요합니다. 저는 대학 졸업 예정자이고 두 가지 취업 제안 사이에서 고민하고 있습니다. 하나는 제 친구가 창업한 회사에서 온 제안입니다. 제가 네 번째 사원이 될지도 모릅니다. 그리고 다른 하나는 아마존에서 제안을 받은 것입니다. 현재 왔다갔다 고민하고 있습니다. 어떻게 하는 것이 좋을까요?

L. R. 드림

L. R. 씨께

부족하지만 조언을 하나 드릴까 합니다. 아마존에서 1년을 보내고 친구가 창업한 회사로 돌아가세요. 물론 신생 회사가 일생 일대 단 한 번의 기회라고 생각하지 않는다면 말입니다.

좀 더 설명하겠습니다.

창업 기회는 항상 있습니다. 장담합니다. 심지어 창업 회사에서 일하는 것에 전혀 관심이 없다고 해도 같이 일하자고 L. R. 씨에게 제안하는 사람들은 계속 나타날 것입니다. 창업 회사에 가는 기회를 포기하라는 것이 아니라 그냥 조금 늦추라는 것입니다.

아마존의 제안을 거절한다는 것은 많은 것을 포기하는 것입니다. 사람들이 L. R. 씨의 이력서를 보고 "훌륭하군요"라고 고개를 끄덕이게 만드는 것을 포기하는 것입니다. '진짜' 소프트웨어 개발이 어떻게 진행되는지 배울 수 있는 기회를 포기하는 것입니다(코드 리뷰, 스타일 가이드라인을 비롯한 모든 것). 그리고 짧은 시간 후에 일을 그만둘 수 있는 '공짜' 허가증을 얻을 수 있는 기회를 포기하는 것입니다. 동료가 1년 후에 대기업을 그만 두고 작은 회사에 간다고 웃기다고 생각할 사람은 없을 것입니다. L. R. 씨의 경력에서 나중에 큰 회사에 1년간 들어가는 것이 더 이상하게 보일 것입니다.

따라서 친구의 창업이 차세대 페이스북이 아니라면 아마존에 가는 것을 권합니다. L. R. 씨에게 필요한 것은 딱 1년이고 그 후에 자유롭게 떠나도 됩니다.

게일 드림

12장

실무

면접이 끝도 없이 반복된다고 느끼는가? 그건 아마도 면접이 결코 끝나지 않을 것이기 때문이다. 지금 직장에 출근한 첫날부터 다음 경력에 대해 생각해야 한다. 언제 이직할 것인가? 언제 업무를 바꿀 것인가? 현재 회사에 계속 머무를 것인가, 아니면 새로운 회사로 이직할 것인가?

신입 사원들은 대부분 업무를 훌륭하게 해내는 데에만 매우 집중한다. 하지만 업무는 전투에서 절반 정도 비중을 차지할 뿐이다. 물론 승진이나 더 높은 연봉 상승을 위해 업무를 훌륭히 수행할 필요가 있다. 그와 더불어 주위 사람들과 튼튼한 관계를 쌓아 유용한 인맥을 형성하고, 자신의 약점을 이해하며, 회사를 위해 중요한 성과를 올릴 수 있도록 스스로를 자리매김해야 한다.

그 외에도 지금 다니고 있는 회사 다음에는 무엇을 하고 싶은지 스스로 깨달아야 한다. 자신의 목표가 프로그램 매니저라면, 지금 다니는 회사에서 최고의 소프트웨어 엔지니어가 되기 위해 노예처럼 일하는 것이 무슨 의미가 있겠는가?

경력 로드맵

아마존에 출근한 첫해에 크리스틴은 매우 흥분했다. 팀은 훌륭했고, 연봉은 높았으며, 사람들이 대부분 일하고 싶어 하는 회사에 취업했기 때문이다. 2년차, 3년차, 4년차에도 상황은 똑같았다. 크리스틴은 아마존을 사랑했다. 떠날 이유가 있겠는가? 스톡옵션의 극적인 상승도 나쁘지 않았다.

5년차가 되면서 크리스틴도 마침내 변화에 대한 준비가 필요하다는 것을 깨닫고 이력서를 쓰며 이직을 준비하기 시작했다. 그제야 크리스틴은 많은 사람이 이직 준비를 한다는 것을 깨달았다. 아마존에서 몇 년 더 일할 필요는 없었지만 준비가 되지 않아 2년 후에나 아마존을 떠날 수 있었고 그때까지 계속 같은 업무를 수행했다. 저런!

큰 회사일수록 이직보다 머무르는 것이 쉽다. 시간을 보내다 보면 깨닫지 못한 사이에 몇 년이 쉽게 지나간다. 그렇기 때문에 경력의 로드맵을 일찍 그려놓고 자주 확인하는 것이 매우 중요하다.

어떤 경력을 쌓고자 하는가?

성공을 위해 쌓고자 하는 경력의 방향성을 써 보면 이해하는 데 도움이 된다. 경력을 쌓아가기에 앞서, 얼마나 오래 이 회사에 머무를 것인지, 회사에서 무엇을 얻어갈 수 있을지 적어 보자. 물론 계획은 변경될 수 있다. 계획했던 것보다 더 빨리 움직이거나 목표가 바뀔 수도 있다. 그런 경우에는 경력을 쌓고자 하는 방향을 조금 수정하면 된다.

경력을 쌓고자 하는 방향이 정해지면, 얼마나 더 일할 것인지 다시 한 번 생각한다. 현재 업무를 하면서 새로운 지식이나 경험을 얻을 수 있을 것인가? 다음 단계로 도약하는 데 필요한 추가적인 소양을 확인한다. 최소한 앞으로 7~10년까지도 생각해야 한다.

상사나 업무 분야에 따라 다르겠지만, 자신이 경력을 쌓아가고자 하는 방향을 상사와 공유하는 것도 고려할 만하다(아니면 최소한 회사에서 승진에 관심이 있다는 표현을 약간 돌려서 말하는 정도). 상사는 당신이 원하는 경험을 할 수 있도록 도와줄 수 있는 훌륭한 위치에 있는 사람이다.

자신의 성공을 널리 알리라

자신이 한 일을 모두 자랑스러워하는 사람을 좋아하는 사람은 없지만, 반대로 사람들이 자신의 성공을 알지 못한다면 앞으로 나아갈 수 없다. 팀 동료들을 적으로 돌리지 않으면서도 성과를 널리 알릴 수 있는 몇 가지 전략을 살펴보자.

- **상사에게 정기적으로 성과를 업데이트하라.** 구글에 근무하는 케이스는 정기적으로 진행하는 일대일 미팅을 하기 전에 상사에게 업데이트 이메일을 보낸다. 케이스가 말했다.
"제가 지난주에 어떤 성과를 냈고 어떤 문제를 겪었는지 미리 보고합니다. 미리 보고하면 일대일 미팅을 조금 더 효과적으로 진행할 수 있을 뿐 아니라 매주 제가 어떤 성과를 냈는지 기록에도 남길 수 있습니다. 이는 평가 기간에 매우 편리하게 활용할 수 있습니다."
- **팀의 목표를 정하자**(그리고 업데이트하자). 팀의 주간 목표를 정하도록 장려하고 팀의 진행 상황에 대해 매주 이메일을 보내라. 자신의 업무 진행 과정을 강조할 수도 있고 나머지 팀원들의 업무 과정도 업데이트할 수 있다.
- **팀원들에게 박수를 보내라.** 자신이 훌륭하게 업무를 수행한다는 것이 팀원들의 성과가 좋지 않음을 의미하지는 않는다. 사실 좀 신경써서 팀원들을 칭찬한다면, 자신의 성과를 언급했을 때 팀원들이 화를 내거나 크게 경쟁심을 느끼지 않을 것이다.

공통적인 주제를 통해 자신의 업무가 진행되고 있는 상황을 언급할 기회를 만드는 것이 좋다. 아무런 이유 없이 자기 성공을 과시하는 사람을 좋아하는 사람은 아무도 없다. 그리고 자신의 성공을 지나치게 과시한다면 팀원들의 경쟁심에 불이 붙을 것이다.

시기	2년	1년	1~2년	2년 이상
무엇	주요 회사의 소프트웨어 엔지니어	창업 회사의 소프트웨어 엔지니어	창업 회사의 프로그램 매니저/이사 (희망 사항)	최고 수준의 학교에서 MBA
필요한 것	CS 학위, 프로젝트 경험, 사전 인턴십	전문 코딩 경험	리더십을 발휘할 수 있는 경험, 강한 기술적 배경, 창업을 위한 열정	튼튼한 리더십, 특별 과외 수업, 이전의 성공
얻을 것	유명한 회사의 신뢰 획득, 코딩 능력 향상, 전문가용 소프트웨어 학습	관련 있는 옵션들을 찾아보기, 비교적 기술적이지 않은 의사 결정에 참여하기, 창업 회사 커뮤니티 내에서 신뢰도와 관계 형성	리더십 능력과 프로젝트 관리 능력 향상, 투자 유치, 마케팅, 사업의 다른 영역에 대한 학습, 최소한 3인 이상 감독 경험	전국적으로 인맥 확장, 신뢰도 향상, 사업적 배경 개선
메모	첫해 안에 창업 네트워크 형성이 필요하고 2년째에 적절한 창업 기회를 찾아보기 시작	코딩과 관련 없는 문제에도 참여하기 원한다는 것을 시작할 때부터 회사와 명확하게 이야기하기	과외 활동 개발 회사 바깥의 인맥 확장하기	MBA를 하기로 결정한다면, 다른 과외 활동을 찾을 것 (자원봉사 등)

평가 프로세스 관리하기

많은 사람이 반 년마다 한 번씩 하는 평가에 대해 애증이 있다. 회사에서 실시하는 평가의 필요성을 이해하고, 승진 기회로 삼기 위해 긍정적인 평가 결과를 기대하기도 한다. 하지만 이른바 건설적인 비판이라는 명목으로 상처를 받기도 한다. 그리고 1년 중 6개월 동안 해 왔던 모든 것에 대해 광범위한 코멘트를 작성해야 한다.

게다가 평가를 진행할 때는 최근에 시작된 업무에 관심이 집중될 수밖에 없다. 평가 과정을 잘 이용하려면 다음 팁을 활용해 보자.

업무가 진행됨에 따라 성과를 정리해두라

매주 업무 진행 과정을 상사에게 이메일로 보고하기로 결심했다면 훌륭하다! 굳이 보고할 필요가 없을지도 모르지만 이메일로 보고하는 것은 좋다. 다른 관점으로 보면, 그렇게 하는 것이 가장 훌륭한 업무 성과 목록을 바로 접근할 수 있는 파일로 정리해두는 작업이 될 것이다.

한 업무가 어느 정도 정리됐을 때는 바로 그 시점에 평가 준비 안내문을 작성하자. 몇 개월이 지난 후에 작성하는 것보다 세부 사항까지 전부 기억할 수 있을 것이다. 또 가장 어려웠던 점들과 업무에서 배운 교훈을 훨씬 더 많이 기억할 수 있다.

회사에서 쓰는 업무용 컴퓨터에 모든 파일을 저장해 오다가, 회사를 그만두게 된다면 저장된 파일을 챙기는 것이 좋다. 이력서나 면접 준비에 필요할 것이다.

결과를 수치화하라

이력서를 작성할 때와 마찬가지로 평가를 위해서는 수치화된 성과가 필요하다. 정보를 빨리 모으면 모을수록 좋다. '성능 개선 구현, 비용 17% 절감' 같은 문장이 '성능 개선 구현' 같은 모호한 문장보다 얼마나 더 멋지게 들리는가! 결과를 수치화할 수 없다면, 적어도 사람들의 코멘트나 업무에 미치는 영향력을 기록해두어야 한다.

피드백을 일찍 요청하고 답변은 서면으로 받는 것이 좋다

마이크로소프트의 여름 인턴 중간에 받았던 평가에서 예상치 못한 결과로 충격을 받은 후, 내 HR 담당자는 멘토로부터 좀 더 많은 피드백을 정기적으로 받는 것이 좋겠다고 충고했다. 그다지 달갑지 않은 일이었지만 그 충고를 받아들였다. 그 후로 멘토에게 2주에 한 번씩 피드백을 요청했다.

좋은 소식은 내가 매우 훌륭하게 해냈다는 것이었다! 여름 중간 평가에서 지적받았던 한 가지 '문제', 즉 작성한 코드를 자주 제출하지 않는다는 문제점을 고쳤고 여름이 끝날 무렵 정직원 제안을 받을 수 있는 확실한 길을 밟고 있었다.

마지막 평가는 예상 시기에 맞춰 시작됐다. 가장 가깝게 일한 멘토는 내가 해온 훌륭한 업무를 전부 검토했고, 부정적인 평을 조금도 하지 않았다. 나는 흥분했다. 그리고 내 상사 차례가 됐다. 세 가지 이유로 나는 취업 제안을 받지 못했다. 첫째, 주요 마감일을 지키지 못했다. 둘째, 코드에 '여러 가지 심각한 버그'가 있었다. 셋째, 내가 한 일을 충분히 자랑하지 않았다.

나는 충격을 받았다. 이는 내 멘토의 지속된 피드백과 평가 의견을 직접적으로 부정한 것이며, 사무실 동료들의 의견도 크게 반영되지 않은 결과였다.

HR 관리자가 미리 충고해준 덕분에 나는 상사의 결정을 반박할 수 있는 데이터를 가지고 있었다. 나는 채용에 대해 직접적인 권한이 있는 사람, 즉 채용 담당자에게 연락했고 어떤 일이 있었는지 말했다. 이런 경험을 한 후 그 팀에 다시 들어갈 생각은 없었지만, 그 팀에서 내게 취업 제안을 하지 않으면 1년 내에 다시 마이크로소프트 면접에 지원할 수 없다는 것이 회사의 방침이었다.

상사와 나 사이에 정확히 무슨 문제가 있었는지 모르겠지만(단지 짐작만 할 뿐이다) 내 상사는 금방 물러섰다. 그 상사는 회사에서 다시 나를 보는 것에 문제가 없으며 단지 자기 팀으로 입사하지 않기를 바랐을 뿐이었다. 나도 그 부분이 문제가 되지는 않았다.

결과적으로 멘토와 지속적인 피드백을 주고받은 것이 나를 구했다. 나는 어떻게 업무를 수행했는지 늘 정확히 알고 있었다. 내가 알지 못했다면 그렇게 비합리적인 피드백을 받더라도 아무 말도 못했을 것이다.

지속적인 피드백을 받으면 업무 수행 평가가 나오기 전에 문제를 미리 수정하는 데 도움이 된다. 다른 평가들이 대부분 최근 수행한 일들에 무게가 실리기 때문에, 미리 받은 피드백들은 비교적 현실적인 피드백일 가능성이 높다.

약간의 정치가 필요하다: 강한 관계를 구축하라

사내 정치를 싫어할 수도 있겠지만 어쩌겠는가? 살면서 해야만 하는 일 중 한 가지다. 앞으로 나아가려면 사람들이 당신을 좋아할 필요가 있고, 직무에 따라서는 최소한 존경할 필요가 있다. 특히 팀장이나 관리자로 승진하고자 한다면 꼭 필요하다.

호감을 얻는다는 것이 인기인이 되어야 한다는 뜻은 아니다. 머릿결을 반듯하게 빗어 넘겨 포니테일로 묶고 짧은 치어리더 치마를 입을 필요는 없다 (제발 그런 일은 없기를!).

호감을 얻는다는 것은 훌륭한 팀원이 되는 것을 의미한다. 다음과 같은 노력을 하라.

- **다른 사람을 도우라.** 신입사원이나 곤경에 처한 동료를 도와주라. 다른 사람으로부터 존경과 감사를 받을 것이다.
- **다른 사람에게 힘이 되고 긍정적으로 대하라.** 좋은 분위기는 전염된다. 얼굴에 항상 미소를 띠고 회사나 팀 내 변화에 긍정적인 태도를 유지하면, 사람들이 주위에 있으려고 할 것이다. 또 모든 사람에게 친절한 사람을 험담하는 사람은 없다.
- **신뢰를 쌓자.** 동료가 인상 깊은 성과를 달성했다면 팀 전체를 대상으로 동료를 칭찬하는 이메일을 보내라. 사람들로부터 박수갈채를 받을 만한 일을 해냈고 칭찬을 받았다면, 도움을 준 동료를 인정하며 소개하라. 사소하게나마 자기 성과가 조금 줄어들겠지만, 그런 친절한 태도는 금방 보답 받는다.
- **자존심에 호소하라.** 모든 사람은 중요하고 가치 있는 사람으로 인정받고

싶어 한다. 동료들이 원하는 대로 대우해 주라. 동료들에게 배우고 싶다는 태도를 보이고, 그리 확신이 들지 않아도 동료들이 똑똑하고 통찰력이 높다고 생각한다는 태도를 보여라.

- **말을 줄이고 경청하라.** 가끔 동료들과 의견 대립이 심하면 마구 소리 지르고 싸우고 싶을 때도 있다. 이때 할 수 있는 최선의 방법은 단순히 듣는 것이다. 동료들의 의견을 듣는 것만으로도 그들의 관점을 존경하고 가치를 인정한다는 것을 보여줄 수 있다. 동료들도 당신의 의견을 경청함으로써 보답할 것이다.

강한 유대감을 형성할 수 있는 이런 방법으로 자신의 인지도를 더 높일 수 있다. 게다가 좀 더 효과적으로 업무를 수행하는 데 도움이 된다. 동료들은 어떻게 팀을 지원하는 것이 효과적인지 알기 때문이다.

멘토 찾기

멘토는 당신을 가르쳐 줄 수 있는 사람 그 이상이다. 멘토는 지지자가 되기도 한다. 마치 부모가 자식이 성공하는 것을 보고 싶어 하듯이 리더는 자기 제자가 성공하는 것을 보고 싶어 한다. 다음과 같은 조건의 멘토를 찾으라.

- **좋은 성과를 낸 사람이어야 한다.** 동료도 좋은 충고를 해 줄 수 있지만 일반적으로 자신보다 5~15년 경력이 많은 사람에게서 더 나은 충고를 받을 수 있다. 5년 이하 경력은 충분한 지혜를 지니기에는 조금 짧다. 경력이 15년 이상인 사람이라면 당신의 문제를 쉽게 이해할 수 없을 것이다.
- **목표가 비슷해야 한다.** 매우 다양한 영역에서 성공한 사람들로부터 충고를 듣는다면 크게 도움이 되지 않을 가능성이 높다. 최악의 경우 오히려 해로울 수도 있다. 마이크로소프트 부사장이 되는 것이 목표라고 가정하자. 성공한 기업가가 그 목표에 대해 무엇을 말해 줄 수 있겠는가? 아마도 관

료주의에 대해서나 실제로 변화를 주도할 수 없다는 정도의 충고를 해줄 수 있을 것이다. 그가 맞을 수도, 틀릴 수도 있다. 그래도 마이크로소프트 부사장이라는 목표에 그의 조언은 거의 도움이 되지 않을 것이다. 목표가 비슷해야 그들에게 필요한 일이 무엇인지, 필요 없는 것이 무엇인지 잘 이해할 수 있고 그들 동료의 경험을 당신과 연관 지어 줄 수도 있다.

- **배경이 비슷해야 한다.** 배경은 목적을 달성하기 위한 능력 형성에 매우 큰 영향을 미친다. 훨씬 더 이름 있는 학교를 졸업했거나 너무 이름이 없는 학교를 졸업한 사람이라면 당신이 졸업한 학교의 평판을 효율적으로 활용할 수 있는 방법을 말해 주기 어려울 것이다. 학력과 경력이 비슷한 사람들을 찾으라. 그들이 노력해 온 길이 아마 당신이 가려고 하는 방향과 가장 비슷할 것이다.

- **도움과 용기를 주고 신뢰할 수 있어야 한다.** 멘토는 충고를 할 뿐 아니라 용기도 북돋워 줘야 한다. 훌륭한 멘토는 고민을 공유하고, 고민을 해결하는 데 도움을 줄 것이다. 멘토는 성공이나 실패에 관계 없이 당신을 지지할 것이다. 그리고 물론 따끔한 충고가 필요한 때는 멘토를 신뢰하고 멘토에게 정직하게 대해야 한다.

- **시간을 낼 수 있어야 한다.** 반드시 필요한 조건인데도 너무 쉽게 간과되기도 한다. 멘토는 시간을 낼 수 있어야 한다. 당신에게 필요한 자료를 가지고 있는데 연락하거나 이야기할 시간이 없다면 무슨 소용이 있겠는가?

앞의 다섯 개 항목을 크게 소리 내어 읽는다면, 기본적으로 찾아야 할 사람은 단순히 자신과 비슷한 사람이라는 사실을 알아차릴 것이다. 단지 몇 걸음 앞서나간 사람이면 된다. 그런 사람을 찾기 어려워도 괜찮다. '완벽한' 멘토를 못 찾더라도 괜찮다. 한 명이 아닌 여러 명이 멘토가 될 수 있다.

상사가 멘토가 될 수 있는지 질문하는 사람이 많다. 삶에서 대부분 그렇듯 그 질문에 대한 답도 경우에 따라 다르다. 상사가 여러 면에서 멘토 역할을 해 줄 수 있겠지만 완전히 편견 없이 믿을 수 있는 사람은 아니다. 상사에게 우선순위는 회사지, 부하 직원이 아니다. 당신이 핵심 인재라면 상사는 당신이 회사를 떠나는 것을 응원해 줄 수 있을까? 그것이 경력에 최선이라고 해도 말이다.

승진과 연봉 인상

매년 그리고 반년마다 진행되는 평가는 단순히 피드백을 받는 시간이 아니다. 승진하거나 연봉이 인상되거나 승진과 연봉 인상 모두를 이룰 수 있는 기회이기도 하다. 기회를 잡으려면 스스로를 효과적으로 자리매김해야 할 필요가 있다. 미리 생각하고 신중하게 평가를 정리하여 자신이 동기 부여가 필요하다는 것을 명확하게 알려야 한다.

승진하는 방법

마이크로소프트와 구글을 비롯한 많은 회사에는 '경력 레벨'이라는 시스템이 있다. 직책이나 다른 커다란 변화 없이도 직원들을 승진시킬 수 있는 시스템이다. 예를 들어 마이크로소프트는 전 세계적으로 동일한 레벨 시스템이 있다. 직원들은 경력과 직책에 따라 다양한 레벨 중 한 레벨로 정해진다 (보통 58~65 사이). 승진 목표를 레벨 60에서 61로 올리는 것으로 잡을 수도 있다. 구글은 어떤 면에서 비슷한 시스템을 사용하지만 엔지니어를 소프트웨어 엔지니어 I, II, III(그 다음에는 스태프staff나 기타 직책으로)으로 칭한다. 한 직책에서 다음 직책으로 바뀌는 것이 승진의 의미이지만 업무가 전혀 바뀌지 않을 수도 있다.

그런 회사들(다른 많은 회사와 마찬가지로)에는 직원들이 어떤 특정 레벨에서 보여주어야 하는 요소를 매우 잘 정리한 측정법이 있다. 정식 문서로 작성되어 있을 수도 있지만 정식 가이드가 없다면 어떤 능력을 보여주어야 하는지 상사에게 확인해 보라.

어떤 자질을 지녀야 하는지 확인하여 관련 능력을 키우거나 그런 능력이 있음을 증명할 수 있어야 한다. 다음 단계로 승진하는 데 필요한 역량이 핵심 요소 설계를 이끌어갈 수 있는 능력이라면, 상사에게 능력 계발에 도움이 될 만한 업무를 맡겨달라고 요청할 수도 있다. 승진을 위한 계획을 일찌감치 세울수록 더 크게 성장할 수 있을 것이다.

명심하라. 승진을 위한 가장 빠르고 쉬운 방법은 다음 레벨 업무를 수행할 수 있음을 보여주는 것이다.

연봉을 협상하는 방법

여러 가지 측면에서 연봉 협상이 승진하는 것보다 더 어렵다. 승진하면 연봉 인상은 기본이고, 회사에 기여한 바에 따라 단순 연봉 인상 외에 다른 조건을 협상할 수도 있다. 하지만 연봉 인상은 회사 입장에서는 단지 직원에게 더 많은 돈을 지불하지만 얻는 것이 많지 않음을 의미한다. 물론 직원의 퇴사 가능성을 줄일 수는 있을 것이다.

회사는 연봉 협상도 회사 일의 일부분임을 이해하고 있다. 기대하는 만큼 연봉 협상을 하는 데 도움이 되는 몇 가지 방법을 알아 보자.

적합한 시기를 선택하라

연봉을 협상하는 데 좋은 시기와 나쁜 시기가 있다. 회사가 어려운 시기는 연봉을 협상하기에 좋은 시기가 아니다. 오히려 역효과가 날 수도 있다. 자신이 얼마나 회사에 가치가 있는지(또는 가치가 없는지) 재평가가 진행될 수도 있다.

연봉 인상을 요구하기에 가장 이상적인 시기는 회사 일이 잘 풀리고 경쟁사의 사업도 잘 되는 시기다. 회사에서 연봉 인상을 고려하는 가장 중요한 이유는 직원이 다른 곳으로 가지 않도록 확실히 붙잡아두어야 할 필요가 있기 때문이다. 연봉을 올려줄 수 없거나 당신이 퇴사할 것이라는 위험 부담이 거의 없다면 연봉을 높이기 어려울 것이다.

그리고 상사가 연봉을 협상하는 데 편한 상황에 협상하는 것이 좋다. 무엇보다도 상사가 연봉을 높여주고 싶어도 연봉 협상에 대한 결정권이 없을 수도 있다. 상사가 시간이 있고 부하 직원을 위해 나설 만한 힘이 있는지 확인할 필요가 있다. 상사가 다른 프로젝트로 바쁘거나 다른 일의 승인을 받으려고 싸우고 있다면(특히 팀의 비용을 늘리는 일) 훌륭한 지지자가 될 수는 없다.

사전 준비를 하라

회사에서 연봉 인상을 고려하는 가장 중요한 이유는 직원의 이직을 막는 것이다. 자신이 업계 연봉 수준보다 낮은 급여를 받는다는 것을 증명할 수 있다면 훨씬 유리하게 협상을 진행할 수 있다. Payscale과 Glassdoor.com 같은 웹 사이트는 업계 연봉 수준과 자신의 연봉을 비교할 수 있는 유용한 웹 사이트다. 하지만 웹 사이트의 정보를 완전히 믿을 수는 없다. 두 웹 사이트는 경품을 받으려는 사용자들이 제출한 정보를 바탕으로 통계를 내고 있다. 그러므로 정보를 제공한 사용자가 급하게 적어 넣었을 수도 있고 정확하지 않은 정보를 제공했을지도 모른다. 많은 사람이 자신의 경험에 비춰봤을 때 데이터가 딱 맞아떨어지지는 않는다고 말한다.

오히려 친구들에게 물어보거나 믿을 만한 동료에게 연봉에 대해 물어볼 수도 있다. 당신을 믿고 왜 그것을 묻는지 이해한다면 사람들은 자기 연봉에 대해 놀라울 정도로 개방적이다.

연봉 인상을 요구하는 방법

연봉 인상을 요구하려면 요구의 정당성을 확실하게 뒷받침할 수 있는 근거가 있어야 한다. "샐리가 치아 교정기가 필요합니다" 같은 이유는 효과가 없다. 업무 성과와 회사에 기여한 내용 같은 근거가 있어야 한다. 성과를 수치화할 수 있다면 훨씬 더 유리한 조건을 요구할 수 있을 것이다. 회사에 몇백만 달러 가치의 공헌을 하는 사람을 붙잡아두기 위해 협상하지 않을 회사가 어디 있겠는가?

연봉 협상 경험이 있는 동료가 있고 그 동료에게 자신의 비밀을 털어놓을 수 있다면 동료의 충고를 구하는 것이 바람직하다. 실제로 어떤 사람에게 연봉 협상 결정권이 있는지 실질적인 충고를 얻을 수 있다. 이는 회사가 공식적으로 발표하는 것과 많이 다를 수도 있다. 예를 들어 많은 회사가 새로운 직원을 대상으로 한 멘토링의 가치를 중시한다고 말한다. 일반적으로 회사들은 멘토링이 중요하다는 것을 알고는 있지만, 굳이 업무 수행 평가 프로세스 기간 동안 멘토링에 특별히 신경을 쓰지는 않는다.

마지막으로 연봉 협상 과정도 취업 제안 협상 과정과 매우 비슷하다. 실제로 기대하는 것보다 조금 더 높게 불러야 한다. 회사는 요구한 것 전부를 주는 것보다 중간선에서 타협하려고 할 가능성이 높기 때문이다.

거절에 대처하는 방법

상사가 연봉 인상을 거절한다면? 자포자기하지 말라. 일반적으로 일어나는 일이다. 상사의 사무실을 그냥 걸어 나오지 말고, 연봉 인상을 위해 개선해야 할 점이 무엇인지 물어 보라. 회사의 재정적인 상황인가? 좀 더 책임감 있는 업무를 맡아야 할 필요가 있는가? 특별히 무엇을 해야 하는가?

주어지는 정보를 요약할 수 있도록 이메일로 의사소통하라. 그리고 다음 번 승진이나 연봉 인상을 요구할 때 상사가 요구했던 것을 어떻게 해 왔는지 증명하는 데 활용할 수도 있다.

회사가 단순히 연봉 인상을 지원하기가 어렵다고 한다면, 회사로부터 보상받을 수 있는 다른 대안도 고려해 보라. 아마도 회사 측에서 일주일에 하루는 집에서 일하도록 해 줄 수 있지 않을까?

마지막으로 가까운 미래에 승진이나 연봉 인상을 할 수 있는 기회가 보이지 않는다면 회사 밖에서 다른 일을 찾아보는 것도 고려할 수 있다. 회사에서 보상해 줄 것이 없다면 굳이 회사에 머물러야 할 이유가 있을까?

어떻게, 언제 그만두어야 하는가?

아주 오래 전, 사람들이 취직을 하면 남은 인생 전부를 한 회사에 바쳤던 시절이 있었다. 하지만 나이든 세대들에게는 매우 분한 이야기겠지만, 그런 열정적인 충성심은 사라지고 사회는 30대에 최소한 두세 번은 이직할 수 있는 분위기로 바뀌었다. 회사에 너무 장기간 근무한다면 회사의 문화에 '오염'됐을 가능성을 고려해 봐야 할지도 모른다.

'오염' 이론에 크게 동감하지는 않지만, 내 생각에는 많은 사람이 생산성과 관계 없이 초창기 회사에 너무 오래 머무르려는 경향이 있다. 목적이 그 회사(아니면 비슷한 회사)의 중간 관리자로 승진하는 것이라면 아무렴 어떤가! 머무르고 싶은 만큼 머무르면 된다. 반면 더 일찍 회사를 떠나기를 원한다면 다음과 같은 충고를 들려주고자 한다.

그만두어야 하는가?

사람들은 몇 가지 이유 때문에 회사를 그만둔다. (1) 경력 진로를 바꾸거나 개선하기 위해, (2) 다른 곳에서 더 나은 연봉을 받기 위해, 아니면 (3) 불행해서다.

좀 더 행복한 곳을 찾아 회사를 떠난다면 회사 내에서 찾을 수 있는 다른 옵션을 고려할 수 있다. 예를 들어 나쁜 상사를 만났거나 답답한 팀원들 때문에 회사를 옮기고 싶다면 새 팀으로 옮길 수도 있다. 일이 지루하다면 추가 업무를 맡거나 회사 내 다른 직책으로 옮기는 것도 고려할 수 있다.

같은 회사에 계속 다니는 것도 충분히 가치가 있다는 것을 기억하라. 회사를 너무 자주 옮기면 가벼운 사람으로 보인다(회사에서 성과를 내기도 전에 이력서에 필요한 항목만 늘리려고 이직하는 사람이라는 평을 듣는다). 대개 회사와 업무 분야를 바꾸는 것보다 같은 회사 내에서 업무를 바꾸는 것이 더 쉽다. 같은 회사 내에서 역할을 옮긴다면, 이미 회사 내에서 쌓아놓은 신뢰도 있고 회사에서도 당신의 능력을 매우 깊이 이해할 것이다. 다른 회사로 옮기며 직책을 바꾸려고 노력하는 것이 훨씬 더 어렵다.

연결 고리를 끊지 않는 법

지금 하는 일이 정말 싫다면 극적인 방법으로 회사를 그만두는 것을 꿈꿀지도 모른다. 상사가 모든 것의 원흉이라고 만방에 소문내거나 스파게티 면발로 카페테리아 바닥에 '퇴사!'라고 써놓는다든지, 친구의 짜증나는 아이들을 데려와서 회사 사무실에서 정신없이 뛰어다니게 한다든지 하는 방법은 약간의 기분 전환은 되겠으나 매우 멍청한 짓이라는 건 말할 필요도 없다.

회사를 그만두는 의식을 성대하게 치르려고 하지 않더라도 퇴사는 여전히 민감한 시간이 될 것이다. 그 때문에 모든 사람과의 관계가 끊기기 쉽다. 하지만 그러기에는 세상이 너무 좁다. 추천인으로 동료들이 필요할 수도 있고 앞으로 다시 같이 일하게 될 수도 있다.

찝찝함을 남기는 것을 피하려면 다음과 같이 하라.

- **충분한 기간을 두고 미리 알려주라.** 최소 2주 전에는 미리 알려주는 것이 좋다. 하지만 자기 역할과 상황의 중요도에 따라 좀 더 일찍 알리는 것이 적절할지도 모른다. 작은 회사라면 자신의 빈자리를 채울 사람을 찾기가 어려울 수도 있기 때문에 미리 알려야 한다.
- **적절한 시기를 찾도록 하라.** 프로젝트가 절반 정도 진행된 후 떠나거나, 마감 바로 전에 회사를 그만두는 것은 피해야 한다. 될 수 있으면 프로젝트가 끝난 직후나 프로젝트가 시작된 직후에 그만두는 것이 좋다.
- **우려의 목소리를 일찍 내라.** 회사의 특정 부분이 마음에 들지 않아 회사를

떠나기로 결정할 경우, 바로잡을 수 있는 가능성이 있다면 불만을 일찍 말하는 것도 방법이다. 상사에게 무엇인가를 고칠 수 있는 기회를 주는 것이 최선의 이익을 얻을 수 있는 방법이다.

- **상사에게 가장 먼저 말하라.** 매우 참기 어렵겠지만 상사가 당신이 떠나는 것을 알 때까지 아무에게도 말하지 말라. 상사가 다른 사람에게 먼저 듣는다면 상황이 매우 난처해질 수 있다.
- **긍정적인 인상을 남기라.** 마지막 날에 더 열심히 일하라. 확실하게 업무를 정리하거나 최소한 적절한 사람에게 인수인계까지 마무리해야 한다. 끝까지 노력하는 사람으로 기억될 것이다.

직접적인 경쟁사로 이직한다면 2주 간 마무리할 기회도 없이 즉시 회사에서 걸어 나가야 할 수 있다는 것도 염두에 두고 있어야 한다. 구글 시애틀 사무실에서 근무하는 동안 마이크로소프트에서 이직해 온 사람을 많이 봤다. 그들 중 약 절반 정도는 회사에 퇴직 통보를 하는 그날, 회사에서 바로 걸어 나가도록 권유 받았다고 추측한다. 이러한 교훈을 기억했다가 상사에게 이야기하기 전에 책상을 깨끗하게 정리해두라.

새 직장을 먼저 찾아야 하나?

구글을 그만두었을 때 나는 다음에 무슨 일을 해야 하는지 정확히 알지 못했다. 사람들은 갈 곳을 정하지 않고 회사를 그만두었다고 내가 미쳤다고 생각했다. 나는 미치지 않았다. 나는 여행도 하고 몇 가지 사소한 프로젝트를 진행하고, 같이 사업에 참여할 창업 회사를 찾으며 몇 달 정도 쉬고 싶었다. 결국 내가 좋아했던 일을 찾기도 했으니 서두를 이유가 없었다.

물론 직업을 먼저 찾고 회사를 그만두지 않아서 불리한 것도 있다. 첫째 일자리에 매우 목말라 있다면 몇 가지 협상 카드를 잃을 수도 있다. 둘째, 급여를 받지 못한 상태에서 몇 개월 쉬는 것을 감당할 수 없을지도 모른다. 그리고 새로운 직장을 찾기 위한 압박을 받을 수도 있다. 셋째, 새 직장을 찾는데 예상보다 시간이 오래 걸린다면, 이력서에 예상치 못한 공백이 늘어날 수도 있다. 하지만 무직일 때 일자리를 찾는 것은 나름 장점이 있다. 예를 들면 다음과 같다.

- **압박이 없다**. 현재 일이 행복하지 않다면 어떤 뭔가를 찾으려고 압박을 받을 것이다. 일단 회사를 떠나면 무엇인가 새로운 것을 찾으려고 서두를 필요가 전혀 없다. 결국 취업은 더 이상의 휴가는 없음을 의미한다.
- **공개적으로 찾을 수 있다**. 일단 회사를 떠나면 페이스북, 트위터, 블로그, 그리고 어디라도 자신이 새 직장을 찾고 있다고 공개적으로 글을 올릴 수 있다. 친구들이나 같이 일했던 동료들에게 새 직장을 찾고 있다는 것을 숨길 필요도 없다. 그리고 그중 몇몇은 당신에게 적합한 완벽한 일자리를 알고 있을지도 모른다.
- **휴가가 연장되는 셈이다**. 아주 소중한 유급 휴가 15일을 사용하는 것을 더는 걱정하지 않아도 된다. 당장 휴가 기간을 더 늘려 유럽에 갈 수도 있다 (나는 남미에 갔다).
- **시간이 무제한이다**. 현재 직업을 유지하면서 새 직장을 구하기 위한 면접을 보기란 어려운 일이다. '진찰 예약'이라는 핑계를 너무 많이 대면 상사가 당신이 심각한 병으로 고통 받고 있다고 생각하기 시작할지도 모른다. 일단 직장을 그만둔 휴직 상태가 되면 면접 뿐 아니라 수영장 옆에서 선탠할 시간도 낼 수 있을 것이다.

이는 어느 정도 자유롭게 시간을 활용할 수 있다는 것에 근거를 둔 이야기다. 굉장히 까다로운 사람이 아니라도 새 직장을 찾고 정착하기까지 6주 정도 걸릴 것이다. 적어도 파산하지 않고 3개월 간 버틸 수 없다면, 실직의 압박을 바라지 않을 것이다.

학교로 다시 돌아가기

우리 모두가 비어퐁beer pong1을 하며 놀던 날을 간절히 그리워하거나 얼마나 지적인 자극을 원하는지에 상관 없이(더 자세히 기억이 나지는 않겠지만) 많은 사람이 학교로 돌아가기를 꿈꾼다. 일주일에 4~5일 동안, 하루에 세 시간 수업이 있는 반짝거리는 수업 시간표는 주당 40~50시간의 근무를 경험한 후에는 더 이상 나빠 보이지 않는다. 하지만 문제는 비용이다. 전형적인 사립 대학교의 등록금은 4만 달러다. 게다가 학교에 다니는 기간 동안 받지 못하는 연봉이 10만 달러 정도가 될 것이다.

그래도 학교는 여전히 매혹적이다. 경력을 바꿀 수도 있고 현재 경력을 계속 발전시킬 수도 있다. 우리에게 필요한 신뢰를 제공할 것이다. 아마도 말이다. 아마도.

학교로 돌아감으로써 포기해야 하거나 얻을 수 있는 것이 무엇인지 정확히 알지 못해서 결정이 복잡한 것이다.

대학원의 진정한 비용

대학원 진학에 필요한 비용은 그 범위가 매우 광범위하다. 중요한 것은 대학원 등록금은 비용의 일부분일 뿐이라는 점이다.

- **등록금:** 등록금은 학교가 공립인지 사립인지에 따라 매우 다르다. 공립이라도 주 안에 사는지, 밖에 사는지, 공부하고자 하는 분야가 무엇인지에 따라서도 다르다. 전형적인 사립 학교는 등록금, 교재, 기타 비용을 포함하여 약 4만 달러 정도 들 것이다. 주 안에 거주하는 학생일 경우 공립 학교 등록금은 1만 달러 이하다.

---

1 옮긴이 탁구공 던져 넣어 맥주 마시기 게임

- **연봉 손실**: 대학원 재학 기간 동안 못 받는 연봉이다. 이전 직장 연봉과 대학원 프로그램 기간에 따라 다르지만, 약 20만 달러나 그 이상이 될 것이다. 이것이 비용 중에서 가장 큰 비중을 차지하는 요소다.
- **승진 누락**: 석사 학위를 따는 동안 잃어버리는 연봉에, 2년 간 실무 경험도 잃어버리게 된다. 2년 간 승진 누락과 연봉 인상 기회를 잃는 것이다.

이렇게 계산해 보면 석사 학위를 따기 위해 1년 당 15만 달러의 비용이 든다는 것을 알 수 있다. 과연 학위가 이만큼 가치가 있는지는 매우 큰 의심이 든다.

학위

직장인을 위한 대학원 프로그램career graduate program은 새로운 분야로 경력을 바꿀 수 있는 기회를 제공하거나 이미 기존에 근무하는 영역에서 전문성을 인정받는 데 도움이 된다. 직장인을 위한 프로그램은 대부분 학술적인 프로그램이다. 추가 연구를 하면서 동시에 다양한 대학원 수업을 들어야 한다.

프로그램이 철저한 만큼, (미래) 동료들을 도와줄 수 있는 기회도 많다. 더는 초급 수준 직원이 아니라 전문성을 지니게 된다. 독특한 지식을 갖추게 되고 자기 전문 분야에 대해서는 경쟁할 사람이 거의 없을 것이다. 그런 지식을 바탕으로 다른 사람들이 할 수 없는 방법으로 도움을 줄 수 있고 더욱 빠르게 앞서나갈 수도 있다.

단점은 일단 2년 이상 시간을 공부에 투자하고 나면 더는 전문성을 원하지 않을 수도 있다. 사실 박사 학위를 가진 사람들이 대부분 자기 전문 분야의 아주 작은 측면에 대해 5년에서 8년 간 연구하고 난 후에는, 더는 세분화된 영역에서 일하고 싶어 하지 않는다.

석박사 프로그램에 지원하기 전에 자신에게 다음과 같은 질문을 던져 보자.

- **공부하고 싶은 분야에서 일하고 싶은가?** 대학원 연구에서 얻은 지식을 직접 사용할 계획이 없다면 그만한 가치가 없을 것이다.
- **비용만큼 가치가 있는가?** 원하는 학교를 졸업한 후 취업할 수 있는 직업을 찾아 보라. 급여를 얼마나 받을 수 있는가? 기대하는 연봉과 비교해 대학원 공부에 들어가는 비용이 그만한 가치가 있는가?
- **경험을 얻을 수 있는 다른 방법이 있는가?** 대학원에 가려는 목적이 원하는 분야에 대한 지식을 얻으려는 것이라면 좀 더 알맞고 효과적인 다른 방법이 있을 것이다. 예를 들어 좀 더 낮은 수준으로 입사해 승진하는 것이 예가 될 수 있다.

준비하기

대학원 입학에 적합한 수준으로 스스로를 자리매김하는 방법은 자신이 지원하는 대학원 프로그램에 따라 달라질 것이다. 전자 공학 학위로 컴퓨터 과학 프로그램에 지원한다면, 코딩 업무를 집중 수행한다거나 추가 수업을 들어야 할 필요가 있을지도 모른다. 대학원에 지원하는 다른 사람들은 이미 '맞는' 배경을 가지고 있고, 대학원에 지원할 때마다 충분히 합격할 수 있다. 그러므로 크게 개의치 말고 다음 네 가지 분야를 분석하자.

1. 학업

현재 대학에 다닌다면 높은 점수를 유지하라. 이미 졸업했지만 점수가 낮다면 지역 대학에서 시간제 수업을 듣는 것도 고려할 만하다. 그리고 정말 좋은 점수를 따도록 노력하라. 실제로 자신이 학문적으로도 훌륭한 성과를 낼 수 있음을 증명하는 데 도움이 될 것이다.

2. 전공

전문 경험이 대학원 전공과 가까울수록 좋다. 자기 분야에서 졸업한 학생들을 찾아 그들이 무엇을 했는지 이야기해 보라.

3. 추가 과외 학습

추가 과외 활동도 자신이 충분히 자격이 있음을 증명하고 스스로를 돋보이게 하는 훌륭한 방법이다. 다른 활동보다 더 중요하게 다뤄지는 활동이 몇 가지 있다. 그러니 합격률을 더욱 높게 해 주는 것이 무엇인지 교수, 학생들과 함께 확인하라.

4. 대학원 입학 자격시험^{GRE}

GRE 점수가 높다고 입학이 보장되지는 않지만 점수가 낮으면 합격하기 어렵다는 것은 확실하다. 책을 사고 수업을 듣는 노력 등 가고자 하는 학교에서 기대하는 점수를 받는 데 도움이 되는 것은 무엇이든지 하라.

MBA

MBA에 들어가는 비용이 다른 대학원 졸업 프로그램과 비슷하더라도 혜택과 목표는 근본적으로 다르다. 초보자들에게 MBA는 전문적인 학위 프로그램이다. 특별한 마케팅 용어를 공부하려고 MBA에 지원하지는 않는다. 마케팅 용어를 공부하는 것은 마케팅 분야 박사들이 하는 일이다. 또 학교를 너무나 사랑해서, 단순히 학교에 다니고 싶기 때문에 MBA에서 공부하지는 않는다. MBA 입학 허가 부서에 그렇게 말한다면 단박에 거절당할 것이다. MBA는 경력의 전환점이다.

MBA가 생긴 이래 사람들은 MBA의 가치에 대해 논쟁해왔다. 당연히 MBA 학위가 있는 사람들은 충분히 다닐 만한 가치가 있다고 말하며, 필요 없다고 말하지 않는다. 진실은 상황에 따라 다르다는 것이다. 목표, 조건, MBA 프로그램, 운에 따라 다르다.

하지만 MBA 졸업을 통해 얻어야 할 것들은 다음과 같다.

· **교육**: 마케팅과 인사 관리, 재무, 회계를 비롯해 사업의 모든 측면에 대해 더욱 많이 배우게 될 것이다. 사업의 각 분야에 대해 포괄적인 수준으로 이해함으로써 사업이나 사업부를 이끌 준비를 좀 더 할 수 있다. 또 MBA를

공부하는 기간에 회사의 넓은 스펙트럼을 공부하고 사업적인 이슈 분석 패턴을 발견하는 능력을 키우게 될 것이다.

- **경험**: MBA는 클럽, 컨퍼런스에 가거나 여행을 할 수 있는 기회가 많다. 결국 MBA는 미래의 리더를 훈련시키는 과정이다. 그러므로 MBA에는 리더십을 기를 수 있는 기회가 매우 많다. 전 세계적으로 비즈니스를 이끄는 리더들과 토론에 참석할 수 있는 기회를 얻게 될 것이다.
- **신용**: MBA의 가치를 믿지 않는 사람들도 분명 있지만, 대부분 하버드, 스탠포드, 와튼(펜실베이니아대학교), 슬로안(MIT), 켈로그(노스웨스턴대학교)의 MBA 프로그램이 분명 의미가 있다고 생각한다. 엔지니어링 업무 경력이 있다면(해당 경력을 가진 MBA 학생이 많다) MBA를 통해 자신이 단순히 전형적인 엔지니어 그 이상임을 보여줄 수 있을 것이다.
- **인맥**: 동기들은 사업에서 큰 성공이라는 비슷한 목표가 있다. 목표는 비슷하지만 분야와 산업, 출신 국가는 광범위할 것이다. 그러므로 숙련된 전문가들과 넓은 인맥을 형성할 수 있다. 소비자 제품에 대해 중간 관리자 위치에 있는 누군가와 이야기할 필요가 있다면? 수월하게 해결될 것이다. MBA 동창회 전부가 인맥이다. 동창들의 인맥을 공유한다면 사람들은 훨씬 더 기꺼이 전화를 듣게 될 것이다.

명성이란 무엇인가?

MBA가 전부 똑같지는 않다. 물론 어느 곳에서든 무료로 책을 제공하는 것을 포함하여 훌륭한 교육을 받을 수 있다. 하지만 어떤 학교에 가느냐에 따라 경력, 신용, 네트워크는 달라진다. 하버드 석사 학위가 있고, 마이크로소프트에 취업했으며, 프로그램 관리자 리더로 승진한 사람이 피바디(Peabody) 대학 MBA를 졸업했다면, MBA에서 크게 얻을 만한 것이 없을 것이다. 대학원 동기들은 인상적이지 못하고 네트워크는 약하고 피바디 MBA 자체가 명성이 높지 않기 때문이다.

피바디 대학 MBA가 아무런 가치가 없다는 말은 아니다. 피바디 대학 MBA도 매우 훌륭하다. 단지 MBA를 위해 투자한 시간과 돈을 비교했을 때 그만큼의 가치가 없다는 의미다. MBA 프로그램은 자기 이전 경력의 '고급' 수준과 같은 수준이어야 한다.

지금 준비하기

MBA 프로그램은 리더가 되고자 하며 세계에 변화를 주고자 하는 사람들을 원한다. 회사를 창업한다든지, 회사에서 프로젝트를 이끈다든지 해서 자신이 이미 리더라는 것을 증명해야 한다. MBA에서는 다음 분야에서 성공한 사람들을 원한다.

- **학문**: 대학 학점으로 대학원 학점을 예측할 수 있다. 직업 윤리와 지적 능력도 마찬가지다. 전부 A를 받을 필요는 없지만 전부 A를 받는다면 분명히 도움이 될 것이다. 극단적으로 점수가 낮다면 낮은 점수를 보완할 만한 성과가 있어야 한다. 학점이 낮다면 GMAT^{Graduate Management Admission Test}(경영대학원 입학 시험)에서 매우 훌륭한 성적을 낼 수 있도록 특별히 신경 쓸 필요가 있다.
- **전문성**: 전문 업무에서 리더십을 증명할 수 있는 방법을 찾으라. 소프트웨어 엔지니어라면 MBA 프로그램은 훌륭한 알고리즘에 대해서는 크게 신경 쓰지 않을 것이다. 하지만 당신이 이끌었던 프로젝트와 해결한 문제에는 관심을 보일 것이다. 유명 회사에서 일한 경험 또한 효과적이다.
- **과외 활동**: 매우 부담이 심한 직업이 아닌 이상 최고의 MBA 프로그램은 업무 외 활동을 기대할 것이다. 가급적이면 리더십을 발휘하는 수준의 활동을 요구한다. 수프 가게에서 수프를 따르는 것은 별로 중요하게 받아들이지 않지만 노숙자를 돕는 조직에서 회장직을 맡는 것은 매우 중요하게 받아들일 것이다.

• GMTA: 문법, 분석, 산술 능력을 평가하는 시험이다. 하버드 입학을 목표로 하고 있더라도 800점 만점을 받을 필요는 없지만 650점 이하는 불리하다. 학교에서는 25~75% 범위를 공개하니 그보다 낮지 않아야 한다.

일찍 계획하는 것이 유리하다. 보통 2년 정도 입학 준비를 한다.

자신만의 '이야기'

다양한 영역에서 자신을 증명하려면 왜 MBA를 원하는지, MBA에서 무엇을 얻고 싶은지, 장단기 목표는 무엇인지 자신의 경험과 함께 일관성 있는 이야기를 짜야 한다. 내 이야기를 예로 들어 보자.

제 목표는 기술 분야의 사업가가 되는 것입니다. 저는 마이크로소프트, 구글, 애플에서 엔지니어로 일했습니다. 그 경험을 통해 소프트웨어 엔지니어링에 대해 풍부한 지식을 가지게 됐고 '기술적인' 신뢰를 쌓아 왔습니다. 저는 두 가지 사업을 시작했고 신생 기업가로서 회사를 경영했습니다. 그 경험을 통해 창업이 어떤 것인지 조금이나마 알게 됐고 창업이 직면해야 할 도전을 매우 명확하게 알 수 있었습니다. 저는 ○○○대학 MBA 학생으로서 마케팅, 재무, 회계, 경영에 대해 얻는 지식이 더 나은 기업가가 되는 데 힘이 될 것이라고 생각합니다. 저는 기업가 클럽과 관련하여 활동하고 싶고, 학교를 다니는 중에나 졸업한 바로 직후에 사업을 시작할 수 있는 기회를 찾고자 합니다.

비슷한 지원자의 예도 들어 보겠다.

저는 기술에 열정이 있으며, 소비자 제품 분야 주요 기술 기업들의 CEO나 부사장이 되기를 바라고 있습니다. 저는 마이크로소프트에서 프로그램 매니저로 근무했고 여러 기술 개발을 이끌 수 있는 기회가 있었습니다. 저는 최신 가젯에 대한 블로그를 관리했고 그 경험을 통해 제 통찰력을 공유했고 그것들에 대한 피드백을 받을 수 있었습니다.

저는 MBA 프로그램에서 마케팅과 경영 전략 두 가지 분야의 복수 전공을 희망합니다. 회사 경영을 조금 더 깊게 이해할 수 있으리라 생각합니다. 졸업 후에는 짧은 기간 동안 사업의 다양하고 넓은 문제를 바라볼 수 있도록 베인, 보스턴 컨설팅 그룹, 맥킨지에 컨설턴트로 참여할 계획이 있습니다. 그런 다음에는 중간 규모 기술 회사에 취업하여 부사장이나 CEO 역할을 맡을 것입니다.

와튼 MBA 스쿨의 많은 내 동창들은 자신의 장단기 목표가 완전히 정확하지 않다는 점을 인정했다. MBA 프로그램은 인생에서 하고 싶은 일을 정확하게 이해하고 있는지 알고 싶어 했고 학생들이 자신의 목표를 명확하게 알도록 장려해 왔다. 하지만 최고의 이야기는 진실한 이야기다.

시간제 교육 Part-time schooling

많은 사람이 시간제 졸업 프로그램을 매혹적이라고 생각한다. 절약해 2년간 연봉을 포기하고 등록금을 내는 것보다 현재 연봉을 그대로 유지하고 '단지' 과외로 수업을 몇 개 듣는 것이다. 많은 사람에게 훌륭한 옵션이지만 장차 하려는 일이 어떤 것인지 명확하게 알아야 할 필요가 있다.

- **정말, 정말 어렵다.** 회사에서 받는 스트레스가 얼마나 클지 알고 있는가? 예상하는 것에 두 배에 달한다. 교수는 당신이 회사에서 주요 프로젝트를 수행해야 하는 상황을 크게 신경쓰지 않을 것이다. 교수의 문제가 아니기 때문이다. 회사 업무와 동시에 모든 숙제를 하고 시험을 치러야 한다.
- **사회적인 생활을 포기해야 한다.** 업무, 학교와 씨름한 후에야 친구를 위한 시간과 에너지가 거의 자신에게 남아 있지 않다는 것을 깨닫는 사람이 많다. 주말에 만회하고 싶겠지만 일주일 중 하루 정도 친구와 저녁을 함께하는 것조차 아무래도 충분치 않을 것이다.

- **MBA의 몇 가지 가치를 잃는다.** MBA의 핵심 가치는 인맥이다. 정상적으로 근무한다면 동기들을 알 수 있는 기회가 적다. 안 좋게 풀리면 정규 MBA 과정을 다니는 사람들이 당신을 동기로 보지 않을 것이다.
- **선택이 극히 제한된다.** 시간제 학교를 간다면 학교 위치를 바꿀 수 없을 것이다. 즉 사는 곳에서 시간제 프로그램을 제공하는 학교를 선택할 수밖에 없다. 들어갈 수 있는 최고의 학교에 입학하는 것이 아니라 규모가 더 작은 학교를 선택해야만 한다.
- **훨씬 길다.** 한 번에 대학원에 들어가는 것보다 4년 이상 시간을 보내야 한다. 긴 시간 동안 스트레스와 대학원 프로그램에 들어가는 비용을 감당해 낼 준비가 되어 있는가?

긍정적인 측면은 계속해서 연봉을 받을 수 있으며 회사에서 등록금을 일부 도와줄 수도 있다는 것이다.

질문에 대한 대답

글쓰기 능력 활용

게일 씨께

저는 컴퓨터 과학 전공으로 대학을 시작했지만 대학교 2학년 중반을 지나 영문학 전공으로 바꾸었습니다. 교수진 실력이 형편 없었고, 동기들도 사회성이 없었으며 과제 양이 너무 많았기 때문입니다.

이제 저는 졸업합니다. 놀랍게도 개발 관련 업무의 전망이 작가가 되는 것보다 훨씬 더 밝다는 사실을 알게 됐습니다.

  마이크로소프트 면접을 통과하기에 충분할 만큼 기초 상식을 다시 배울 수 있는 기회가 있다고 생각합니다. 하지만 컴퓨터 과학 전공이 아닌데 마이크로소프트에 취업할 기회가 있을까요?

J. N. 드림

J. N. 씨께

준비를 충분히 한다면 아마 마이크로소프트에서 지원자로서 고려할 것입니다. 하지만 그전에 정말 마이크로소프트가 J. N. 씨가 원하는 일인지 스스로 물어볼 필요가 있습니다. 정말 원하는 일인가요? 컴퓨터 과학을 중간에 그만둔 것에는 분명한 이유가 있고, 그 후에는 컴퓨터 과학과는 사뭇 다른 영문학을 전공으로 선택했습니다. 프로그래밍이 J. N. 씨에게 맞지 않다는 충분한 증거입니다. 게다가 가장 중요한 동기가 돈인 것처럼 보입니다. 그런 마음가짐으로는 최고의 코더가 될 수 없습니다.

  대신 기술 분야에서 J. N. 씨의 두 가지 관심 분야를 더욱 잘 활용할 경력을 고려할 수 있습니다. 컴퓨터 과학과 영문학 두 가지 분야를 공부했다면, 테크니컬 라이터가 매우 어울리는 경력이 될 수 있습니다. 프로그램 관리자도 훌륭한 경력이 될 수 있습니다. 기술을 이해하는 사람들에게는 매우 다양한 선택 사항이 있습니다. 하지만 역시나 글도 잘 쓸 줄 알아야 합니다.

게일 드림

오로지 명성

게일 씨께

제가 다니는 회사에서 최근에 정리 해고를 실시했습니다. 제 상사도 정리 해고 대상자였습니다. 제 상사의 상사가 현재 팀과 저를 직접 관리하는 관리자가 됐고, 저는 예전 상사의 업무 대부분을 대신 해야만 했습니다. 업무를 훌륭히 수행해 이제는 효율적인 팀의 관리자가 됐지만 아무런 직책이나 채용/해고 권한도 가지고 있지 않습니다. 연봉 인상이나 승진이 필요하다고 생각합니다. 회사를 어떻게 설득할 수 있을까요?

M. K. 드림

M. K. 씨께

연봉 인상을 받을 만한 자격이 있겠지만 아마 회사에서 알아서 연봉을 인상해 주지는 않을 것입니다. 정리 해고를 했다면 회사는 아마 매우 어려운 시기를 보내고 있을 것이고, 연봉을 인상해 줄 여유가 없을 것입니다.

대신 그동안 해 왔던 업무보다 더 많은 권한을 가질 수 있는 기회로 봐야 합니다. 새로운 능력을 증명할 수 있는 기회이고, M. K. 씨 상사의 업무를 다 해낼 수 있다는 능력을 증명해야 합니다. 일을 배우고 M. K. 씨의 가치를 증명할 수 있는 기회에만 집중하시는 것이 좋습니다.

회사 돈주머니 끈이 다시 느슨해지면 그때는 연봉 인상을 강력하게 주장할 수 있을 것입니다. 그동안 해왔던 추가적인 일들은 M. K. 씨의 성과를 증명하는 증거가 될 것이고, 회사에서는 M. K. 씨의 업적에 대해 조금 더 공평하게 보완할 방법을 찾는 일 외에는 옵션이 없을 것입니다. 회사에서 연봉 인상을 거절한다면 다른 회사를 찾기 시작하기에 매우 훌륭한 기회입니다. M. K. 씨는 앞서 해고당한 사람들보다 나은 상황에 있고, 이력서는 훨씬 더 인상적이기 때문입니다.

게일 드림

회사를 그만두고 싶어 하는 신입

게일 씨께

새로운 회사에서 근무한 지 겨우 5주가 됐는데 정말 회사를 그만두고 싶습니다. 처음 입사할 때 회사에서는 제가 고객들, 다른 부서 사람들과 함께 일할 수 있다고 말했습니다. 하지만 그 말은 사실이 아니었습니다. 기껏해야 고객들과 일하는 사람과 일하고 있는 정도입니다. 그리고 회사 분위기가 숨이 막힙니다. 회사는 출퇴근 시간이 탄력적이라고 말했지만 사람들은 오전 9시까지 출근하지 않으면 저를 이상하게 생각합니다. 이곳은 제게 맞지 않는 것 같습니다. 회사를 그만두기에 너무 이른 걸까요?

B. T. 드림

B. T. 씨께

예, 너무 이릅니다. 5주만에 회사를 그만두는 것은 좋아 보이지 않습니다. 하지만 B. T씨에게 그다지 선택의 여지가 많은 것 같지는 않군요. 이 회사에 1년 더 다니는 것도 좋은 생각 같지는 않습니다(1년은 최소 근무 기간입니다). 그리고 3~4개월 더 다닌다고 해서 더 나아지지는 않을 것입니다. 그냥 떠나는 것이 최선입니다.

문제는 일을 하면서 새로운 회사를 알아볼 것인가, 아니면 그냥 회사를 그만두고 새로운 회사를 찾는 데 집중할 것인가 하는 점입니다. 조건이 크게 달라지지 않는다면 새로운 회사를 찾는 데 조금이라도 더욱 집중하는 방법이 좀 더 나은 방법일 것입니다.

B. T. 씨의 경력과 평판에 손실을 최소화하기 위한 전략이 있습니다.

B. T. 씨가 즉시 회사에 말하고 떠날 수 있다면, 매니저에게 직접 상황을 설명하는 것이 최선입니다. B. T. 씨가 회사와 맞지 않아 새로운 직장을 찾기 시작했다고 말입니다. 회사에서는 B. T. 씨의 후임에게 곧바로 인수인계할 수 있도록 절차를 밟을 것입니다. 이 사실을 가장 먼저 상사에게 미리 알려줘야 합니다. 매우 불편한 대화가 되겠지만 언젠가는 해야 할 일입니다.

미래의 동료들에게 이직 이유를 말할 때 최고의 대답은 (충격을 누그러뜨리는) 진실입니다. 담당하는 업무가 안내 받았던 것과 맞지 않았고, 질질 끄는 것보다 바로 행동에 옮기는 것이 최선의 결정이었다고 말하는 것이 좋습니다.

5개월 이상 공백이 생기지 않는다면 이 짧은 경력을 이력서에 적을 필요는 없습니다. 질문을 받는다면 상황을 설명하기만 하면 됩니다.

게일 드림

13장

마지막 생각:
행운, 결정, 그리고 당신이 할 수 있는 것

나는 행운이 매우 중요하다고 믿었다. 기회에 따라 인생의 많은 부분이 달라진다고 생각했다. 내가 교육과 기술에 열정적인 가정에서 태어나지 않았다면 어땠을까? 내가 성공적이고 야심만만한 경력을 쌓을 것이라는 기대감이 없이 자랐다면? 내가 다른 나라에서 태어났거나, 내게 주어진 기회들이 가능하지 않았던 시대에 태어났다면 어땠을 것인가? 나를 포함해 책을 읽는 누구라도 모두 매우 큰 행운을 안고 있다는 사실에는 의심의 여지가 없다.

    초등학교, 고등학교, 대학교까지 졸업한 후 취업 시장에 뛰어 들면서 점점 스스로 행운을 통제할 수 있게 된다. 그렇다. 사람들을 만나면서 목표가 바뀔 수도 있고, 새로운 기회가 열리기도 한다. 하지만 사람들과의 관계를 책임질 수도 있어야 한다. 새로운 기회를 잡기 위해 사람들과 관계를 어떻게 형성할 것인가? 어떤 방식으로 도움을 요청하고 어떻게 다른 사람에게 도움을 줄 수 있을까? 기회가 생겼을 때 확실히 기회를 잡기 위해 어떤 능력과 잠재력을 개발해야 할 것인가?

    이 책은 이 모든 것에 대해 알려주려고 했다. 이 책을 읽고 무슨 능력이 필요한지, 경력을 위해 학문적으로 전문적으로 어떻게 준비할지 배웠기를 바란다. 이제 IT 회사의 눈에 띄는 방법과 이력서가 선택되거나 버려지는 요소가 무엇인지 알 것이다. 인터뷰에 아무런 준비 없이 참석해서는 안 된다는 것을 이해하고, 가장 잘 아는 주제에 대한 질문을 스스로 준비해야 한다는 점도 숙지했다. 기분이 나빠도 거절을 받아들이는 방법을 배웠고 마침내 원하던 직업을 얻었을 때 협상하는 방법을 알았다. 그리고 회사에서 효과적으로 업무를 수행하는 방법을 배웠으니 경력의 다음 단계로 나아갈 수 있을 것이다. 방금 나열한 그 어떤 것도 자신을 더욱 운 좋은 행운아로 만들어 주지는 않지만, 기회를 활용하는 데 도움을 줄 것이다.

취업과 경력을 계획하는 과정을 통해 앞으로 나아가기 전 마지막 조언을 남기고자 한다.

1. 현재 당신이 가지고 있는 것을 이해하라.

당신은 분명한 장점이 있다. MIT 학위를 받았거나 사람들과 **빠르게** 친분을 쌓을 수 있는 능력을 가지고 있을 수도 있다. 그러한 점은 분명히 장점이다. 다음 단계로 나아가려면 장점을 충분히 활용하라.

2. 무엇을 놓치고 있는지 아는 것이 중요하다.

이 책을 읽고 자신이 원하는 성공의 길을 알려줄 길잡이가 필요하다는 것을 깨달아야 한다. 그리고 지금 모자란 부분이 무엇인지 더 명확히 이해해야 한다. 기술적인 부분과 관련된 자격이 약하다면 관련 수업을 듣도록 하라. 날마다 좁은 공간에 갇혀 있다면, 스포츠 팀에 참여하거나 자원봉사를 하며 사람들을 만나라. 단순히 피상적인 참여일지라도 자신의 약점을 보완해 줄 것이다.

3. 미리 계획하라.

막바지 준비가 매우 유용할 수도 있겠지만 일주일, 몇 달, 몇 년을 미리 준비한다면 최고로 효과적일 것이다. 원하는 경력의 단계에 몇 년 앞서서, 나아가고자 하는 방향에 대해 미리 생각할 필요가 있다. 무엇을 하고 싶은가? 그리고 어떤 능력이 필요한가? 인터뷰를 하고 나서 몇 달이 지난 후, 이력서를 새로 작성하고 목표로 하는 회사에서 일하는 사람들과 연락해 보라. 몇 주 앞서 연습표, 연습 질문을 만들어놓고 인터뷰를 준비하라. 하루 전 날, 그 동안 준비해 왔던 모든 것이 그만한 가치가 있다는 것을 깨닫고 안정을 취할 수 있을 것이다. 세계에서 가장 훌륭한 IT 회사 중 한 곳에 무사히 안착할 수 있는 길을 걷고 있는 것이다.

행운을 빈다!
게일 라크만
CareerCup.com 창업자 겸 CEO

부록 A

이력서를 더욱 돋보이게 하는
156개 핵심 낱말

말하는 방법에 따라 모든 것이 달라지기도 한다. 영문 이력서에 '놀라움'을 더할 수 있는 핵심 낱말을 사용하자. 다음 목록을 참조하여 놀라운 이력서 작성을 시작하자(용례와 어감은 영영사전으로 익히기를 권한다).

사무적, 세부적인 일	Recorded	Arranged
Approved	Reorganized	Authored
Catalogued	Retrieved	Corresponded
classified	Screened	Drafted
compiled	Specified	Edited
dispatched	Tabulated	Enlisted
implemented	Validated	Formulated
Monitored		Influenced
Prepared	의사소통 능력	Interpreted
Processed	Addressed	Lectured
Purchased	Arbitrated	Moderated

Motivated
Negotiated
Persuaded
Presented
Promoted
Publicized
Recruited
Translated
Wrote

창의력

Acted
Concentrated
Conceived
Created
Established
Fashioned
Founded
Generated
Illustrated
Instituted
Integrated
Introduced
Invented
Originated

Performed
Revitalized
Shaped

재무 관리 능력

Administered
Allocated
Analyzed
Appraised
Audited
Balanced
Calculated
Computed
Forecast
Managed
Projected
Researched

조력 능력

Assessed
Assisted
Counseled
Demonstrated
Diagnosed
Educated

Expedited
Facilitated
Familiarized
Fixed
Partnered
Referred
Rehabilitated
Represented

관리 능력

Assigned
Attained
Chaired
Contracted
Consolidated
Coordinated
Delegated
Developed
Directed
Enhanced
Evaluated
Executed
Forced
Improved
Increased

Led
Organized
Oversaw
Planned
Prioritized
Produced
Recommended
Scheduled
Strengthened
Supervised

연구 능력
Collected
Critiqued
Determined
Evaluated
Examined
Extracted
Inspected
Interviewed
Investigated
Reviewed
Summarized
Surveyed
Systematized

교육 능력
Adapted
Advised
Clarified
Coached
Communicated
Enabled
Encouraged
Explained
Guided
Informed
Instructed
Stimulated

기술 능력
Architected
Assembled
Built
Coded
Designed
Developed
Devised
Engineered
Fabricated
Initiated

Maintained
Operated
Overhauled
Programmed
Redesigned
Reduced
Remodeled
Repaired
Solved
Trained
Upgraded
Utilized

부록 B

행동에 관한 면접 질문에 대한 대답

행동 관련 면접 질문에 '정답'은 없다. 하지만 분명히 '잘못된' 대답은 많다. 부록 B에서는 다섯 가지 공통적인 행동 관련 질문에 대한 대답 예(또는 토론)를 보고, 어떻게 훌륭한 대답을 할 수 있는지 좀 더 집중해서 알아 보자.

1. 자기 의견에 반대하는 사람들 앞에서 발표했던 경험에 대해 말해 보시오.
"마지막으로 일했던 팀에서, 저는 중소기업용 회계 소프트웨어를 개인용 소프트웨어로 확장하는 방법에 대해 팀이 내린 결정이 염려되었습니다. 팀에서는 살짝 수정한 버전을 만들면 된다고 했는데 저는 그 의견에 반대했습니다. 저는 전혀 새로운 소프트웨어를 만들어야 한다고 생각했고, 새로운 소프트웨어를 만들자는 제안을 팀 앞에서 발표했습니다.
이번 발표를 무리 없이 진행하기 위한 실제 발표하기 전에 대부분의 작업을 진행하였습니다. 중요한 의사 결정에 영향을 미치는 핵심 팀원들, 즉 제 상사, 기술 리더, 부사장과 실제 회의에 앞서 이야기를 나누었습니다. 우리가 또 다른 소프트웨어를 만들어야 하는 이유에 대해 함께 이야기하고, 그들의 답변을 바탕으로 추가 데이터를 모았습니다.
그리고 그 발표에서 저는 새로운 데이터를 제시하고 사람들을 설득하는 대신 다른 결정을 내리는 데 필요한 내용을 이해하는 방향으로 대화하는 데에 초점을 맞추었습니다. 그 누구도 우리가 다투고 있다는 느낌을 받지 않으면서 팀으로서 매우 유익한 결정을 내릴 수 있었습니다. 우리는 결정을 이끌어가는 가이드라인을 설정할 수 있었습니다. 그 다음 주에 다시 모였을 때 사람들이 필요로 하는 타깃을 공략할 수 있음을 보여주었고 결정을 번복해야 한다는 것을 증명할 수 있었습니다. 그 결정은 상급 관리자에게 보고되었고 새로운 제안에 대해 동의를 받아낼 수 있었습니다. 그 결과 비용을 약 300만 달러나 절약할 수 있었습니다."

이 지원자는 자신이 분석적이고 데이터 중심적이며 협동적이라는 사실을 보여주었다. 이 지원자는 자기 의견을 주장하면서 어떻게 팀으로부터 피드백을 찾는지를 분명하게 짚어주었다. 이 지원자는 자신이 훌륭한 팀원이면서 리더라는 것을 증명했다.

이 이야기가 '해피 엔딩'으로 끝났더라도 효과적인 답변에 행복한 결말이 꼭 필요하지는 않다. 대신 발표하는 동안 실수에 대해 이야기하며 그 실수에서 무엇을 배웠는지 겸손한 답변을 할 수도 있을 것이다. 사실 다음 질문에 대한 대답이 바로 그러한 이야기다.

2. 지난 프로젝트 중에서 가장 큰 실수를 저질렀던 경험에 대해 말해 보시오.
"가장 큰 실수는 제가 기술 리더 업무를 대신 맡아 진행했을 때의 일입니다. 당시 기술 리더는 출산 휴가를 가야 했고 저는 다음 목표를 완수하기 위한 일정을 새로 개발하는 책임을 맡고 있었습니다. 제 예측은 당황스러울 만큼 벗어났습니다.

그래서 다음과 같은 일이 일어났습니다. 저는 정말로 일을 훌륭하게 수행하고 싶었습니다(정식 기술 리더로서 자신을 테스트해 볼 수 있는 기회임을 알고 있었습니다). 그래서 일정에 대해 모든 사람의 참여를 요청했습니다. 저마다 자기 예상치를 주었고, 저는 우리가 무엇을 언제 해야 하는지 표 하나로 편집했습니다. 이것을 모든 사람에게 보여주었고 모두가 상식적이라고 생각했습니다. 그리고 관리 부서에서는 마일스톤 2가 6개월 걸린 데 비해, 마일스톤 3이 단지 3개월 안에 마무리될 것이라는 사실에 감명을 받았습니다. 지금 다시 생각해 보니, 그것이 제 첫 번째 적신호였습니다. 5개월 후 업무를 마무리했지만 몇몇 기능을 잘라내야만 했습니다. 저희는 외부 공급자들과 계약했고 일정이 더는 지체되도록 놔둘 수 없었습니다. 저는 여기서 몇 가지 잘못을 했고 그래서 마일스톤 4 일정을 잡을 때 수정했습니다.

첫째, 모든 의존성과 위험 요소를 고려하지 않았습니다. 모든 사람이 정확하게 계산해 주었다고 해도 일은 잘못될 수 있으니 수정할 수 있는 여유가 필요했습니다.

둘째, 제가 새로운 (임시직이지만) 기술 리더로서 사람들에게 깊은 인상을 주려고 노력하고 있고, 다른 사람들도 제게 좋은 인상을 주기 위해 노력하고 있다는 사실을 깨닫지 못했습니다. 다른 사람들도 자신이 최고의 지원자임을 증명하고 싶어서 너무 낙관적인 일정을 산출했던 것입니다.

셋째, 잠재적인 위험 요소를 발견하기 위해 좀 더 노력했어야 했습니다. '괜찮아 보이나요?'라고 묻는 대신, 사람들에게 '여기서 약점이 뭐죠? 여기서 잘못될 만한 것이 무엇이라고 생각합니까?'라고 물었어야 합니다.

저는 마일스톤 4를 잡을 때 이런 점을 수정했습니다. 완충할 수 있는 요소를 더했고 결과적으로 일정보다 빠르게 업무를 마무리할 수 있었습니다."

이렇게 대답하면서 이번 지원자는 개방적이고 정직한 모습을 보이며 실수를 인정했다. 많은 지원자가 "한꺼번에 많은 일을 해야만 했으며"라든지 "조금 일찍 도움을 요청하지 않았습니다" 같은 대답을 한다. 이런 대답은 진정한 큰 실수가 될 수 있으면서 매우 전형적이어서 자신의 잘못을 인정할 줄 안다는 점을 보여주지 않는다.

앞의 사례와 같이 답변하면 실수로부터 많이 배운다는 것뿐 아니라 자신이 정직함을 이해하고 있음을 보여줄 수도 있다는 것을 명심하라.

3. **성과가 좋지 않은 팀원과 일해야 했던 경험에 대해 말해 보시오.**

"그런 경우라면, 실제로 팀원을 멘토링하는 업무를 받은 적이 있습니다. 비벡은 다른 팀에서 저희 팀으로 옮겼고, 저희가 아는 한 비벡은 다른 팀에서 매우 훌륭히 업무를 수행했습니다. 업무가 매우 비슷해서 비벡이 무리 없이 적응하리라 생각했습니다.

4주차가 되자 저희는 무엇인가 잘못되었다는 것을 깨달았고 저는 그에게 조언이 필요한지 물어보았습니다. 지원자들은 대부분 최소한 4주차가 되면 어느 정도 코드를 제출해 왔는데 비벡은 코드를 단 한 줄도 제출하지 못했습니다. 업무가 얼마나 진척되고 있는지 비벡에게 물어볼 때마다 그는 아무런 문제가 없으며 "어느 정도 완료됐다"고 말했습니다. 저는 그가 여러 영역에서 난관을 겪고 있는지 의심스러웠지만 너무 많이 질문해서 비벡을 곤란하게 하고 싶지는 않았습니다.

그의 이전 (소문이 무성한) 실적에 부분적으로 기반을 두고, 부분적으로는 비벡에게 두 번째 기회를 주고 싶어서 다른 접근 방법을 시도했습니다. 비벡의 현재 업무를 일단 중지시키고(어차피 며칠만 걸릴 일이었기 때문에) 제 바로 옆에서 함께 작업해야 하는 전혀 다른 새 프로젝트를 주었습니다. 비벡은 새롭게 시작할 수 있었고 여러 가지 질문을 하면서도 부끄러워할 필요가 없었습니다. 저도 개요를 잡아주는 단계 등 프로젝트를 진행하면서 제가 비벡을 세세하게 관리한다는 느낌을 주지 않으며 같이 일할 수 있었습니다.

비벡은 제게 어느 정도 도움을 받으면서 프로젝트를 마무리 지을 수 있었는데, 비벡에게 무엇이 문제였는지 이해할 수 있었다는 점이 좀 더 중요했습니다. 비벡은 똑똑하고 충분히 능력이 있었지만 저희가 다뤄야 하는 부분에 대해 지식이 상당히 부족했습니다.

저는 비벡에게 책을 몇 권 주문해 주고 비벡을 직접 가르쳤습니다. 팀이 새로운 수업을 듣는 것도 필요하다는 생각에 전체 팀이 같은 교육을 받도록 했습니다.

비벡은 매우 빠르게 향상되었고 그의 자존심도 크게 다치지 않았습니다. 3개월 이내에 비벡은 기대한 만큼 충분히 성과를 낼 수 있었고, 1년이 지나자 비벡은 스스로 신입 사원을 멘토링하게 됐습니다."

이 지원자는 다른 사람에 대한 통찰력을 보여주었고 자신이 다른 사람을 믿는 긍정적인 사람임을 증명했다. 이 지원자는 비벡을 바로 옆에 두고 업무를 하고, 비벡이 알 필요가 있는 것을 대부분 직접 가르치는 등 귀찮은 일도 기꺼이 할 수 있다는 것을 증명했다.

4. 논란의 여지가 많은 결정을 내려야 했던 경험에 대해 말해 보시오.

"저는 경제가 매우 어려운 시기에 신생 회사에서 엔지니어링을 책임지고 있었습니다. 그리고 앞으로 장기간 투자금을 모을 수 없다는 사실이 점점 분명해졌습니다. 앞으로 아무도 고용하지 않는다면 현재 근무하는 개발자 여섯 명에게 향후 2년 간 월급을 줄 수 있는 충분한 자금이 있었습니다. 불행히도 저희가 무척 필요했던 개발자에게 취업 제안을 막 했던 시기였습니다. 그리고 또 다른 개발자에게는 새로운 개발자가 고용되면 관리자로 승진시켜 주겠다고 말해두기도 했습니다. 이 상황을 어떻게 처리할 것인지는 전적으로 제 결정에 달려 있었습니다.

반갑지 않은 소식을 전달하는 것보다 저는 정직하고 열린 자세로 접근하기로 결정했습니다. 저는 개발자를 전부 회의실에 데리고 가서 자금 전망이 어떤지 이야기했습니다. 우리는 팀으로서 선택할 수 있는 것들에 대해 논의했지만 그 시점에서는 어떤 구체적인 결정을 지지해달라고 요청하지 않았습니다. 저는 모두 독립적으로 이야기할 예정이었습니다.

모든 사람이 우리가 사람을 더 뽑을 수 없다는 것을 매우 명확하게 인지할 수 있었지만, 스스로 결정에 도움을 주었기 때문에 매우 기분 좋게 결정을 내릴 수 있었습니다. 거만하고 나쁜 상사가 개발자들에게 승진을 못 할 거라든지, 그들이 필요로 하는 도움을 추가로 받지 못한다고 말하는 것이 아니었기 때문입니다.

게다가 개발자 한 명은 그 기회에 제게 한 가지 고백을 했습니다. 그는 한동안 독립을 고려하고 있었고 이 시기가 회사를 그만둘 수 있는 좋은 기회인 것 같다고 말했습니다. 그는 자신의 자리를 새로운 지원자로 대체하라며 우리를 응원해 주었습니다. 그는 회사를 떠난 후에도 신입 사원을 훈련하고 질문을 처리하는 데 도움을 주었습니다.

제가 직원들에게 보여주었던 정직함과 개방적인 자세 덕분에 직원들이 변화를 훨씬 더 환영하고, 제게 정직하고 개방적이 되도록 장려할 수 있었습니다."

이 지원자는 그가 논란의 여지가 많은 결정을 다루는 방법의 중요한 부분이 완전한 개방임을 보여주었다. 아니면 결정에 대해 알려주기 전에 그 결정을 지지할 수 있는 이유를 만들었다든지, 그 결정을 다시 확정할 수 있는 데이터를 모았다든지 하는 대답을 하는 지원자도 있을 것이다. 대답이 무엇이든지 간에 이런 대답이 당신이 문제를 해결하는 방법을 보여줄 것이다.

5. 팀을 이끌기 위해 감성 지능을 활용해야 했던 경험에 대해 말해 보시오.

"프로그램 관리자로서 저는 요구사항을 취합하고 프로젝트를 계획하는 책임을 맡고 있을 뿐 아니라 누가 무엇을 하는지 업무를 배분하기도 합니다. 저희 회사는 규모가 크고 일반적으로 엄격한 직급과 능력 수준을 매우 중시합니다. 나이가 아닌 경력이 오래된 사람들은 자기가 하고 싶은 일을 선택할 수 있고 거기서부터 업무 선택이 시작됩니다. 문제는 젊은 직원들이 하찮은 일에 매여 있어 이직률이 매우 높다는 것이었습니다. 저는 이런 시스템을 버리고 싶었고 그러기 위해 매우 많은 저항을 받을 것임을 알았습니다.

제가 가장 처음 한 일은 관찰이었습니다. 첫 프로젝트에서는 그 사람들의 방식에 따랐습니다. 그렇게 해서 장단점이 무엇인지를 파악하고 사람들을 알아갈 수 있었습니다. 그 시스템에 반대하기는 하지만 제가 이해하지 못하는 것 때문에 프로젝트를 망치고 싶지 않았기 때문입니다.

두 번째로 한 일은 젊은 직원들이 원하는 것이 무엇인지 이해하는 일이었습니다. 젊은 직원 중 어떤 사람은 가시적인 성과를 중시하는 반면, 어떤 사람은 배우는 것을 중요하게 생각했습니다. 스스로를 위험에 빠뜨리고 싶지 않았기 때문에 미래에 대해 젊은 직원들에게 아무런 약속도 하지 않으면서, '언젠가' 이런 능력이 생긴다면 하고 싶은 것이 무엇인지 마음 속에 그려보라고 물어보았습니다.

그런 다음 세 번째로 상급 관리자를 찾아가서 말해 보았습니다. 젊은 직원을 대표해서 추가 교육과 눈에 보이는 기회들을 가지고 싶어 하는 욕구에 대해 말했습니다. 저는 경력이 많은 사람들에게 매우 '큰 부탁'을 들어주기를 요청했고, 전적으로 그들의 결정에 따르겠다고 강조했습니다. 저는 젊은 사람들에게 몇 가지 큰 업무를 맡기고 경력이 많은 직원이 감독하게 하자고 요청했습니다. 이로 인해 모든 사람이 이 중요한 프로젝트에 '참여'할 수 있었습니다. 사람들은 대부분 만족했습니다.

이 프로젝트가 완료된 후 사람들은 이 시스템을 전적으로 적용하기로 합리적으로 수용했습니다. 이 문제의 대부분이 사실은 자존심 문제인 것을 깨달았고 상급자(멘토십)들을 존경하는 한, 좀 더 중요도가 낮은 프로젝트를 기꺼이 담당할 것임을 깨달았습니다. 최소한 지금까지 이직률은 점차 떨어지고 있는 추세입니다."

이 지원자는 사람들을 이해할 수 있다는 것을 증명했다. 이 지원자는 정확하게 문제를 파악하고, 실제로 핵심이 무엇인지 이해하고(자존심) 계획을 세웠다. 이 지원자는 조심스럽고 계산적으로 행동했으며 자신이 정말 전체 그림을 보는 것인지 늘 확인했다. 이 지원자는 사람들이 원하는 그런 관리자다.

찾아보기

ㄱ

가산점 40
가정 170, 182
가족 309
가치 251
간결함 82
감사 편지 159
감정 18
감정 지수 182
강아지 15
강점 130, 177~178, 310
개발자 28, 41
개별 업무 18
개별적 공헌 6
개성 54, 63
   차이 14
   확인하기 179
객체 지향

디자인 132, 200, 214, 215, 222, 224
   프로그래밍 224
거절 44, 142, 162, 228
   연봉 인상 291
   적당한 44
거주 비용 261
거짓말 127, 176, 179, 193
게임 231~250
   캐주얼 232, 242
   콘솔 242
게임 개발자 123
게임 개발자 컨퍼런스 241
게임 작가 235
결과 12, 18
결정 18
경력 47, 309
   개발 10
   바꾸기 296
   방향 16, 242, 252, 280, 282, 304

경영 대학원 51, 237, 282, 299, 300, 304
경쟁자 143, 289
경제 28
경험 38, 45, 48
  획득 47
계산기 154, 196
계약 46, 62
고객 88
고객 중심 184, 185
고객 지원 80, 117, 237
고객의 필요 186
고등학교 38, 91
고용 40, 45
곱셈 테이블 196
공짜 음식 8
과외 활동 38, 39, 100, 299, 301
과장 179
관계 58
  소셜 67
  형성 285~286
관료 체계 286
관리 9, 12, 179, 184
교사 83
교수 26, 32, 33, 34, 303
  연구 37
교육 84, 299
구글 10, 13, 19~25, 33, 52~53, 60, 150, 172, 173~174, 199, 216, 239, 253, 270, 288, 294
  GPA 30

고용 49, 63
누글러 254
독스 63
면접 225
소프트웨어 엔지니어 87
채용 담당자 82
구성 152
구체화 173, 176
극심한 에너지 소모 13
글쓰기 18
금전적, 경제적 보상 253, 258
기간 연장 267
기본적인 케이스와 빌드 212, 213
기사 68
기술 18, 28, 40, 306, 309
기술 41
  개발 11
  대인 18
  모음 173, 175, 177
  사회적 170
  연관 124
  의사소통 121, 125, 129, 171, 243
  작문 114
  정량화 18
기업가 54, 302
기회 12, 310
깃허브 69
끼어들기 171

ㄴ

내구성 186
네트워크 20
논란 182
논리 182, 183, 188
누글러 24
뉴욕 108
뉴욕 타임스 32

ㄷ

다른 사람 돕기 285
다양한 65
  경험 97
단순화 190, 209, 211
달걀 떨어뜨리기 예제 191
닷컴 231
  몰락 9
대비 192, 311
대중 연설 120, 165
대학 11
대학 28, 90
  공립 296
  연구 33
  졸업생 183
  학생 42
대학 졸업생 183
대학원 296,297,298, 304
대학원 입학 자격 시험 299
데스크톱 220

데이터 구조 203, 207, 213, 217
데이터 구조 브레인스톰 213
데이터 형식 205
도미노 보드 게임 191
돈 16,25
동기 부여 174, 177, 179
동료 17, 27, 290, 292, 297
동의 245
동적 프로그래밍 226
동창 54, 66
디자이너 235
디자인 패턴 203
디지털 미디어 디자인 90

ㄹ

레드몬드 106, 146
레벨 디자인 235
리눅스 105
리더 25
리더십 12, 18, 39, 42, 47, 89, 178~179, 282, 300
링크드인 63, 67, 144, 240

ㅁ

마감 9, 232, 267, 268
마이크로소프트 6, 10, 14, 20~27, 30~37, 43, 54~64, 79. 84, 87, 106. 107, 173, 185~187, 205, 223, 227, 233, 239, 253, 269~286, 305

골드 스타 107
리서치 5
소프트웨어 엔지니어링 87
오피스 79, 145, 218
윈도 92
유니버설 레벨 시스템 288
인턴십 37, 77, 237
직원 82
채용 담당자 55, 56
마케터 25, 35, 86
마케팅 40, 237
마케팅 능력 38
말하기 151
  수업 195
맞춤법 148
매니저 25, 31, 46, 82, 252, 284, 287, 289, 292, 306
매트릭스 222, 223
맥킨지 234, 303
맵 리듀스 254
메모 197
메모리 203
메모리 사용량 203
멘토 25, 26, 126, 283, 284, 286, 287, 291
멘토십 14
면접 44, 295
  구글 225
  나쁜 228
  목적 170, 182
  사전 53

소프트웨어 엔지니어 137, 200
아마존 142, 159
전화 154
점심 157
초대 56
면접 실수 172, 173, 192
면접 주기 279
면접 질문 172~179, 185, 188, 194
  면접관 54, 144
  설계 184
  추산 182~184, 196
  코딩 204
  행동 관련 178 ~ 180, 188, 194
면접 피드백 174
명성 256
명함 57, 241
명확함 171, 185
모스코바 172
모자 쓰기 예제 190
목소리 크기 153
목표 281, 286
몸값 요구 문제 211
무직 193, 295
무차별 대입 솔루션 227
문 25
문법 83, 125, 148
문자열 211
문제 272
문화 7, 9, 20, 231, 262, 275, 307
물리학 23
물주전자 예제 191

미국 8, 194
미디어 41

ㅂ

바리스타 32
바비큐 27
바이너리 트리 213, 222
  밸런싱 225
박사 297
방정식 189
배열 213, 221, 222
버그 227
버클리 31
베인 컨설팅 234, 303
벡터 203
벤처 투자 52, 251
변호사 65
병합 정렬 203
보너스 252, 259, 260
보상 12
보수 19, 45
보스턴 컨설팅 그룹 234, 303
복잡도
  공간 201, 204, 207
  시간 201, 216, 207, 225
복지 8, 14, 61
부모 42~43
부사장 9, 52, 286, 302
부전공 28, 90
부정적 175

분야 경험 41
브랜딩 238
블랙홀 50
블로그 24, 53, 69, 143
비밀 9
비영리 39~40
비용 45
비주얼드 231
비트 변환 208
비트 연산 200
빅 카인드 게임 233
빅 테이블 254
빅 피시 게임 회사 233, 236, 242
빨간 깃발 156, 177, 194, 192

ㅅ

사기를 올리기 위한 이벤트 61
사생활 43
사업 실패 14
사업가 20
사용자 에러 208
사운드 효과음 27
사전 준비 없는 대답 180
사직 292, 308
  적절한 시기 293
  통보 293
사진 42, 43
사회 생활 303
사회성 44
상사 34

상사 126
상상력 243
상황 47, 272
생각의 표현 172
서버 220
서버 개발 246
석사 297
설계 기술 200
성공 280
성과 47, 285
성과 12
성과 307, 310, 279~308
  기량 발휘를 못하다 181
  정략적 36
  확실한 36
성장률 255
성취 능력이 높은 사람 30
세심함 183
소개 72
소매 9
소비자 86
소비자용 소프트웨어 86
소셜 네트워크 52, 67, 197, 198
소송 62
소프트웨어 47, 69, 214, 219, 224
소프트웨어 개발 19
소프트웨어 엔지니어 29, 35, 40, 41, 84, 87~88, 92, 188, 223
  구글 87
  마이크로소프트 87
  면접 200 ~ 229

소프트웨어 테스트 엔지니어 217
수상 88, 99
수업 296
수업 과정 90
수익 18
수학 182, 196
순열 212
순환 배열 문제 210
스크린샷 57
스태프 엔지니어 288
스택 203
스탠퍼드 10, 92, 300
스토리텔링 151
스토커 53
스톡옵션 260
스트레스 177, 179, 303
스팸 54
스포츠 66
승진 8, 279, 280, 288, 291, 306
시간 7, 13, 232, 262
시간 272
시계 분침 각도 문제 209
시스코 84
시애틀 82, 138, 294
시장 33
시장 점유율 9
시카고 70, 71
신뢰 52
신문 11
실리콘 밸리 138
실수 51, 181, 192, 199, 207, 226

심사 면접 155
씨넷 25

ㅇ

아마존 9, 14, 31, 33, 54, 88, 90, 142, 159, 199, 276, 280
아메리카 온라인 258
아웃소싱 46
아이비리그 38
아이폰 104, 122
아키텍처 17
아키텍트 9, 64
아티스트 235
안정성 187
안정성 257
알고리즘 201, 203, 204, 208, 211, 217, 222, 226
  CLRS 책 203
  디자인 205, 206
  생성 209
알약 병 예제 191
암호화 220
애매 모호 171, 186
  해결 220
애플 6, 20, 38, 199, 269, 302
  지원자 138
  직원 49
  채용 담당자 115
야망 176, 309
약속 불이행 269

약점 59, 128, 177, 279
양복 7, 138, 159
어도비 54
어머니 72
어휘 121
억양 194
업그레이드 187
업무 경력 41
업무 변경 156
업무 윤리 243
에너지 177
엔지니어 10, 20, 23~24, 49, 62, 69
  생명공학 23
  유명한 9
  화학 23
엔지니어링 173, 174
여백 83
여행 20, 272
연결 70, 71, 147
연결 고리 끊기 293
연결된 목록 203, 213
연결자 65
연관성 95
연봉 13, 181, 251, 259, 260, 289, 290, 297, 298
  질문 156
연봉 인상 252, 259, 279, 289, 305
  요구하는 방법 290
  요청하는 시기 289
연산 208
연역적 추론 182, 183, 188

찾아보기 **331**

열정 41, 62, 138, 146, 150, 174, 194, 250
영국 95
영향력 12
예의바름 148, 271
예정에 없던 면접 172
예증 209
오자 82
오픈 소스 145
온라인 지원 36~49, 74, 75, 116
옷차림 57
와튼 33, 300
완벽한 지원자 172
용어 82
우려 293
원어민 83
웹 개발자 104
웹 디자인 6,37
웹 사이트 63, 224
웹 크롤러 200, 216
위치 258, 261
위치 추적기 187
위험 10, 11
윈도 10, 106
유럽 295
유튜브 150
융통성 242
은행 88
음식 157
의견 44
의견 충돌 153

의료 혜택 7, 253, 260
의사 코드 205, 207
의사소통 19, 54, 146, 195
  효과적인 185
이력서 46, 295
  거짓말 93
  검토 137
  구성 84
  글꼴 83
  기능별 구성 85
  길이 77, 94, 100
  말머리표 36, 47
  맞춤 57
  맞춤 80, 97
  부적절한 93
  수상 92
  여백 83
  요약 87
  작성 85
  정량화 79
  키워드 51
  평범한 103
  학력 92
  형식 84, 95
  희망 업무 86
  6개의 특징 78
이력서 검증 179
이메일 54, 73, 219, 220, 291
이익 9
이진 탐색 203, 208, 210
인도 194

인도 공과 대학 104
인맥 15, 40, 66, 67, 247, 300
인자 228
인터넷 검색 54
인턴 37
인턴십 26, 45, 50
   마이크로소프트 5, 237
   여름 5, 97
   평가 283
인텔 84, 258
일 / 생활의 균형 8, 10, 17
일반화 183, 211
일정 재조절 155
임의 222

ㅈ

자격 118
자동차 20
자동차 전자 열쇠 186 ~ 187
자바스크립트 88
자선단체 79
자신감 243, 245
   표현 152
자원 287
자원봉사자 39~40, 310
자존심 243, 285
장난 19, 20
장애 165
재귀 203, 212
재귀 알고리즘 204

재균형 214
재무 28
재미 39
재배치 70, 71
재지원 163
재집중 181
적응
   개성 241
   회사 56, 75, 308
적합한 기술 155
전공 17, 18, 90, 304
전근 53
전문 용어 81
전문가 13
전문가 연결 67
전자 공학 92
절약 9
점심 36, 157
정보 기술 기술자 88
정직하지 못함 130
정직함 99, 170, 176, 178, 192,193, 194, 242
제안 251~277
   거절 267, 271
제작 233
제품 특징 187
조사 173, 174
   보조 37
   회사 250
조수 33
조언 277

찾기 148
조직 42
존경 16
졸업 84, 90, 92
  최근 58
종업원 37, 45
주니어 96
주목 150
주식 259, 260
주식 251
  내부 주식 배분 61
  옵션 13
주식 보상제 260
주제 202, 203
준비표 141, 142, 154
중간값 213
중국 18, 78
증명서 51
지메일 218
지원 53
지원서 50
  내부 53
  비주류 62
  외부 53
지원자 92, 272
  경력 94
  대학 237
  신입 62
  애플 138
지원자 트래킹 시스템 51
지적 능력 측정 188

직감 183
직급 체계 10
직업 공백 85, 192, 294, 308
직원 25, 37
  마이크로소프트 81
  정규직 62
직원 주식 구입 제도 260

ㅊ

창업 11, 13, 14, 20, 52, 61, 254, 277, 282, 302
  인턴십 37, 45
  지원 70
  커뮤니티 66
창의력 18, 138, 177, 185, 243
채용
  과정 53
  대학 51
  회사 51
채용 담당자 15, 24, 49, 54~56, 62~65, 83~85, 94, 100, 120, 146~148, 236
  구글 82
  마이크로소프트 55, 56
  애플 115
  전문적인 58, 241
  조정자 173
책임감 40, 48
철자 83
청바지 231

체크박스 타입의 사람들 38
최소치 문제 210
추천 31
   개인적인 51
추천서 34
추천인 124
   비추천 126
   연락 162
   조언 127
출시
   소프트웨어 10
   일정 10
   주기 248
취업 박람회 23, 55~57, 74
친구 31, 65

ㅋ

카피라이터 238
캘리포니아 47
캠퍼스 7, 25
커뮤니티 66
커버 레터 47, 85, 103 ~ 111
   구조 117
   맞춤 113
   자발적 116
   정량화 120
커피 32, 33, 64
컨설팅 41, 223, 234
컨트롤 12, 149
컴파일러 201

컴퓨터 26, 27
컴퓨터 과학 17, 37, 45, 183, 188, 225, 304
코드 207
   유지보수 123
코딩 199, 201
   결점 없는 208
퀵 정렬 203
큐 207, 222
클라우드 컴퓨팅 9
클럽 25, 42

ㅌ

타자기 80
테스터 35, 88, 92
테스트 208, 217, 219, 226, 234
   극단적인 경우 221
   수동 220
   스모크 234
   스트레스 사례 218, 220
   자동 220, 234
   현실 세계 객체 216, 219
테이블 축구 231
테크크런치 25
투자 14
트리 203
트위터 52, 62, 68, 144, 295
특징 220
팀 12, 25, 174, 175, 176
팀 동료 82, 64, 262

팀워크 17, 281

ㅍ

파이썬 89
판매 35, 40, 117, 130
판매사 126
패치 10
패턴 매칭 209, 210
팬 10
페이스북 44, 52, 63, 67, 68, 72, 73, 197, 198
  직원 49
  프로필 42
평가 288
평가 업무 201, 283, 291
평점 90, 139,
포럼 69
포토샵 19, 38
포트폴리오 57, 239
프로 의식 154, 175, 271
프로그래밍 수업 15
프로그램 매니저 35, 41, 87~88, 279, 282, 300, 302
  기술 49
  마이크로소프트 60, 64
  정책 106
프로듀서 233
프로젝트 17, 30, 40, 41, 44~45, 141
  규모 40
피드백 283

면접 163
요청 35
초기 283
피츠버그 107
픽사 90
필라델피아 93

ㅎ

하버드 27, 302
학교 25~26, 33, 84
학생 25, 26, 29, 89, 90. 92
  시간제 92, 302
학위 27
학점 20, 296, 301
  낮은 30, 91, 98
해결책 202
  최적화 228
해고 137, 193~194, 305
해시 테이블 203, 212, 214
해카톤 66
핵심 기술 174, 175
행운 6, 12, 37, 50, 153, 309
헛소문 30
헤드헌터 58, 59
  기술 분야 61
혁신 9, 10, 138
협력사 20
협상 127, 251, 263, 264, 267, 289
혜택 7
화이트보드에 코딩하기 199, 208

확장성 200, 216
환경 38
활동 38, 39
회계 27, 65, 96
회사
  문화 179
  조사 142
회사 방침 284
회사 이름 256, 300
후속 조치 75, 161
휴가 252, 259, 264, 272, 295
힙 213

A

API 88

B

Big O 시간 79

C

C 200, 223
CEO 14, 302

E

Elance.com 21, 24

G

GMAT 301,302

H

HR 61, 122, 155, 264, 274, 275, 284

I

IBM 269

M

MBA 33, 51
Meetup.com 239
MIT 84, 299
Monster.com 50

O

Odesk.com 21, 24

P

Payscale.com 261

R

Rent-a-coder.com 46

S

SAR(상황, 행동, 대응) 180, 181

Z

Zappos.com 144

기타

100개 사물함 예제 189
1인칭 대명사 83
1학년 33, 38, 45, 91, 96
2학년 33, 57, 91
401k 계획 260